U0515941

长江三峡工程文物保护项目报告 丁种第三号

三峡古栈道

下

大宁河栈道

重庆市文物局 重庆市移民局 西安文物保护修复中心 编著

文物出版社

2006年·北京

《三峡古栈道》编辑委员会

主　　　任　王川平　陈联德
委　　　员　刘豫川　邵卫东　侯卫东
　　　　　　王　勇　秦建明　钟杰英
　　　　　　刘建国

主　　　编　侯卫东
执 行 主 编　秦建明
执行副主编　邵卫东　王　勇
考 古 调 查　秦建明　邵卫东　王　勇
　　　　　　袁　泉　丁镇华　李启良
　　　　　　黎　明　李宏松　乔　梁
撰　　　稿　秦建明　邵卫东　王　勇
　　　　　　袁　泉　侯卫东
摄　　　影　秦建明　王　勇
测　　　绘　秦建明　丁镇华

目　录

插 图 目 录

黑白图版目录

彩色图版目录

序 一

国家文物局副局长 张柏

中国的古栈道曾相当发达，早在先秦时期，栈道构筑技术已经成熟，许多栈道绵延于崇山峻岭、深峡绝谷之中。司马迁在《史记》中所记述的"栈道千里，通于蜀汉"，正是当时秦蜀古道的写照。

人类各大文化区域间的连接与交流，离不开交通道路。而大的文化区域之间，往往有着天然的险阻。栈道技术的大规模运用，使得人类穿越险峻山区的能力大大增强，凿穿了阻碍一些大文化区域交流往来的天然地理屏障。

秦汉时期大规模开辟栈道，以加强与西南巴蜀滇黔的联系。这一举措对秦汉帝国的统一和巩固也起到了重要的促进作用。秦汉以后，几乎历代都重视栈道的建设。直到近现代交通工具发生重大变革与山区公路的广泛开辟之后，栈道在山区的重要性才逐渐减弱。

长江三峡工程所涉及的大宁河栈道，分布长度达 80 公里以上，存有数千栈孔，是我国目前保存最完好、规模最大的古栈道群，是三峡库区文物中的精华。分布在长江三峡沿岸的古纤道，是长江古航道的重要辅道，也是连接沿江各地的陆道交通线。其中瞿塘峡一段，环境险恶，工程浩大。瞿塘峡古道，也被人称为瞿塘峡栈道，许多地段是在临江绝壁上开凿出的可以供人行走的石槽道，望之令人目眩。无论是大宁河栈道还是瞿塘峡栈道，都可以说是古代道路建筑史上的壮举，交通史上的奇观。

考古工作者在三峡库区进行的文物调查和考古发掘，是我国考古界一件大事，也是非常艰苦细致的工作。对库区漫长的栈道和古道路开展调查，更是长期奔波，居无定所。栈道分布的地区，大多人烟稀少，山深壁陡，要获得一套科学而完整的调查资料，其困难可想而知。令人欣喜的是，本书在全面调查的基础上，系统而完整地记录了这些珍贵的古代遗存，为后人留下了瞿塘峡栈道、大宁河栈道及沿线许多史迹的重要考古资料。

不唯如此，书中还对这两条道路的历史沿革、性质与结构功能等进行了深入的研究，提出许多新的见解。本书的出版，对推动我国古代栈道的考古调查与相关研究，具有一定的意义。

借本书的出版，我在此也感谢所有为三峡库区文物做出贡献的考古工作者，并衷心祝愿他们今后多出成果。

2005 年 4 月于北京

序　二

张忠培

　　当今居住在地球上各个角落的人们的信息传递，经济、文化、政治的交往，已基本上冲破了自然的险阻和人为的障碍，将人类紧紧地联结在一起。人们愈益忧戚与共，地球愈来愈是一个牢固结合的村子。这一状况之得以呈现，是自有人类以来陆、水、空交通与通讯技术的积效发展的结果。

　　中国人与世界其他人类一样，最早的交通是陆路和水路，行走和游水的工具是自身的两足和两手，讯息则靠口耳相传。

　　河流是天然的水"路"，人们最初是依靠以足涉水和游水渡河，随后利用天然的浮水材料，例如竹、木这类材料作为渡河工具。沿河航行则需木船和竹排。独木舟是木船最早的形态，浙江萧山跨湖桥遗址出土了公元前 5000 年的较为进步的独木舟。陕西宝鸡北首岭半坡文化墓葬随葬了船形陶壶，其中的 M98∶(3) 那件，形如横置的两端呈尖形的半坡文化流行的小口尖底瓶，其蒜头形的小口被安置在这器物上部的中间位置，小口两侧的器物肩部各置一耳，底部略平。这件陶器的形态，与船酷似，而其腹侧用黑彩画的一张鱼网的图案，为人们推测 M98∶(3) 这件器物是当时已存在的木船的陶制"模型"增加了根据。可以认为早在公元前 5000 年的半坡文化，用制作的木船进行航行的同时，还往往将其用作捕鱼的工具。

　　除了改进行水工具外，在古代，为使水路交通便利，已出现了整治河道之工程了，例如秦始皇为解决漕运，以进一步统一岭南，令史禄兴修沟通湘漓二水之运河——灵渠，便是一例。

　　陆路交通，相对于水路言之，除存在着行路工具的完善过程外，更存在着整治与修筑道路的发展历程。史籍有黄帝之时"邑夷作车，以行四方"的记载。从考古发现来看，马车出现的最早年代，却不早过于殷墟时期，即商代晚期。当然，不能因考古未见而否认马车出现的年代或许早于殷墟时期，同时，在马车出现之前，是否已发明了小型人力车，如独轮或双轮的手推或人力拉车，因无材料，这类问题就无法讨论。据相当于夏纪年的四坝文化火烧沟墓地发现的用马随葬的现象，或可认为当时人们已用马作为行走工具了。至于中原居民在使用马车之前，是否存在着以马作乘骑，则仍是有待考古发现才能探讨的问题。史载秦始皇二十七年（公元前

220 年）下令在全国范围内"治驰道"，"道广五十步，三丈而树，厚筑其外，隐以金椎，树以青松"，形成以咸阳为中心，向东、西、南、北及东南辐射的驰道网。继修筑驰道之后，史称秦始皇"三十五年（公元前 212 年），除道，道九原抵云阳，堑山堙谷，直通之"的以备胡的具有战略意义的"直道"。"直道"较"驰道"线路直，拉近了地域间的距离，能较快达到目的地，故相对于"驰道"来说，这种具有军事功能的"直道"，可称为当时的"高速公路"（现今高速公路的建设始于德国的希特勒执政的初期，希特勒修建高速公路也具有军事意图）。可见，至迟到秦始皇时，建筑道路已被国家纳入其行政的重要措施，具有宏伟之规模。中国修筑公路之始，当然早过秦代，推测与马车之出现相关。至于早到何时，从目前据有的资料来看，实难以探究。同时，天下本无路，最初的陆路是人走出来的，具有一定规模建筑公路之事出现以前，为了通车，或许还有就原已形成的"人走出来的路"进行整治拓宽之举，这事又出现于何时，迄今更无资料讨论这一问题了。

以凿石插木，凌空飞架，穿越崇山峻岭、峭壁悬崖，建于峡谷湍流之上的栈道，是中国交通史上的特殊筑路工程。栈道即是这奇特地形的陆路交通。因为它往往是纤道，故同时又是增添水路动力的水上交通的辅道。中国建筑栈道始于何时？史载秦惠王建"石牛道"以开发巴蜀，秦昭王又修"栈道千里于蜀汉"。秦惠王、秦昭王分别在位于公元前 4 世纪晚期和公元前 4 世纪末期及公元前 3 世纪前半，时值战国时代。这难以被认为是中国始建栈道的年代。凿石是建栈道必要的工序，而凿石需有锐利的工具，中国历史上虽曾出现过发达的青铜时代，然而此时期的工具，却基本上是石质的。至铁器时代，尤其是战国时期，才较广泛地以铁质工具替代了石质工具。如此看来，秦惠王时，虽不是修建栈道的始年，但中国建筑栈道的始年当离此不远。

中国远古文化呈多元的板块结构。至迟到公元前 6000 年，由于渊源、谱系相异的诸考古学文化之间的文化、经济的交往与互补，中国已形成文化多元一体的格局。后经历年来的推进，尤其是经西周的封建和秦汉以皇权为主的官僚本位主宰的中央集权的统一国家的建立，这文化多元一体的格局便演变为统一国家或政治统一内的文化多元一统的格局，并随着统一国家政治疆域的扩张，文化多元一统格局又随之发展，从而导致商（此时国家管理的居民还仅是单一考古学文化的居民）周、秦汉、唐宋这样当时世界一流的文明国家屹立在亚洲的东方。交通的进步是实现这一过程的前提，这一过程的实现，则是发展交通的动力，而交通的发展又为巩固这一过程的阶段性进步以及推进这一过程的发展起了积极的作用。

俱往矣！16 世纪以来的西方世界的航海技术的进步，尤其是其于近现代的航空和电子通讯技术的发展，将中国远远地抛在它的后面。中国人民在挨打中觉醒过来，自洋务运动开始迈出了追赶西方的步子。路走得很慢，且几经迂回曲折，直到近三十年来，才将西方的现代交通及通讯技术乃至装备大量地移植到中国，为中国人拥抱世界提供了条件，致使中国人开始成为紧密联结的地球村的一分子。在这人类探寻宇宙时代兴起的三峡工程，将历史上的中国人开发三峡旅程中留下的遗骸以及包括栈道在内的大量遗存、遗迹淹没的时候，中国考古学人根据中华人民共和国文物保护法及其相关的规定，在国家相关的行政机构统一规划与安排之下，奔赴三峡，披星戴月，风餐露宿，历尽千辛万苦，进行空前的巨大规模的文物保护工作。三峡古栈道的调查便是三峡工程中文物保护工作的重要组成部分。三峡地区的栈道，或已被淹没，或即将淹没，人们再也见不到那上接青溟，下临深渊，云生马头，猿啸道旁，穿越峻峡绝壁的栈道了，感悟不到这栈道奏响的而使我们心灵产生强烈震撼的英雄交响曲。但现今呈现在我们面前的，以文字、绘图和照片较为详尽地记载着栈道本体及其相关遗迹的瞿塘峡栈道、大宁河栈道的调查报告，却为我们以及我们的子子孙孙多少保存了这英雄交响曲的一些记忆。

被保存下来的传统文化是有生命力的种子。当中国人能正确地处理好国学（或称中学）和西学的关系，能努力借鉴异域先进文化，化中华传统文化为文化传统，创造出西学为体，中学为用的新文化的时候，中国人定将在新时代中奏起震撼世界的新的英雄交响曲。

是以为序。

2006 年 3 月 9 日下午初稿

3 月 11 日下午修定于北京小石桥

序　三

重庆市文物局副局长　王川平

　　长江三峡枢纽工程建设，2003年6月坝前水位135米，同年底水位至139米，2006年10月将达156米，最终达175米。而三峡古栈道，包括其中最为险峻、壮观的瞿塘峡栈道，最为古老、完整、神秘的大宁河栈道的重要路段，已经淹没于139米水位线下。行文至此，不免有一种心疼的感觉。幸而，自2001年初至2003年6月，重庆市文物局委托西安文物保护修复中心和中国文物研究所，对瞿塘峡栈道、大宁河栈道进行了深入、细致的考古调查，为世人留下了十分珍贵的甚至是不可再得的关于三峡古栈道的资料。他们在奉节、巫山、巫溪三县文物同行的协助下，涉险于崇山急流，攀援于绝壁悬崖，终于抢在三峡大坝蓄水前完成了对淹没河段的栈道考古调查。2004年8月至10月，他们又对大宁河栈道未淹部分逐段进行补测。他们那份对祖先遗产的尊重，对三峡文物的热爱，对历史真实的追求，令人折服。事实上，他们的工作早已超越了合同和经费的约定，超越了一般意义的吃苦耐劳、忠于职守，而臻于一种求真、求智的学理胸怀，一种高尚的人生境界。

　　作为瞿塘峡古栈道、大宁河古栈道的考古资料与初步成果的结晶，本书价值首先体现在资料的准确性与科学性上。书中对各个测点的三维空间测量（经度、纬度和海拔高程），各栈道孔的三维测量（长、宽和深），全系统的详细记录，以及对与古栈道相关的古道路、津隘、村镇的记录，最为珍贵。这是一项基础的开创性的工作，其艰苦的程度是没有走过三峡和大宁河道路的人所不能想象的，尽管工作者们手持有现代化的GPS测量仪，但在高山深谷中，卫星信号是不通畅的，其工作的难度可想而知。但他们坚持记录的完整，力求准确，对栈孔周围环境和后期附加物也进行了记录标示，实属难能可贵。

　　本书不仅尽可能忠实记录瞿塘峡栈道、大宁河栈道，而且还根据第一手资料，对古栈道进行了可贵的初步研究。工作者的视野是广阔的。他们首先将这些栈道置于三峡地区古道路系统中进行探讨，并对沿线城镇、乡村、古迹遗存乃至传说、史料进行调查登录。其次，他们把这些古道置于更大范围的古代道路系统中考量，并谨慎得出大宁河栈道为纤道，是秦汉"南夷道"的重要路段的初步结论。他们的严谨和虚怀若谷的治学风格值得提倡。

对于包括大宁河古栈道在内的大宁河古道和大宁河流域的研究，目前仍处于起步阶段。这是一个应该引起重视的课题。我以为这里有三个重要的元素，值得思考。一是大宁河地理位置的重要性。它和以它为主线延伸出去的古道分别将汉水流域和关中与三峡地区相连接，尤其在周、秦、汉之际，是中央枢纽之区直达长江岸边的最近通道。大宁河流域众多的商周、秦汉遗迹，尤其是大宁河畔发现的商代三羊尊、巫山县出土的大量汉代鎏金棺饰便是明证。二是巫山与巫水在中国文化中的神秘魅力。巫山是中国的灵山，大宁河又称巫水。"巫"者，舞也，巫师之舞沟通天地人；"巫"者，灵也，掌握灵魂应验灵异之谓也；"巫"者，无也，这里指哲学中的有无，寓意对思想的掣动；"巫"者，医也，医治肉体与灵魂也。巫山与巫水实在是土生土长的中国巫文化的高地。200万年前的巫山人化石，5500年前的大溪文化遗存为这一巫文化高地注入了创造活力和想像空间。三是制盐业带来的经济驱动。《山海经·大荒南经》中记叙了一个巫臷国，国中之人不耕而食，不织而衣，国中景象是百鸟和鸣，百兽起舞。其地应在自商周时期就开始产盐的大宁河流域。这里的宁厂盐泉至今仍在流淌，盐厂直到20世纪80年代才因含氟量高、运输成本高而停产。制盐业在这里延续了3000多年，最盛时有盐灶三百三十六处，运输船只六百艘，客栈六十处，庙宇、戏楼、茶楼、赌场妓院、百业帮会等繁华集一时之盛。以盐易食、易衣，交换来百业兴旺，歌舞一片。这在几无良田沃野农业支撑的大宁河流域几乎是个奇迹，而创造奇迹的这只神秘之手就是对盐利的追求。这只神秘之手因此创造了大宁河栈道这至今尚存的绵延上百里的世界奇迹。今天的人们确实该想一想应如何对待这个奇迹了，一如本书编者在书的结语部分所告诫的那样。

2006年3月5日于重庆枇杷山读江居

序　四

陕西省文物局副局长　刘云辉

　　中国是世界上古栈道分布最为密集的地区，在陕西南部、四川、重庆、云贵高原以及山西灵石汾水谷地等地，都分布着众多的古栈道。秦岭和大巴山又是其中最为重要的地区。

　　秦岭以北孕育了辉煌璀璨的中原文明，穿越秦岭、巴山到达四川盆地，则活跃着风格相对独立的巴文化、蜀文化与楚文化。早在先秦时期，此地就有了人员及物资的大规模往来交通。秦国更是依靠巴蜀的富庶，为统一六国奠定了坚实的物质基础。以秦汉文化为代表的中原文明，也由此渗透，并悄然改变着巴蜀文化的面貌，使其面貌及风格日益趋近中原文化，最终成为中原文化的亚种。

　　四川盆地四周崇峦叠嶂，河流密布，通行极为困难。因此，在流程较长的河谷地带凿石穿木，修建栈道，成为解决道路交通困难的唯一方法。从先秦直至近代，栈道一直是沟通这两个区域的重要交通道路。

　　秦汉时期，通过大规模的官方修建，由关中通往巴蜀、巴蜀通往西南夷及巴蜀地区内部的交通格局基本定型。此后，四川盆地对外交通的主轴线主要在关中地区到以成都为代表的川西平原一线，子午道、褒斜道、傥骆道、陈仓道是主要的干线。隋唐以降，随着经济重心的逐步南移，地处长江中游的两湖一带的经济逐渐发展，以重庆为枢纽的峡江航运又成为联结四川盆地与长江中下游地区的重要经济纽带。明清时期，贵州地区的开发，进一步使重庆成为南下遵义到贵阳的物资运输通道。峡江及其支流沿岸的栈道，作为古航运纤道，是这些交通道路的重要组成部分。长江三峡的沿江古栈道，以瞿塘峡栈道分布最为密集，形式最为丰富；支流栈道则以大宁河栈道最为典型。它北抵陕西西部，接子午道直通关中；南则入长江，进而可抵贵州。

　　对于古栈道的研究，经过前辈学者的努力，已经有了很多重要的成果，但是对长江三峡地区及其支流的栈道研究，还未深入开展。这一地区古栈道的整体状况，还存在着众多的空白。三峡水库蓄水后，大部分栈道及其周围丰富的历史文化遗存都将没入水中。因此，这次对三峡地区古栈道的抢救性考古调查，具有极其重要的意义。考古人员不仅对古道路本身进行了详细的调查记录，还考察了道路沿线的历史文化遗存及相关的人文景观，访问了沿途居民，留下了翔实的原始资料。在后期的研究中，他们不仅对古栈道的历史、结构进行了深入的探讨，还对栈道沿线地区未来的保护提出了建议。今天，在很多古栈道遗址已被淹没后，翻看本书，更令我们感到这些资料的弥足珍贵。

　　三峡地区的古栈道并不仅仅是一条沟通南北的交通道路。在历史上，它曾沟通了关中、巴、蜀、楚等四大文化区域，对于研究中国古代文化、科技、商业、航运业、盐业的发展演变，都有着重要的学术意义。

　　虽然，蕴藏着三峡地区先民历史文化内涵的古栈道遗址，已有很多淹没在滔滔的江水中，但通过考古人员在人迹罕至的崇山峻岭中所做的艰苦工作和缜密调查，这些文明所反映出的历史文化信息，将会有一部分保存在本书中，留待后人解读。

2005 年 4 月于陕西西安

序　五

西安文物保护修复中心主任　侯卫东

在中国古代跨区域性的大型土木建筑工程中，长城、海塘、栈道应该是最著名的，修建长城为了御防外敌入侵，砌垒海塘为了防止潮水内灌，而修筑栈道则是为了连接区域间的交通，三者中工程之艰巨非栈道莫属。

栈道是先民为了克服山区险阻而创造出的特殊道路形式，主要分布在山区道路险峻之处。三峡沿江古栈道是我国历史上遗留下来的最为艰巨的古代交通工程之一，峡江地区的栈道遗存十分丰富。在这众多栈道遗存当中，以沿江分布最密集、形式最为丰富的瞿塘峡栈道和支流栈道最为典型、规模最大的大宁河栈道最为重要。这些都是古代四川盆地与中原地区进行经济文化交流的主要孔道，也是我们研究古代文化发展的宝贵财富。

三峡工程库区蓄水以后，这些古栈道将被淹没水中。自然环境的险峻造就了栈道的出现，但随着周围自然环境的改变，这些宝贵的历史文化遗存也将失去它的本来面貌。为了尽量将这些珍贵的古栈道资料留存后世，我们对古栈道进行了较全面的调查工作，希望能够为历史文化遗产的保护和发扬尽一份绵薄之力。

在如此险峻的高山峡谷间修筑栈道，就目前的工程技术水平来说，仍然是一项十分艰巨的工程，而2000多年前的古人，在原始、落后的技术条件下修筑了至今仍令人望之炫目的栈道，则令我们感慨不已。我们中心以及其他参加栈道调查单位的工作人员怀着对古人的崇敬和对数千年来历史遗迹的尊重，进行了大量细致而艰苦的工作。

栈道是连接区域空间的重要方式，与当时、当地的文化发展以及生产生活方式密切相关。古代栈道就是各区域之间重要的生命交通线，子午道、褒斜道、陈仓道等等成为川蜀通往全国各地的重要通道，也成为不同地区之间进行经济文化交流的重要通道。

所以，我们对古栈道的研究起于工程技术方面的研究，但又不仅局限于这个层面，而要将其升华到文化层面进行研究。为了将古栈道及其反映的文化流传后世，在各单位的通力协作下，出版了《三峡古栈道》一书。本书全面客观地反映了三峡古栈道的全貌，对于相关研究及人文精神的宣扬具有重要意义。

　　出版本书的起因是出于三峡文物保护工程的需要，在计划淹没区，我们进行了大规模的栈道普查工作，在这里要感谢各级文物管理部门，以及至今仍生活在古栈道沿线的默默无闻的人们，他们对栈道怀着深厚的感情，他们的讲述和帮助对于此次调查功不可没，我们将以此书感谢那些古栈道的守望者。以工程实施为契机，通过三峡工程管理者、文物保护管理者及沿岸文物保护部门的真诚协作，对工程实施区域进行大规模的文物普查，是一种全新的尝试，事实证明这对于文物保护和研究十分重要，今后值得继续推广。

　　西安文物保护修复中心非常幸运地承担了此项工作，工作的重要性不言而喻，中心工作人员勤勤恳恳，付出了艰苦的努力。重庆市文物局和重庆市移民局组织了这次工作并提供了经费，使这一事业终臻于成。中国文物研究所的人员也为此付出了自己辛勤的劳动，为本书贡献了重要力量，在此深表谢意！

2006 年 3 月 15 日于陕西西安

前　言

大宁河栈道是我国现存规模最大的古栈道遗址群。

中国是世界上古栈道最发达的地区，也是目前世界古栈道遗址保存和发现最多、规模最大的地区。由于历史文化的悠久绵长和文字记载的丰富，至今还能了解其中相当一部分古栈道的大致修建时代与利用情况，这在世界上也是独有的。

三峡地区位于我国中部，地跨湖北、重庆两省市，地理学上将其划入长江上游区域。这一带崇山峻岭，峡谷幽深，地貌复杂。自上游重庆的奉节始，至下游的湖北宜昌，其间峡谷全长近200公里，是举世闻名的一处河流大峡谷。因这段峡谷由瞿塘峡、巫峡和西陵峡三大峡谷组成，故号称三峡（图1）。

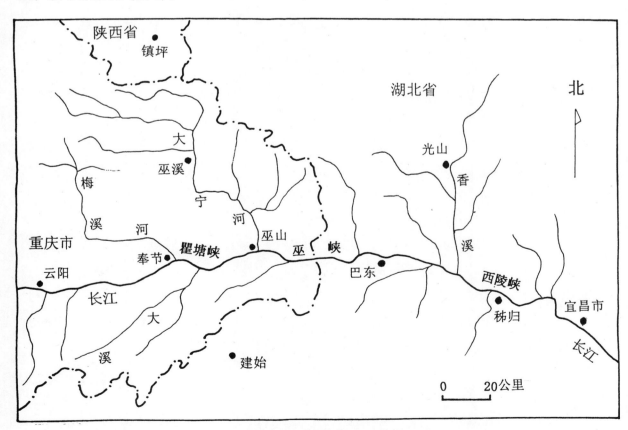

图1　长江三峡地理位置平面图

三峡地区风光奇异，物产丰富，很早就有人类在此活动。200 多万年前，这一地区已成为古人类的栖身之地。旧石器时代早期的遗存已经发现的有巫山猿人遗址，其后还发现有奉节的旧石器文化遗址等。进入新石器时代，这里出现大量的先民聚落，最典型者为著名的大溪文化遗址。丰富的文化遗存，说明新石器时代的人类早已适应三峡地区的自然环境。他们捕鱼打猎，开辟田园，在这里繁衍生息，并创造出璀璨的早期峡江文化。有史以来，这里民族杂居，特别是先秦、两汉时期，巴蜀楚秦夷等文化在此不断交流融会，留下了大量的古代文化遗存，并以长江沿线及一些支流河谷为主，发育出独具特色的峡江地域文化，成为我国历史研究和考古发掘的重要区域。

在这一地区数千年的历史发展中，道路交通也得以不断开辟，出现了以河谷通道为主干，纵横交错的陆上道路。同时，以长江三峡为主干、以支流河道为辅助的水上航运道路也发展迅速，成为沟通连接四周的主要交通纽带。陆上道路与水上航线共同构建出三峡文化区域的庞大交通网络。在这些网络中，各种物资产品及形形色色的行旅和丰富的信息从古至今不停地流动，维系着峡江文明的延续变化和内外交流。

在峡江地区众多的道路遗存中，特别值得一提的是分布在江河岸边与山区中的古代栈道遗址。栈道是先民为了克服山区险阻而创造出的特殊道路，峡江地区的栈道遗存数量可谓异常丰富，是极具价值的历史文化遗产。栈道遗址重要者有三峡沿江分布的古栈道与长江支流分布的古栈道。而其中沿江栈道分布最密集、形式最丰富者为瞿塘峡栈道，支流栈道中最为典型、规模最大者为大宁河栈道。

栈道是人类交通史上特殊的道路工程，大部分建于绝壁激流之上，凿石插木，凌空飞架，是穿越山区险峻地形的道路构筑技术。早在先秦时期，我国的栈道构筑技术已经发展成熟。在数千年的历史中，其对沟通大文化区域之间的联系交往，促进山区的开发和一些水上航运通道的发展，起到了不可估量的推动作用。

我国的栈道主要分布于山区道路险峻之处，以秦岭、巴山间的古道上存留最多，规模也最大。另外，西南地区及许多名山大川和一些偏远地区，也有一定数量的栈道保存下来。这些古栈道绝大多数已被废弃，只有少数尚在使用。大部分栈道因历代沿用，时代不易确定。秦汉至隋唐间是栈道修筑的高峰时期。

峡江地区的道路按结构可分为栈道、槽道、石砭道、垒石道、土石道（图2），以及桥梁、渡口等。栈道是指依崖架空的道路。许慎《说文》曰："栈，棚也，竹木之车曰栈。"[1] 栈道也就是以木材等构架出的道路。宋戴侗《六书故》曰："栈，……编柴木为栈也。……险道悬绝，栈木以通者谓之栈道。"[2] 栈道的开凿，解决了一般道路遇到陡险绝壁不易通行的困难，免去翻山越岭的艰辛，并可大大缩短道路里程[3]。

---

〔1〕 清段玉裁《说文解字注》，上海古籍出版社，1981 年，262 页。

〔2〕 宋戴侗《六书故》卷二十一，《四库全书》。

〔3〕 元代因蜀道青泥岭高峻，而开白水路，作阁道两千余间，使道路缩短三十三里，省去青驿站一处。见《陕西通志》卷九十一《新修白水路记》，《四库全书》。

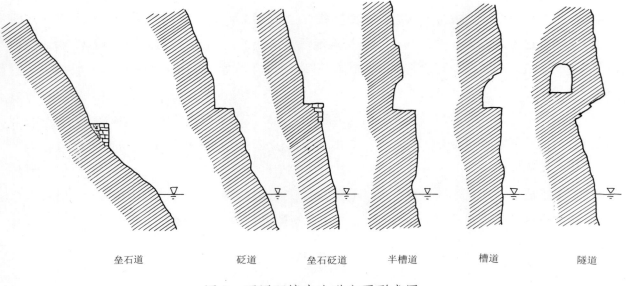

图2　不同环境中古道主要形式图

垒石道　　　　　　砭道　　　垒石砭道　　半槽道　　　　槽道　　　　　　隧道

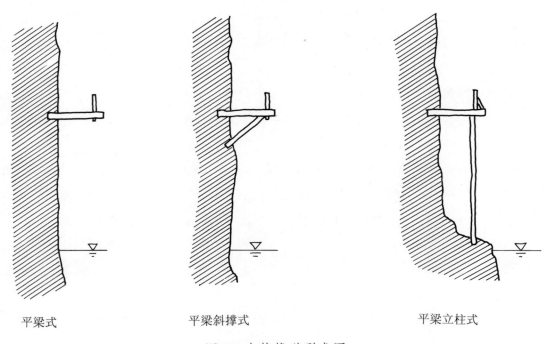

平梁式　　　　　　　平梁斜撑式　　　　　　　平梁立柱式

图3　木构栈道形式图

　　中国古代栈道的构造，主要是在石壁上凿孔安桩，架设道路，有完全悬空的平梁式或平梁斜撑式，也有下部带直立支撑柱的平梁立柱式，更高级的形式还在道路上方建有棚阁（图3）。如依主要架设材料也可分为木栈、石栈或铁栈。现代所发现的古栈道，一般都仅存栈孔。与之相连接的道路则有石砭道[4]、土石道，垒石道等，在特别险峻处可能开凿为石槽道或隧道。隧道是在山岩中开凿石洞作为道路，短隧道古人或称为石门。槽道是人工在石壁上开凿的石槽

―――――――――――

〔4〕也作石碥道、碥道。

状道路，其下为路面，上有凸出石崖如棚，上部石棚只能遮蔽一半路面的称为半槽道。石砭道也作砭道，是在石质山坡上开凿出的道路。垒石道古人称为"石积"[5]，是用石块垒砌起来的道路。土石道是指以土石堆砌或在土石相混地段开辟出的道路。有些道路则兼具两种结构特征，如在砭道外侧垒石加宽道路，或在砭道外侧石壁凿孔，插入石桩后再垒石展宽路面等。槽道、砭道中有坡度的路面可以凿石磴，垒石道中在有纵坡时也常常铺出石阶。此外，还有与道路配合的渡水过涧的津渡、桥梁等。山区道路过沟涧处多以木材构架桥梁，称为栈桥。按清人段玉裁所说，独木者叫做杠，骈木者叫做桥，中部拱起者也叫做桥[6]。栈桥有单跨与多跨之别，单跨者比较简单，山区桥梁多跨者往往借水中凸出巨石，上凿成对柱孔，以立桥柱，现在发现的桥梁遗址基本只存柱孔。小沟、小溪也有不架设桥梁者，而是用石块在水中垒出踏步越过。这种道路也是梁的一种，如古人堵水取鱼之石即名鱼梁。津渡多设于深水大河处，用舟船渡人，以济不通，也是道路中的重要环节。

三峡地区的栈道具有中国古代栈道地形险峻、工程艰巨、就地取材、构筑形式灵活多样等特点。同时，这一地区也是中国古代栈道遗址保存最完好的地区，特别是瞿塘峡栈道与大宁河栈道，均为我国现存大规模的古代栈道工程遗址群，在历史文化与长江沿线交通史研究上具有重要的价值。这些栈道是人类古代文明的重要遗迹，对探讨秦楚巴蜀文化，研究古代道路工程技术，展示中华民族的伟大创造力，具有特殊意义。

然而，随着现代交通技术的进步，历史上在道路交通中占有一定重要性的栈道已经基本失去其作用，绝大多数已经被废弃，成为历史陈迹。少数尚在使用的栈道，作用也日渐减小，因而弥足珍贵。

20世纪末，国家决定在长江三斗坪修建三峡大坝。这次建坝蓄水后将淹没上游许多地区。为了在淹没之前抢救有关文物资料，国家文物局与重庆市、湖北省成立专门机构，并在国内多家文物考古机构的支援下，对库区文物进行了大规模的保护发掘与资料抢救。

此次三峡地区古栈道考古调查，是重庆市文物局、重庆市移民局管辖的"国务院三峡建设委员会批准的三峡文物保护规划项目"之一。本书就是其中最重要的瞿塘峡栈道与大宁河栈道抢救资料的汇总与初步研究成果。

由于道路的产生，主要是用来连接人类种种活动的地点，特别是沿线的城镇、码头，是道路的节点与枢纽，也是道路上物资与人流的集散地，如果离开这些活动地点，道路的作用与性质往往不易认清。本书虽然是记述道路，此次考古调查任务也只是抢救记录古代栈道遗址，但考虑到以上因素，故也同时将沿线重要城镇、码头等一并调查记录，以丰富对道路的认识。按规划，三峡库区水位上升至海拔175米时将淹没庙峡以下所有的古栈道。另外，国家南水北调中线工程也有一项规划，拟在大宁河剪刀峡设高坝，引水北上。剪刀峡高坝一建，大宁河上游的古栈道、古道遗址与大宁厂也将一并淹没。所以，此次考古调查任务虽然只是抢救记录古代

〔5〕 清王昶《金石萃编·石门颂》，陕西人民美术出版社，据扫叶山房本影印。
〔6〕 清段玉裁《说文解字注》，上海古籍出版社，1981年，267页。

栈道遗址，考虑到以上因素，除对古道路进行调查记录外，也竭尽全力对道路沿线的历史遗存与相关人文景观进行考察记录。这些遗存对于研究古道的历史变迁、探求古道的作用有一定的参考价值。其中关于古文化遗址，因三峡库区考古调查与发掘另有报告，本文只概略提及，不进行详细记录。

关于大宁河栈道开凿的原因，有一种传说是为引宁厂盐水所建的工程。此说虽尚待研究，但盐水如何引输，却资料不多。为此，我们也对宁厂相关遗址进行了考古调查，考察了一些真正的输水栈孔，以便进行对照。

书中各点所附经纬度与海拔高程，是用手持 GPS 现场测量所得。因河谷中山高峡深，卫星信号屏蔽，许多地点未能测出，所测之点也可能会有误差。但为了资料的完整性也记录在内，以供参考。

由于河流曲折多变，仅以南岸或北岸等方式叙述遗物与河流的关系往往会造成位置混乱。为此，本书许多地方按地理学的惯例，一般面对河流下游，将两岸分为左岸、右岸进行记叙。大宁河沿线各栈道、路段与遗存，一般按自下游向上游的顺序依次叙述。

大宁河栈道调查工作自 2001 年 2 月开始，至 11 月野外作业结束，历时将近一年。项目由西安文物保护修复中心与中国文物研究所共同承担，以巫溪城南的庙峡北口为界，巫溪县城与其上游部分由西安文物保护修复中心进行调查，以南部分包括小三峡由中国文物研究所调查，巫山、巫溪两县的文物部门对调查工作给予了大力协助。2004 年 8 月至 10 月，西安文物保护修复中心再次委派秦建明、王勇等，对庙峡栈道及小三峡北至龙溪一段，主要是尚未淹没区河谷进行补充考古调查，对遗迹分段记录，其资料一并汇入本书。

为了赶在一期蓄水前完成调查任务，考古工作者进行紧张的调查工作，白天攀援绝壁，泅水徒涉，入谷穷搜古道路遗址；夜间则披阅旧志，清理绘图，略有闲暇则访问地方耆老。调查工作不仅艰苦，许多工作环境也十分危险，考古人员冒烈日严寒，历春夏秋冬，终于如期完成任务。

此次考察大宁河古栈道，西安文物保护修复中心成立大宁河栈道考古调查项目组，由侯卫东担任顾问，秦建明任调查组长，王勇为副组长。参加田野考古调查者有秦建明、王勇，以及丁镇华、袁泉（重庆市文物局）、黎明（巫溪县文物管理所）。参加第二次补充考古调查者有秦建明、王勇、丁镇华。照片由秦建明、王勇拍摄，线图由秦建明、丁镇华测绘。书中小三峡区域由中国文物研究所乔梁提供原始考古调查资料。陕西境内自鸡心岭至牛头店段的古道路，由陕西安康博物馆的李启良负责组织调查并提供原始调查资料。

在此，对关心支持本项目的国家文物局、陕西省文物局、重庆市文物局、重庆市移民局、西安文物保护修复中心、中国文物研究所的领导和专家表示感谢。同时，还要感谢对调查工作给予大力协助的巫溪、巫山县文物部门的同行，以及参与此项工作的相关人员。

张柏、张忠培、王川平、刘云辉、侯卫东先生百忙之中为本书作序，深表谢忱。

另外，本书的编写还得到了葛承雍、张廷皓、孟宪民先生的鼓励和支持，在此一并致谢。

著名考古学家俞伟超先生生前对三峡考古事业关怀不已，并且非常重视古栈道的调查工作。本书的出版也是对先生的一份纪念。

同时，还要感谢古道沿线巫溪、宁厂、巫山为调查提供帮助的当地父老。

此次考古调查时间紧张，资料编辑仓促，不足之处甚多，祈请各方专家、学者指正。

第一章 综 述

第一节 栈道

　　大宁河栈道分布在长江支流大宁河河谷，是我国古代典型的平梁式栈道，栈道下部无支撑，结构单纯。这条栈道大部分开凿于人烟稀少、峡谷深幽的险恶环境中，工程艰巨，规模浩大。因栈道所经之处大多人迹罕至，栈孔又多开凿在绝壁上，除木构栈梁不存外，其栈孔很少遭到人为破坏，是我国现存规模最大、保存最好的古代栈道工程遗址。大宁河栈道历史悠久，据此次考古调查所获一些线索，这条栈道有可能是我国栈道工程最为兴盛的秦汉时期的产物，为2000多年前的道路遗迹。大宁河栈道是人类古代文明史迹的重要遗存，受到多方关注。进行三峡考古规划时，虽然对其时代尚无定论，但许多具有远见卓识的学者已经感觉到了它在三峡库区文物中所处的特殊地位。

　　大宁河栈道分布最密集的区段为重庆市巫溪县宁厂至巫山宁河出峡口的大宁河中下游，栈孔全部开凿于河谷右岸的岩壁之上。

　　大宁河栈道可以分为南段与北段两大区域，大致以巫山、巫溪两县交界处的庙峡南口为标志，中分为二。南段自巫山县大宁河龙门峡口起，沿大宁河上溯，历小三峡中的龙门峡、巴雾峡、滴翠峡、大昌盆地，至庙峡南口。北段自巫溪县庙峡南口始沿大宁河向北，经庙峡、巫溪县城、二墩崖峡、剪刀峡、牛肝马肺峡，至宁厂所在的后溪河口。南北两段栈道所分布的河谷全长80余公里。

　　大宁河栈道南段栈孔遗迹保存最好，小三峡各峡中都有连续的大规模的栈孔分布。大宁河南段的河谷可以分为两种类型，一种为险窄的峡谷，一种为开阔的宽谷，我们也可以将宽谷地区视作山区小盆地。峡谷地段山崖陡峭，河谷狭窄。而宽谷地段则河谷宽阔，两岸山丘和缓，居民点也相对较多。栈道基本分布在峡谷区域。小三峡中的栈道，规模宏大，高于水面8～20米，常常连绵不断，长度可达数公里。不少地段分布有两层栈孔，个别地点甚至发现有三层栈孔。

　　北段遗迹保存最好、最密集处是庙峡与巫溪县城至宁厂一段。此段河谷长20公里左右，也是由几段峡谷与峡谷间的宽谷组成，河岸坡度和缓无绝壁处与易于通行处一般没有栈孔，故其多呈间隔分布。此区域分布有栈道四十段，最长者可达 500 米以上。其中庙峡情况与小三峡相类，峡内人烟稀少，栈孔保存较好。

大宁河栈道栈孔形制大致相同，均为人工于水面以上临河石壁开凿的石孔。石孔皆为方口，边长 22 厘米左右，间距一般在 1.8～3.5 米之间。栈孔基本呈水平分布，只是栈孔距水面高度自上游向下游逐渐增高，最上游的宁厂后溪河口南，高于宁河平水位水面 1 米左右，至县城一带则高于水面已达 5～8 米。庙峡中的栈孔高 8～10 米，至近长江处的龙门峡口，栈孔高度则达 15～20 米。

大宁河栈道有些区段保存有两层甚或三层栈孔，延续分布最长、最为规范的是位于下层的栈孔。

栈道现均仅存石孔，极少见到相关的其他遗迹。

第二节　古道

在大宁河谷中，还存在着一条与前述栈道结构不同的古道。这条道路，自巫溪县城始，沿大宁河谷，北越大巴山梁鸡心岭，直达陕西境内，进入汉江流域，故也可以说是大宁河栈道的北延部分。该道路自巫溪县城沿河谷向北，经宁厂、双溪、大河、两河口、白鹿、徐家坪，至铜罐沟口，再岔入宁河支流铜罐沟，达渝陕交界处的鸡心岭大梁，称为大宁河古道。

向陕西延伸部分的道路，虽然已经不在大宁河流域，考虑到古道路的完整性，此次也一并进行了考古调查。此道自鸡心岭始下山至陕西镇坪县城，沿汉江支流水南江河，北至牛头店，并向汉江主流河谷延伸。

在大宁河古道与延伸至陕西的古道上，道路所经无法绕行的悬崖陡壁处，多不构筑栈道，而是开凿石槽式道路。所经大的河流往往设有渡口，小沟涧则建有简单小桥，但现存的桥梁并不多。大宁河古道在公路开通之前尚能行走，历来是巫溪县境南北的主要道路。但 20 世纪 80 年代与古道平行的沿河公路开通后，古道即被废弃，无人维护，今大多已经路荒人稀，荆棘丛生，不能通行。

在大宁河古道中，栈道遗迹分布相对较少，以山区常见的石砭道与垒石道结构为主，只在特别险峻处开凿一些短线栈道。同时，在大宁河谷上游与一些支流河谷也分布有少量的栈孔。不同的是，与巫溪北部的古道相比，其地山势较大宁河谷稍缓，土石混筑道路比例高一些。

大宁河谷的古道应当比栈道出现更早，但具体年代目前尚不清楚。从沿河分布的古代遗址看，其在夏商时期中原处于政治中心之时可能是峡江通往湖北、中原的重要道路。在周秦汉时期，重点有可能转向政治中心的陕西关中方向。

关于大宁河栈道的历史一直是一个难解之谜，何时开凿，用途如何，有关记载极少。长期以来，民间传说最广的是鲁班所造。但这些毕竟是民间的传说，难以为凭。宋代黄庭坚至巫山，看到其弟官署中陈设有一件种莲铁盆，疑为古物，去泥洗之，果真是一件汉代铁盆，上有铸文，为汉永平二年（公元 59 年）物，疑为煮盐所用，遂撰《汉铁盐盆记》。但此文并未言巫山铁盐盆与巫溪宁厂盐泉有何关系。明周复俊撰《全蜀艺文志》卷五十九引宋赵明诚跋，此器作"汉巴官铁量，铭云：巴官，永平七年，三百五斤，第二十七"。称其为量器，与盐无涉〔7〕。明曹学全《蜀中广记》卷八十"神仙志下"附录鬼怪曰："《大宁图经》云，汉永平七年，尝引此县咸泉至巫山，以铁牢盆盛之，水化为血。"〔8〕《大宁图经》是一已失传的方志。这段文字也可以视作文人记录下来的传说，其中也未提到栈道。后代好事之徒，附会其说，称东汉永平年间，凿栈道引盐水至巫山。此说影响甚大，但证据亦嫌不足。

另外，光绪《巫山县志》卷三十一"古迹"云："石孔，沿宁河山峡俱有，唐刘晏所凿，以引盐泉。"〔9〕

大宁河谷是古今重要交通孔道，在河谷中还发现一些与古道并行且早已废弃的道路遗迹。这应当是历史上不同时期开辟的道路，因种种原因而被废弃，展现出大宁河谷作为一重要交通孔道的悠久历史与丰富内涵。同时，河谷两侧分布有许多支道，通向东西两侧，构成当地复杂的交通道路网络。

在道路网的节点上，往往形成人口集中的集镇。这些集镇多数都分布在河谷沿线。山区集镇是当地小区域的经济文化交通中心，同时在以宁河河谷为主道的情况下，也是道路网上的重要物资集散地与交易场所。

大宁河沿线旧集镇多以商业、运输业和小手工业为依托，其间也有一些主要生产性质的集镇，如历史上以生产食盐为主的大宁厂，因生产煤炭而兴旺的神基坪，也有药材市场。沿线城镇多临水而建，一般都有码头，如巫溪城的旧码头即位于东门与水门之外。宁厂与神基坪因货运繁忙，码头尤多。

大宁河谷沿线还有许多较为重要历史遗存分布，如古遗址、古墓葬、旧式建筑、摩崖碑刻与风景名胜等。

〔7〕《全蜀艺文志》卷五十九，《四库全书》。
〔8〕明曹学全《蜀中广记》卷八十"神仙志下"，《四库全书》。
〔9〕《中国地方志集成·光绪巫山县志》卷三十一"古迹"，巴蜀书社、江苏古籍出版社、上海书店，1992 年据道光七年（1893 年）刻本影印。

第二章　地理环境与历史沿革

第一节　地理环境

大宁河也可简称为宁河[10]，是长江上游北岸的一条一级支流，古称巫溪、盐水，又名昌江。《水经注·江水》云：江水"又过巫山南，盐水自县东南流注之。……江水又东，巫溪水注之"[11]。《夔州府志》曰："大宁河，《府志》谓之昌江，在县西五十里。流经镇龙洞，七里坎，昌阳渡为大宁河。其险不下三峡。"[12]

大宁河发源于重庆北部与陕西、湖北交界的大巴山南坡，向南流经重庆的巫溪、巫山二县，在巫山县城东侧注入长江，全长202公里，流域面积4180平方公里（图4）。

大宁河上游分为东溪、西溪两支，西溪的源头在重庆市巫溪县高楼乡龙潭河，为大宁河的主流，长117公里。东溪的源头在巫溪县的高竹乡，大巴山南麓，长90公里。东溪、西溪两水在两河口汇合后称大宁河。东溪自上源东流，经高竹、乌龙、鱼鳞、铜罐沟口、猫子峡，至徐家坪（徐家坝）南折而行，经七蟒峡、白鹿坪，至神基坪。神基坪以下，河道可以通航。下游经檀木坪、荆竹坝（荆竹峡），至两河口，与西溪汇合。东溪河谷，至少是唐宋以来大宁河古道所循的正途。西溪上游有二源，北源黑河出和平乡汤家河，东经土城，至中梁与南源汇合。南源栖担湾河出巫溪、开县、城口三县交界处，东流经高楼、天元，至中梁与北源汇合。合流后名西溪，东流经石门、下堡，至西宁桥，始能行舟，再流经化龙洞、郭家湾，至两河口与东溪汇合。东西溪途经众多小峡谷，都有古道穿行其中。

大宁河干流自两河口始，南流经大河、宝源山东、双溪峡，至宁厂，西有后溪河来汇。干流复向南历牛肝马肺峡、门洞、剪刀峡、二墩崖峡，经巫溪县城东流过。在巫溪城南，宁河左

---

〔10〕《中国地方志集成·光绪巫山县志》卷三十一"古迹下"曰："石孔，沿宁河山峡俱有。"

〔11〕《水经注·江水》卷三十四，岳麓书社，1995年，498页。

〔12〕《中国地方志集成·道光夔州府志》卷六"山水志"，巴蜀书社、江苏古籍出版社、上海书店，1992年据道光七年（1827年）刻本影印。此处所称府志，当是更早时期所修夔州府志。另，称大宁河在巫县西五十里，也与今县址不合，盖古巫县城址有所变动。诚如《水经注·江水》卷三十四所说："按《地理志》巫县在县西南，而今县东有巫山，将郡县居治无恒故也。"

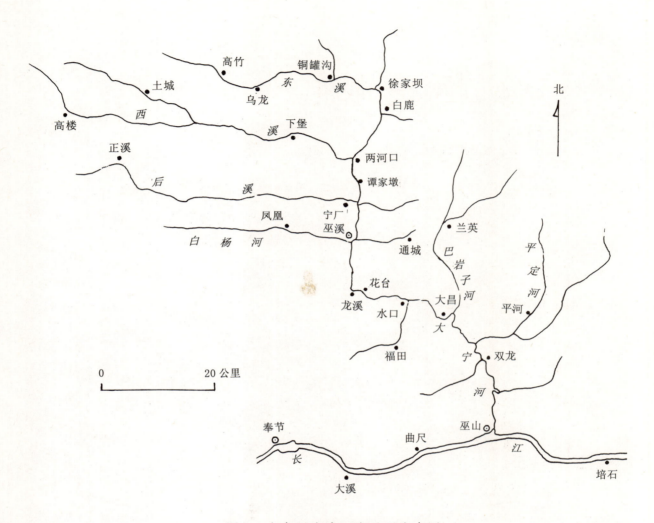

图 4 大宁河流域河流平面分布图

有鱼渡溪，右有马连溪（白杨河）汇入，然后南流穿越庙峡（妙峡），至龙溪镇，有龙溪自右岸汇入。自龙溪河道转而向东，两岸多为中山。其中至水口镇，右岸有福田来一水，名曰小河者汇入。大宁河又东，进入大昌盆地，此段河谷开阔，水流舒缓。

大宁河由大昌向东南，有巴岩子河（洋溪）自东来汇，再向南入滴翠峡，滴翠峡中有马渡河自东来汇。大宁河出滴翠峡，经双龙镇，再穿巴雾峡，经琵琶洲，过无名峡、龙门峡，南流至巫山县城东，汇入长江。

大宁河途中切穿多处东西向断层高山，形成极为险峻的峡谷，深者可达千米，最窄处仅40米左右。两岸绝壁绵延，奇峰插天，产生许多悬泉飞瀑，暗河溶洞。地质运动中形成的巨大断裂，控制了大宁河河谷的发育，水系网有纵横交错的特点，特别是大昌以上表现最为明显。大昌至龙溪一段河流走向大致为东西向，龙溪至徐家坪段河谷与其相反，大致为南北流向，而其处东溪河、西溪河、后溪河、白杨河皆为东西流向，与主流相交。大宁河口与长江主流夹角上游大，下游小，处于逆交状态。在三峡上游，此种河口类型较多，大约与古长江发育

23

图 5　巴雾峡

史有关。沿大宁河干流不仅峡谷众多，且有一些小型山间盆地与开阔的河谷介于其中，形成水深流急，山峡与川道交错的局面。著名峡谷中上游有七蟒峡、荆竹峡、牛肝马肺峡、剪刀峡、庙峡，下游有龙门峡、巴雾峡、滴翠峡（图 5、6）等。其中后三处峡谷因地近长江，风景奇绝，号称小三峡。

　　在大宁河的上游西溪、东溪及后溪等河流也分布有许多峡谷。这些峡谷往往不长，也不太深，但峡谷狭窄，有的地方宽仅 10 米，两岸直立如壁，给该处古道路的通行带来了很大的困难。此区域风景绝佳，但道路险峻，诚如古人所说"只堪图画不堪行"。

　　大宁河上下游河床比降比较大，以中下游为例，巫溪县城一带河面海拔约 205 米，流经 76 公里至巫山县城的大宁河口，高程跌至海拔 90 米左右，河谷比降在 1.5‰ 以上。大宁河流

图 6　滴翠峡

域极少污染，河流颜色碧绿，水质清澈透明，但山洪暴发时则亦显浑浊。其上游水文情况以巫溪县城为例，多年平均流量 65.24 立方米/秒，最小流量接近 10 立方米/秒，最大流量则可达5000 立方/秒之上，最低水位 1972 年为 205.19 米，最高水位光绪二十二年为 216.53 米，相差10 米以上。下游巫山一带，受长江洪水影响，在长江洪水期间，江水甚至可上涨几十米，倒灌入支流河谷，回水可以深入到大宁河下游的琵琶洲，或更深。致使大宁河在洪水期间下游河段出现浑浊的水色，而上游流下来的清水则由大宁河口大大向上游后退。

　　宁河河谷地质构成多为石灰岩，间有变质岩、砾岩，在一些山间小盆地亦可发现第三纪红色地层出露，盆地中则有大面积第四纪堆积。大宁河流域山大谷深，河谷狭窄，多断层，说明这里是强烈的抬升与河谷下切地区。河流下切严重，则滑坡与崩岩也时有发生。此处的灰岩经过流水与地下水的长期作用，岩溶地貌发育较强。除峡谷外，还有大量的溶洞、漏斗、岩溶堆积等地貌，宁河河谷中可见的飞龙洞、巫灵洞等都是比较大的溶洞。地下暗河与瀑布也很多，从岩隙与溶洞、透水岩层中渗出的渗流，造成石壁上大量的钟乳石，形成诸如牛肝马肺般的景观。峡谷中多有滑坡崩山所留下的坡积物与崩石，造成河谷险滩与怪石。断层与地质抬升，形成了系列的峡谷上口小盆地，其中最大的河谷盆地为大昌盆地，盆地中多第四纪堆积。这一地区地质上断层发达的结果，还产生了许多屏风一般山峰，有的山崖直立如壁，高可达千尺。《四川通志》称大宁县（今巫溪县）是"众峰屏列，峡中桃源"，巫山县则"诸山萦绕，峭壁如画"。这些都反映了此地的特殊地理风貌。

山高坡陡，河谷深切，岩溶发育，泉流丰富，因而耕地面积甚小，居民分布星散。凡临水滨河、地势稍缓之地，便有民居与耕地。北部的巫溪素有"九山微水一分田"之称。而高山顶部平缓处尽管高寒，也散布众多民舍。巫溪南部与巫山北部山岳峰顶多呈连绵分布的浑圆状，称为"包"，包间形成槽谷，且有岩溶地貌的天坑排水。居民多住在槽谷间，有萧家槽、罗家槽之类的地名，也同样有许多天鹅包、青杠包、龙头包之类的山包名。而对于溶陷的漏斗或叫天坑，或叫窝坑子、天凼，有水者叫天池。民国时期，巫溪与邻县勘划县界，本拟以分水岭为界，不想该处丘包林立，漏斗遍地，地表径流都注入一个个地下天坑，根本无分水岭可言，不得已，只好改用其他方法分界。这些漏斗汇入地下，形成了丰富的暗河与泉流，亦为此地一特殊自然地理风貌。山地居民居住分散，大的城镇基本位于河流交汇处，是其地的人文地理特点。

而陕西境内的古道路主要分布在南江河流域。南江河是汉江的一条二级支流，源自大巴山北麓，东北流注入汉江支流堵河。其地质水文情况大致如宁河地区，地形切割无宁河地区剧烈，故峡谷的险深不及宁河，而河谷的宽度往往大于宁河。

第二节　历史沿革

大宁河流域所在的巫山地区很早就有人类活动，巫山县境发现的猿人活动的地层年代在第四纪早期，是我国发现时代最早的古人类遗址。这里也有大量的新石器文化遗址，据已经发现的有史时期遗物与历史文献分析，先秦时期这里就生活着少数民族中的巴人、庸人、僰人等，商周时期的文化遗址也为数不少。此地最有影响者为古巴人。巴人立国可能很早，《山海经·海内经》说："西南有巴国，大皞生咸鸟，咸鸟生乘釐，乘釐生后照，后照是始为巴人"。《山海经·大荒北经》记："西南有巴国，有黑蛇，青首，食象。"传说中禹分九州，此地隶属于梁州。《华阳国志》说，禹"……会诸侯于会稽，执玉帛者万国，巴蜀往焉"[13]。夏后启的臣子孟涂

---

〔13〕《华阳国志·巴志》卷一，《四库全书》。

"司神于巴"，主管巴人讼狱类的事务。《古本竹书纪年》中即记有："帝使孟涂如巴莅讼。"[14]《山海经·海内南经》也说："夏后启之臣曰孟涂，是司神于巴。人请讼于孟涂之所，其衣有血者乃执之。是请生，居山上，在丹山西，丹山在丹阳南，丹阳，居属也。"[15] 汤灭夏后，巫山尚有其臣民，说明当时这一地域已经与中原有了密切的文化交流。至商末武王伐纣时，此处有庸国。庸国的中心大约在湖北，领域大致覆盖大宁河流域或其北部地区。庸国武士作为周人的重要部队参与了灭商战争。《左传》云："武王克商，……巴、濮、楚、邓、吾南土也。"巴已是周的属国。周初在宁河下游与长江一带则建有鱼复国。

春秋时，宁河流域先为庸国之邦，后为楚巴之地。《春秋》记：文公十四年，楚人、秦人、巴人灭庸。战国时此地先为楚国势力范围。《史记·秦本纪》云："孝公元年，……楚自汉中，南有巴、黔中。"[16] 其系楚国西陲门户，县境属巫郡地。至秦惠文王时，秦大举南扩领地，"九年，司马错伐蜀，灭之。……公子通封于蜀。……十三年，……又攻楚汉中，取地六百里，置汉中郡。"[17]《后汉书·南蛮西南夷列传》曰："秦惠王并巴中，以巴氏为蛮夷君长，世尚秦女。"[18]《史记·秦本纪》云：至秦昭襄王时，"二十六年……司马错发陇西，因蜀攻楚黔中，拔之。……三十年，蜀守若伐楚，取巫郡，及江南为黔中郡。"[19] 到了秦始皇时，"其地已并巴、蜀、汉中"[20]。时此地设有巫县，隶黔中郡。汉高祖元年一度更郡名为临江，五年复故。汉景帝二年再改郡名为临江，中二年复故。王莽时，此地隶荆州，郡因之。东汉设巫县。

至建安十五年（公元 210 年），刘备据蜀，分巫县另立北井县，治于今巫溪县城，是为巫溪设县之始。章武二年（公元 222 年），蜀失此地，北井为吴所据，改隶荆州宜都郡。吴景帝永安二年（公元 259 年），巫县为建平郡治，北井县隶之。晋武帝取吴北井县，并入巴东郡。东晋与宋、齐、梁，北朝西魏不变。北周初，以北井置始宁郡，北周天和二年（公元 567 年），废始宁郡入永昌郡。不久，复废永昌，又省北井县并入大昌县。隋天皇年间隶于信州，大业年间隶于巴东郡。唐时隶于夔州，立大昌监。五代前后蜀时，大昌县先隶镇江军，后隶宁江军。宋平蜀，曾取道大宁古道，"由大宁路直趋夔州，平蜀之师，实取道于此"[21]。宋于今巫溪县城北八里门洞地方置大宁监。宋宁宗时，县治一度移于水口。元升大宁监为大宁州，并大昌县为州直属地。元末大宁州隶于中书省夔州路。明降为县，领有大昌地。清初裁县入奉节，雍正时复设大宁县，隶于夔州府，民国初依旧，至 1914 年改县名为巫溪。1949 年后，巫溪县隶万县地区。重庆设直辖市后，划为重庆属县。

巫山的情况大致相同。秦昭襄王三十年（公元前 227 年），巫郡以县隶（治今大昌镇），属秦国，后改属南郡，以巫名县，为本境建县之始。隋开皇三年（公元583年）巫县加"山"字，

〔14〕《古本竹书纪年》。
〔15〕《山海经·海内南经》，浙江人民出版社影印。
〔16〕《史记·秦本纪》，中华书局，1985 年，202 页。
〔17〕《史记·秦本纪》，中华书局，1985 年，207 页。
〔18〕《后汉书·南蛮西南夷列传》，中华书局，1982 年，2841 页。
〔19〕《史记·秦本纪》，中华书局，1985 年，213 页。
〔20〕《史记·秦始皇本纪》，中华书局，1985 年，223 页。
〔21〕《全蜀艺文志》卷五十二"大宁监碑记"中的《夔州移城记》下，《四库全书》。

图 7　大宁河畔的古镇街道

巫山县名自此始。清康熙九年（1670 年）大昌县并入其县。1951 年 3 月，湖北建始铜鼓乡划归其县官渡区境域。1961 年 3 月，北部的龙溪人民公社所属上安、下安、双河，划归巫溪县，形成至今的巫山县境。重庆设直辖市后，划归重庆属县（图 7）。

　　秦汉时期的巴人分为板盾蛮与南郡蛮几种。板盾蛮在汉时被称为賨民，以每口岁入賨钱四十而得名。其人多居水左右，俗喜歌舞，作战勇敢。《汉书·乐志》云："巴俞鼓员三十六人。"颜师古注曰："巴，巴人也。俞，俞人也。当高祖初为汉王，得巴俞人，并矫捷善斗，与之定三秦灭楚，因存其武乐也。巴俞之乐因此始也。巴即今之巴州，俞即今之渝州，各其本地。"巴人在两汉与南北朝时期还频频现于史书，《隋书》中也有记载。但经过历史的变迁，现在已经无复巴人之名，或云现今土家族即为古巴人之后。记述巴人历史最详者为晋人常璩所著《华阳国志》中的"巴志"（图 7）。

第三章　栈道分段调查

　　大宁河沿线，自龙门峡口向上游北至巫溪宁厂，右岸（西岸）凡陡峭处的石壁上，大都分布有古栈孔。而宁厂以北，则以一般古道路为主，栈道遗迹甚少。故本书将龙门峡口至宁厂间栈道作一体系，其间可以证明与此道路有关的其他古道也一并记录。而巫溪县北至宁厂，宁厂至陕西与湖北交界处的古道则作为这条道路的延续部分，另行叙述，以保持道路的条理性。

　　其余的道路，如自渝陕交界处的鸡心岭向北达牛头店的古道，大宁河古道沿线支道，如东溪河古道、西溪河古道等，均作为附属道路介绍。

　　依大宁河谷地形，可将大宁河栈道划分为南北两段。南段自巫山县的龙门峡口始，向北至巫山县的大昌盆地北缘，即庙峡南口。北段自巫溪县南的庙峡南口始，北口至大宁厂所在地的后溪河口。南北两段的分界处，大致就是巫山县与巫溪县的县界（图8）。

第一节　南　段

一　龙门峡

　　龙门峡是大宁河最下游的峡谷，也是大宁河古栈道的南端起点。龙门峡又称罗门峡，依旧《巫山县志》所记，"罗门"本作"洛门"。洛门系指峡口之名，以其峡口险峻如门而言，如同瞿塘峡口名夔门一般。但"罗门"与"洛门"可能都是"龙门"之讹音，故正确的还应当叫龙门峡[22]。

　　龙门峡全长约3公里，最窄处仅三四十米。峡口峭壁如削，两山对峙，形如石门，故名龙门峡，又名小夔门。龙门峡谷内两岸山崖壁立，河道曲折，水深流急，礁石甚多，并受长江洪水的影响，水位涨落可达25米以上。龙门峡自峡口始，西岸绝壁上即出现古栈道，一直绵延向北，直达峡谷北口。峡中大部分地段都分布有上下两排栈孔，有些地段栈孔甚至有上、中、

---

　　〔22〕据有关资料，龙门峡名系1949年后据"洛门"之音与"龙门"相近而改。但此峡中早有大龙滩与小龙滩之名，故原本就叫龙门峡的可能性较大。

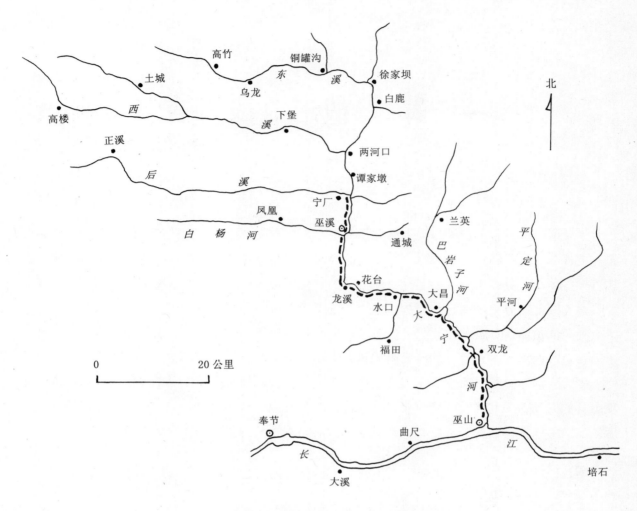

图 8　大宁河栈道平面分布图

下三排（图 9）。峡中有多处险滩，皆为山崩后乱石入水形成。峡口内 300 米处有小龙滩，再入内 500 米为大龙滩，入谷 2 公里处还有西门滩和银窝滩。这些河滩对于航行有很大的影响。

　　大宁河出龙门峡后水势变缓，河面也开始变得宽阔，一般宽 300 米左右。大宁河入江口枯水期一般宽约 200 米，河口处长江的枯水期宽度大约 800 米。大宁河水色清碧，而长江江水则浑浊，两相比较，可以说是泾渭分明。

　　明清时，巫山县人俗称长江为大河，称大宁河为小河。

　　今龙门峡口上部架有东西向现代公路大桥一座，为龙门大桥。

（一）小龙滩栈道

　　此为一段峡谷栈道，位于龙门峡南部。此段栈道所处地域行政区划隶属于巫山县巫山镇龙井乡。

　　栈道自龙门口至小龙滩北，全长约 300 米。龙门峡口是大宁河进入长江谷地的出山口。自

图 9 龙门峡栈道

龙门口至长江尚有 3 公里的距离。这 3 公里为宽谷地貌，河谷开阔，并无栈道。入龙门口至峡谷北口团鱼嘴及双峡子沟口处，皆为峡谷，全长约 3 公里。龙门峡谷两岸多为绝壁，高达一二百米。右侧（东岸）峡口处即出现栈孔，沿河岸向上游延伸，直至出峡处的双峡子沟。栈孔在峡口处分布最高，一般在水面之上 15 米左右，高者可达 20 米，有两层甚至三层者，蔚为壮观。

龙门峡口小龙滩栈孔开凿于峡谷西岸石壁的中部，呈水平分布，孔口为正方形，孔口边长 20~25 厘米，深约 30 厘米，孔距在 2.5~3 米左右。一般均为上下两层栈孔，有些呈"品"字状排列。栈孔上密下疏，间距 2~3 米。

峡口外右岸分布有龙门口墓地。

据说，峡口内数百米处石壁上刻有清同治九年（1870 年）洪水题记。调查时未见。

（二）大龙滩栈道

栈道位于龙门峡中部，为一段峡谷栈道，行政区划隶属于巫山县巫山镇龙井乡。

此段河流呈西北东南流向，自小龙滩北至大龙滩北，全长约 600 米。此段南与小龙滩栈道相连，北与西门滩栈道相接，基本布满栈孔。

栈孔开凿在峡谷右侧（西岸）石壁的中部，呈水平分布，高于河面枯水期约 15 米左右。孔口为正方形，孔口边长 20～25 厘米，深约 30 厘米，孔距在 2.5～3 米左右。一般均为上下两层栈孔，有些呈"品"字状排列。栈孔上密下疏，上下排间距 2～3 米。

在左岸一稍缓坡地可采集到古代陶片，其中有夹砂陶与泥质褐陶。

（三）西门滩栈道

栈道位于龙门峡中部，为一段峡谷栈道，行政区划隶属于巫山县巫山镇龙井乡。

栈道自大龙滩北至西门滩北，全长约 1000 米。南与大龙滩栈道相连，北与银窝滩栈道相接。此段河谷先自东北向西南流然后又转而向东南流。

栈孔开凿在峡谷西岸石壁的中部，呈水平分布，高于河面枯水期约 15 米。孔口为正方形，孔口边长 20～25 厘米，深约 30 厘米，孔距在 2.5～3 米左右。一般均为上下两层栈孔，有些呈"品"字状排列，上密下疏，间距 2～3 米。左岸在西门滩下游 300 米处有景点九龙柱，又名灵芝峰，位置较高，水淹后可作为定位标志。

（四）银窝滩栈道

栈道位于龙门峡内，为一段峡谷栈道，行政区划隶属于巫山县巫山镇龙井乡。

栈道自西门滩北至银窝滩北的双峡子沟口，全长约 1200 米。南与西门滩栈道相连，北至龙门峡北口。此段局部地带石壁溶蚀严重，栈孔残缺不全，故现呈段落状分布。

栈孔开凿在峡谷西岸石壁的中部，高于河面枯水期约 15 米，呈水平分布。孔口为正方形，孔口边长 20～25 厘米，深约 30 厘米，孔距在 2.5～3 米左右。一般均为上下两层栈孔，有些呈"品"字状排列，上密下疏，间距约 2～3 米。

此段河谷南部狭窄，最窄处仅 30 米。自银窝滩北部始稍宽，河谷宽度可达 150 米。双峡子沟口下游有沙滩。

沟口处大宁河右岸分布有窑厂沱墓地，欧家老屋墓地及欧家老屋遗址。

（五）无名峡栈道

龙门峡之北还有一小峡。峡口南自白水河滩北起，穿山越谷，北至琵琶洲西南侧大宁河北岸的点灯石处，全长约 1.8 公里。经询当地多名船工，皆言此峡无名，姑称之为无名峡。行政区划隶属于巫山县巫山镇龙井乡。

无名峡与龙门峡相比，两岸山势稍低，但河谷中依然为峡谷地貌，峡谷一般宽度为 50～

60 米，岸高 30～50 米，多为垂直的绝壁。右岸（西岸）石壁上布有大量栈孔。栈孔高于河面枯水期约 15 米左右，呈水平分布。孔口为正方形，边长 20～25 厘米，深约 30 厘米，孔距在 2.5～3 米左右。其南方雷台子处也有单排栈道，孔口径 21 厘米，孔深 35 厘米，孔距不等。北部木鱼包至玉水泉也分布有一段段栈道，栈孔情况同前。

（六）琵琶洲栈道

琵琶洲栈道是大宁河栈道的一段，仅有数孔。行政区划隶属于巫山县巫山镇龙井乡白水村。

琵琶洲位于无名峡与巴雾峡间的盆地中，大宁河在此回绕，右岸形成一琵琶形半岛，名曰琵琶洲，琵琶洲之颈部曰刘家槽。栈道位于琵琶洲南侧一河边石岸上，即宁河之右岸。正北即为刘家槽，两地相距约 250 米。此处石壁向河心凸出，高出水面约 12 米。栈孔开凿在其中上部，呈水平分布，高出水面约 7 米，存四五孔。孔口为正方形，边长 20～25 厘米。栈道分布区两侧为较平缓的土石岸，未发现栈孔相接。据《夔州府志》云："四珠石在县东北五十里宁河边，石高丈余，俗传上有宝珠，为人窃去。尚存四孔，故名。"[23] 府志所指，似为此石。只是府志所说四珠石距离稍远。另《夔州府志》记："龙母嵌在县北三十里宁河边。"[24] 这种龙母嵌也不明所指。刘家槽系人工开挖出的一条沟槽，开挖时代不详。

二　巴雾峡

巴雾峡是小三峡中间的一峡，介于龙门峡与滴翠峡之间，长约 7 公里。此峡幽深奇丽，内有莲台峰等景点，沿江有许多千年钟乳石，形成龙进虎出之类的奇特景观。巴雾峡河谷两岸山峰高大，临江石壁陡直，在河谷右岸分布有连绵不断的古栈孔（图 10）。

（一）巴雾峡下口栈道

栈道位于巴雾峡中最南一段，行政区划隶属于巫山县巫山镇龙井乡三峡村。

巴雾峡下口，指大宁河上刘家槽至琵琶洲北一名为花厂沟的小沟口间的一段峡谷，全长约 500 米。其栈道分布亦长约 500 米。峡口右岸石壁上有新刻的"巴雾峡"三字。峡口段内宽约 120 米，峡口处宽约 250 米，峡口两侧为高出水面二三百米的小山，右岸为陡壁，上开凿有栈道孔。栈孔呈水平分布，高出水面 7～8 米。孔口为正方形，边长 20～25 厘米。栈道下有滩，曰乌龟滩。

（二）花厂沟至马归山段栈道

栈道位于巴雾峡中，行政区划隶属于巫山县巫山镇龙井乡三峡村。

〔23〕《中国地方志集成·道光夔州府志》卷六"山水志"，巴蜀书社、江苏古籍出版社、上海书店，1992 年据道光七年（1827 年）刻本影印。
〔24〕《中国地方志集成·道光夔州府志》卷六"山水志"，巴蜀书社、江苏古籍出版社、上海书店，1992 年据道光七年（1827 年）刻本影印。

图 10　巴雾峡中的栈道

图 11　滴翠峡栈道（马渡河口）

马归山是一处巴雾峡中的风景点，距离巴雾峡口约 1500 米。花厂沟是一条小沟，上游称为佘家沟。自花厂沟口至马归山河谷全长约 1000 米，两岸皆为陡崖，左岸有长滩，右岸石壁上分布有连续的栈孔。栈孔呈水平分布，高出水面 7～8 米。孔口为正方形，边长 20～25 厘米，孔距 2.7～3 米。近马归山处，变为两排栈道，上下间距约 2 米。

（三）马归山至莲台峰栈道

栈道位于巴雾峡中，行政区划隶属于巫山县巫山镇龙井乡三峡村。

马归山是峡中一处风景点。莲台峰是大宁河右岸一座高峰，状如观音坐在莲台上，所以又称为观音坐莲台，也是峡中一处著名景点。两点间河谷一般宽约百米，长约 3 公里，两岸山崖石钟乳较发育。栈道断续分布在右岸。栈孔呈水平分布，高出水面 7～8 米。孔口为正方形，边长 20～25 厘米，深 35 厘米。近马归山处，发现有两排栈道，上下间距约 1.6 米，孔距 1.6米。途经右岸的"虎出"景点，左岸的"回龙洞"景点，至仙桃峰对岸时，向北有一段双排栈孔。将近莲台峰处，也有一段双排栈孔，上下排栈孔间距为 2.9 米，下排间距为 2.9～3.15米，上排间距为 1.5 米。在董家湾下，有开凿的便道打破栈道。在坡道上残存支撑孔一处。北部双排栈道下疏上密，下排间距基本为上层的一倍。在剪刀梁子下河滩处的栈道为单排，间距比一般大，过滩后恢复原间距。

（四）莲台峰至巴雾峡北口栈道

栈道位于巴雾峡中，行政区划隶属于巫山县双龙镇。

莲台峰即小三峡中"观音坐莲台"景点处的高峰，自此处至巴雾峡北口太平滩南，全在峡谷中。这里河面狭窄，一般仅 50 米左右。两岸山峰高耸，高者可达千米以上。河岸多为石质绝壁，右岸断续分布有大量栈道。栈孔呈水平分布，高出水面 8～10 米。孔口为正方形，边长20～25 厘米。此段栈道中部悬棺相对处至狮子峰也有双排栈孔，狮子峰至太平滩为单排栈孔。栈道保存状况较差，呈断续分布，如在黑龙洞处有沟谷中断，即无栈孔。

三　滴翠峡

滴翠峡是小三峡之一，为小三峡最北一处峡谷。南口隔一小盆地与巴雾峡北口相接，峡北至大昌盆地南侧。此段皆为高山峡谷，全长近 10 公里，是小三峡中最长的一峡。峡中幽深青翠，风光奇丽，号为小三峡中景色最美之处。其中赤壁山、水帘洞、青云梯、罗家寨等，尤为绝佳胜景。马渡河是峡中左岸（东岸）注入大宁河的一条支流，其中亦有峡谷，名为小小三峡。此峡中未发现栈道。马渡河北的峡谷段长约 5.5 公里，南段长约 4 公里（图 11）。

峡口南小盆地中有双龙古镇，镇有码头。

古栈道即自滴翠峡峡谷右岸绝壁上通过。滴翠峡中的古栈道保存较好，有些地段栈孔延续很长，可达数公里。

（一）滴翠峡南栈

栈道行政区划隶属于巫山县双龙镇天鹅村。

峡南口宁河上建有一座索桥，名为紫阳桥。栈道即从桥下开始，沿河谷右岸向北伸延，至绵羊崖。此处栈道在"天泉飞雨"南为单排孔，过"天泉飞雨"向北为双排栈孔，孔距1.5～3.5米。此段岩体破碎，溶蚀严重。栈道呈断续分布。

（二）马渡河口南栈

栈道位于滴翠峡，行政区划隶属于巫山县双龙镇天鹅村。

此段栈道自滴翠峡宋家湾对岸至马渡河口。峡谷中分布有大量栈道，为双排孔，保存完整。栈孔皆为方孔，上下行距约为3.6米，孔距为2.7～3米。马渡河是大宁河左岸一条较大支流，传说旧时此河口无渡船，以马驮人过渡，故名马渡河。马渡河谷风光奇险，内有诸多峡谷，称为小小三峡，现已辟为一处旅游线路。

另《夔州府志》记："马渡河，在（巫山）县东五十里，其水难济，前明洪武间进取明升，骑马而渡，遂名。"[25] 该处巫山东的马渡河与此河同名。

（三）滴翠峡北栈

栈道位于滴翠峡北段，行政区划隶属于巫山县大昌镇白果乡桃峰村。

此段栈道自滴翠峡马渡河口南200米至滴翠峡北口迎客泉下游对岸，两岸高山险峻，绝壁千尺。栈道开凿于峡谷右岸，多为双排栈道，行距2～3米，孔距2～3.5米，一般高于河面约10米。此段石岸的个别地段岩体破碎，溶蚀严重。栈道基本呈断续分布，长约5.5公里。

三　大昌段

大昌段的范围指滴翠峡北口经大昌镇至庙峡南口一段河谷。这段河流行经大昌盆地，河谷开阔，山势较缓，栈道分布不多。自滴翠峡北口至大昌镇间，大宁河谷全长约8公里，位于大昌盆地南部，河谷两岸，除沿河平坝外，多为小山与低矮丘陵，与河谷相对高差三四百米，地形较为和缓，村落较多，农业相对发达。该区域沿河古栈道仅发现手扒岩栈道等两段，都分布在河谷右岸的临河绝壁上，未发现与之相连的道路。

自大昌镇向西至庙峡南口，河谷长约20公里，河流为西北—东南流向。沿线地势不险，西部多中山丘陵，东部水面开阔，两岸为低山丘陵。此段栈道稀少，仅在个别陡崖地段发现水口栈道等两处。

---

〔25〕《中国地方志集成·道光夔州府志》卷六"山水志"，巴蜀书社、江苏古籍出版社、上海书店，1992年据道光七年（1827年）刻本影印。

（一）手扒岩栈道

栈道位于巫山县大昌邓家岭对岸，南距滴翠峡北口约 2 公里处的大宁河右岸，上游有一大沟，名为干沟。

此处右岸为一小山丘，山上建有高压线塔。其上游、下游皆较为平缓。小山临河部分为白色陡壁，岩体破碎，溶蚀严重，栈孔即开在上面。栈道分布全长约 200 米，单排栈孔，呈断续分布状。栈孔皆为方形。2004 年补充调查时，库区蓄水已淹至孔下。库区系静水，据水位线观察，栈孔水平定位很准，基本在同一条水平线上。

据当日水位线推测，手扒岩栈道的海拔高程约在 138 米。

栈道北端距离其上游南岸一新架桥梁的大沟（干溪）口约 300 米。

（二）手扒岩北栈

栈道位于大昌古城村码头南约 1 公里的宁河右岸，在手扒岩之北 1 公里。

此处小地名为草鞋沱，河谷为南北走向，右岸（西岸）为一小山，临河部分石壁较陡，环境与手扒岩相似。其上分布有栈孔，栈孔稀疏。石岸中上部多植被，栈孔不易发现。

（三）水口栈道

此栈道行政区划隶属于巫山县福田镇下田乡同龙村。

水口栈道是一地名，据光绪年《巫山县志》卷三记："水口，县东北一百二十里，宋时于此置水口监，今废"[26]。一条源自巫山县五龙乡的支流经福田镇自大宁河右岸汇入，河口海拔高程约 148 米。沿该河左岸（西岸）有一条公路也自福田而来，至此过宁河大桥，复沿宁河左岸通至大昌。就在汇入宁河的支流河口上游石壁上存有一批栈道孔。栈孔位于公路桥的下游，共发现三孔，可能还有被遮蔽的栈孔。

经水口水泥大桥，右岸有一水来注，名曰小河，有公路自该水北岸通至大桥。在大桥下游 100 米处公路路基下石壁上，残存有三孔，皆为方形孔，呈水平排列，高于水面 8～10 米。其地在水口上游。此栈道孔下游水口之下河道为一急滩，水道狭窄。下水船需请客人下船，才能通过。乘客上左岸步行经一小村过滩，至水流平缓处上船。上水船则无此虞。旧时上水多于此扯纤，今改为机动船。此处公路北达巫溪通城乡，东南达大昌，南达巫山福田镇。

（四）左家岩栈道（坑湾栈道）

此系一段沿河栈道，隔河与坑湾村相对，行政区划隶属于巫山县福田镇金银乡（狮子口）。

栈道位于大宁河右岸，其地在花台之下游，下距小河口约 2500 米，下距左家岩 600 米。

---

〔26〕《中国地方志集成·光绪巫山县志》卷三"疆域"，巴蜀书社、江苏古籍出版社、上海书店，1992 年据光绪十九年（1893 年）刻本影印本。

图 12　左家岩栈道

（坑湾栈道）

沿江有一段上游低下游高的陡岸，长 300 余米，陡岸下游高约 50 米，上游渐低。石壁上有栈孔断续分布，约数十孔，分布长度 200 余米。栈孔皆为方形，孔距约 3 米，高于 2004 年 10 月 5 日水面 8～10 米。栈道上下游河岸不险，两岸多为中山。

此处河谷海拔高程约 154 米，宽度在 150～200 米，多沙滩。栈孔所在石壁因植被较多，许多栈孔被掩于草木之下，数目难以查清（图 12）。

第二节　北　段

大宁河栈道北段分布在庙峡南口至宁厂一线的大宁河河谷。此段河谷全长约 20 公里，大部分为石灰岩地质区域，地形复杂。

　　大宁河自两河口至庙峡南口间为南北流向，至庙峡南口忽折而为东西流向，直达大昌。此段即处于南北向河谷之中。自下游庙峡南口上溯至宁厂，其间经一处大峡谷，三处小峡谷。自南而北，大峡谷为庙峡，小峡即二墩崖峡、剪刀峡、牛肝马肺峡。峡谷皆由东西向断层形成，两岸山崖陡峭，河谷狭窄，水流湍急，峡谷两岸少有居民。峡谷间为宽谷地带，地形稍稍宽缓，多为居民聚居之处。其中位于庙峡与二墩崖峡间的区域，最为开阔，东有鱼洞溪河，西有白杨河由此汇入大宁河。特别是白杨河谷，丘陵连绵，土地肥沃，是巫溪重要的农业区。巫溪县城厢镇即设于白杨河口北，今为巫溪县政府驻地。县城之北二墩崖与剪刀峡间山势虽稍缓，但土少石多，且两峡相距甚近，故可耕地甚少。剪刀峡与牛肝马肺峡间仅500米，其间为一山间洼地，两岸坡上分布有村落。宋时曾在此地设县级大宁监，以控制上游宁厂的盐业。牛肝马肺峡北，即为宁厂所在的宽谷，向北一直延伸至双溪峡，在此有后溪河自西来注入大宁河，宁厂镇即位于后溪河口。

　　大宁河栈道以栈孔形式而论，最密集处是宁厂至龙门峡，此段即位于其北部。栈道遗址分布在宁河河谷右岸，断断续续有数十段，多为单层栈道。

一　庙峡

　　庙峡又名妙峡，庙峡南自庙溪村北王爷庙，北至白杨河口，全长约10公里。河谷宽40～100米。峡谷两岸超过千米的山峰很多，峡北东侧的云台观一带有海拔1300～1400米的高峰。河西白龙过江处上方也有海拔1300米以上的高山，而河谷的海拔高度一般不足200米。从峡谷上望，峭壁千丈。峡中大宁河水色黛碧，两岸有多处瀑布。洪水时节，飞泉直下，瀑声如雷。峡中植被良好，山青水绿。沿河也有许多泉流涌出，为大宁河上景色最美之处，也是大宁河上比较险峻的峡谷。

　　古栈道即自峡谷右岸绝壁上通过。

（一）庙峡南栈

　　此系庙峡中最南部一段古栈道，行政区划隶属于巫溪县凤凰区蒲连乡庙溪村。

　　这段栈道自庙峡南口王爷庙始，止于白龙过江大瀑布南300米处。栈道开凿于峡谷右岸陡壁上，全长约2400米。

　　此段峡谷沿岸地形复杂，栈道呈断续分布，以南部陡壁分布较为集中。中部在几处向河心凸出的小山嘴上暴露较多，其北侧多向河倾斜的坡状石岸。石隙多灌木丛，植被间偶可见一两孔。中间有200米河岸，其间岩体破碎，溶蚀严重，未发现有栈孔。庙峡南段栈道大部为单排孔，偶见双排，如涌出泉水的洞南侧20米处即发现有上下两行，行距2.6米左右，一般孔距2.8～4米。孔皆为方口，孔口边长20～24厘米，深约34厘米。孔内向下方倾斜。

　　2004年调查南部庙峡栈孔时，在一下孔左上角发现凿痕，仅为一尖底小窝。大宁河古栈孔一般都不存凿痕，此孔能保存下来，为研究当时栈道的开凿技术提供了重要的资料。但此孔位置偏下，孔口尺寸也稍小，似乎不是主栈。

（二）白龙过江栈道

此系庙峡中一段古栈道，行政区划隶属于巫溪县凤凰区龙王乡。

栈道自白龙过江瀑布北50米处始，向北伸延，止于石坪包小瀑布南50米处，全长约350米。栈道南部崖下有一大的河滩分布。栈道开凿于峡谷中右岸陡壁上，大部分为单排方孔，偶可见上部分布有一孔。因该处被植被覆盖，所以栈孔数量很难确知，可以据其总长度推测大致孔数。根据2004年对南段部分栈孔的测量，一般孔距2.3~3.4米，孔口边长21~22厘米，深31~38厘米，孔内向下微斜。沙滩上的部分栈孔经测量高于滩面7~8米，高于水面9~10米。

（三）石坪包栈道

此系庙峡中一段古栈道，行政区划隶属于巫溪县凤凰区龙王乡。

栈道位于白龙过江瀑布北约500米处。此处峡中右岸石壁内凹，中有一处小飞瀑。自瀑布南50米起，栈孔沿石壁向北分布。瀑布下也有栈孔，复向北延伸约100米，经河谷中两块巨石处向北10米止，总长约160米。栈道高出河面8~10米。栈孔孔口皆为正方形，间距2.5~3.5米不等。小瀑布长年流水不绝，高约数十米，水量虽不大，但景色极佳。

（四）米柜子栈道

此系庙峡中一段古栈道，行政区划隶属于巫溪县凤凰区龙王乡。

米柜子是庙峡中地名，大约是指此处山崖上的悬棺。悬棺下有古栈道通过，南端与石坪包栈道北端相隔30米，向北延伸百米至悬棺下方，又向北延伸大约250米至一沙滩南端止，总长约350米。此段栈道大部开凿于陡直的绝壁之上。栈孔为单层，均呈水平分布。栈孔孔口为方形，边长约23厘米，孔距2~3.5米。

（五）犀牛望月栈道

此系庙峡中一段古栈道，行政区划隶属于巫溪县凤凰区龙王乡。

犀牛望月栈道位于庙峡中部大宁河右岸石壁上。栈道南端与米柜子栈道北端相隔约70米，其间为一小沙滩。栈道分布长度约50米。栈孔为单层，孔口为方形，均呈水平分布，比较连续。孔口边长约23厘米，孔距2~3.5米。

犀牛望月是峡中部河谷中近东岸的一块巨石，形状类犀牛，故名犀牛望月，是庙峡中一处行船定位标志。此石东侧有一大沟通至大宁河。

（六）犀牛望月北栈

此系庙峡中一段古栈道，行政区划隶属于巫溪县凤凰区龙王乡。

栈道位于庙峡中部大宁河右岸，全长约170米，栈道南端距离犀牛望月栈道仅30米。北距犀牛望月石向北约 200 米，即为一处向河谷凸出黄白色陡岩。栈孔为单层，孔口方形，均呈水平分布，比较连续。孔口边长约 23 厘米，孔距 2～3.5 米。

（七）双石洞栈道

此系庙峡中一段古栈道，行政区划隶属于巫溪县凤凰区龙王乡。

栈道位于庙峡中部大宁河右岸，全长约 160 米。其南端距离犀牛望月北栈约 500 米。其间为斜石坡地带，多植被，未发现栈孔分布。栈道中部有一小瀑布，平日有水流下。瀑布之北栈道长约 70 米，瀑布之南栈道长约 90 米。南段栈道偏下游处石壁甚陡。栈道下方有两处石洞，但均不深。栈孔为单层，孔口为方形，均呈水平分布，比较连续。

双石洞处隔河北距云台仙子石约 300 米。

（八）油坊滩南栈

此系庙峡中一段古栈道，行政区划隶属于巫溪县凤凰区龙王乡。

栈道位于庙峡中部大宁河右岸，全长约 150 米，北距油坊滩栈道南端百余米。其北端有一高大的面北陡崖，一直延至河谷。栈道即从陡壁处开始向南分布，至南端一大型坡积锥北缘止。北部 80 米栈孔下部为河流，南部 60～70 米处于沙滩上。栈孔高于水面 8～10 米，皆为方形。

（九）油坊滩栈道

此系庙峡中部一段古栈道，行政区划隶属于巫溪县凤凰区龙王乡。

栈道位于庙峡中部大宁河右岸，全长约 140 米。此地岩层为一背斜结构，岩石裸露结构清晰者长达百米以上。中间一段背斜中心下部软岩被流水淘空，上部硬岩层向外凸出，深约十几米，如同一处大跨度的石拱门。栈道即从此处经过。此地栈孔分上下两层，下层栈孔在石拱下北侧水平分布，有十三四孔。向北延伸至石拱外石壁上十多孔，更北则为一乱石结构的小洪积扇所阻，未见栈孔。上层栈孔自石拱南侧的沙滩北端始，经石拱南部石壁，向北穿越石拱的外檐到石拱北侧石壁，约二三孔消失。此段栈道南侧缓坡上杂草丛生（图 13）。

栈孔皆为方口，上下层均呈水平排列，两层间距 2～3 米。

栈道要水平通过这种地形困难极大，同时，下层栈孔之上 1 米左右即为水平向外伸出的岩石层，最长者向外伸出 7～8 米。如果建成栈道，上部空间太小，行人基本无法从栈道上站立通过。在调查中，对这种栈道戏称为碰头栈。大约出于这种原因，有人提出栈道是用来运输盐水的。在大宁河古栈道中还有几处类似的栈道。

（一〇）阴阳石南栈

此系庙峡中部一段栈道，行政区划隶属于巫溪县凤凰区龙王乡。

栈道位于阴阳石南，北端与阴阳石栈道南端仅相隔约 20 米，南至垒石洞，与油坊滩栈道间隔一段斜坡河岸。栈道长 200 多米。河谷宽约 70 米，右岸（西岸）石壁较陡，较薄的石层

图 13 油坊滩栈道北段

斜向右下，栈孔即开凿其上。栈孔皆为正方形，呈水平排列，孔距 2～3.5 米不等，孔口边长 20～23 厘米。许多栈孔内生有植物或被植物遮住，不易清点孔数。因有些区域岩层很薄，在开凿时易于脱落，故在开凿这些栈孔时多顺石隙方向稍有倾斜，而不是像一般栈孔那样口部边缘横平竖直。

（一一）阴阳石栈道

此系庙峡中一段栈道，行政区划隶属于巫溪县城厢镇城哨村。

栈道位于阴阳石处，距庙峡北口约 1800 米。阴阳石是庙峡中一行船标志，也是一处景点。此处河面高度海拔约 190 米，峡谷宽约 80 米。两岸各有一凸出石嘴相对，东石嘴形状似男根，西石嘴一洞状类女阴，故名阴阳石，俗称鸡儿石、麻皮石。传说两石淫合，阻断河道，为天雷劈开，故又名雷劈石。栈道即从宁河右岸女阴石洞上方经过。此段石壁长约 60 米，两侧为长满植被的小沟，以石洞为界，北侧石壁陡，南侧稍缓。石壁下部为一河漫滩，洞口正好位于河漫滩的最高点上。栈孔开凿于石壁上，有二十余孔。栈孔皆为正方形，呈水平排列，孔距 2～3.5 米不等，孔口边长 20～23 厘米。一些栈孔内生有荒草。

（一二）阴阳石北栈

此系庙峡中一段栈道，行政区划隶属于巫溪县城厢镇城哨村。

栈道位于阴阳石北 130 米处的宁河右岸,南端为一河漫滩北端,全长约 180 米。此处河谷宽约 60 米,河面海拔高程约 190 米。石岸有一定坡度,石层薄,石质结构散乱,栈孔即开凿在水面以上 6～7 米处。凡大宁河谷绝壁上开凿的栈孔,多易于观察。而稍带坡度的石岸上所开的栈孔,因其中易淤塞沙土,生长草木,加之其旁石缝等也长有青草灌木,覆盖崖面,故许多栈孔都难以发现。该段栈道即属此种情况。

(一三)鞍子坪栈道

此系庙峡北部一段栈道,行政区划隶属于巫溪县城厢镇环城村。

鞍子坪栈道是庙峡中介于阴阳石北栈与庙峡北口栈道间的一段栈道,仅发现十数孔。这段河谷宽约 80 米,东侧山势较陡,西侧山势和缓。但此处某些近水山崖为水流冲击,比较陡,上面岩石裸露,并有方形栈孔分布。栈孔呈水平排列。

(一四)庙峡北口栈道

此系庙峡中一段栈道,行政区划隶属于巫溪县城厢镇环城村。

栈道自人槽下河岸处向河心凸出的陡壁始,向北延伸至庙峡北口,全长约 600 米。人槽系大宁河右岸向河心凸出的一道石梁。栈道开凿于峡谷中右岸陡壁上,石壁北段多为直壁,中部有一段石壁外倾,南段则多为近于垂直的陡坡。栈孔基本连续分布,呈水平排列,一般在植被

图 14　庙峡北口栈道中段

稀少的石壁上较为清晰，坡地或草木繁盛处则不易发现。栈孔保存较完整，大部分为下层单排孔。北段佛爷观星一带上部又出现一排栈道，两排栈道行距为2.5米左右，但双排孔在中部一段下排栈孔缺失五六孔。此处崖壁内凹，或因石壁崩塌所致。此处上排孔中的一孔左上方还开凿有一小方孔，比较少见（图14）。

栈孔呈水平排列，高于河面6~7米，孔距2.5~3.3米。孔口边长21厘米，深24~38厘米，倾角6~9度。在此段栈道南部一石坡上，有一段长10多米的平阶，高度与栈孔相近。其南北皆有栈孔分布，而中部无栈孔，似为一段与栈道相连的砭道。另外，此段栈道南端也有类似道路的短石阶。

自栈道向南450米处半山腰有一户人家，下方为一大河漫滩的最高点。此处河谷稍宽，右岸（西岸）多为斜坡岸，上多植被，未发现栈孔。

二　城厢段

城厢即城厢镇，是今巫溪县城所在地。此段栈道始自庙峡北口，终于剪刀峡南沟口，均行于河谷右岸。栈道南与庙峡古栈相望，北与剪刀峡栈道相连，分布区域全长约7公里。其中南部自庙峡北口至北门村间为宽谷地貌，北部自北门村北的大湾至剪刀峡间为峡谷地貌，县城处宽谷区域因地势平缓，利于建筑发展，又是巫溪县的经济、行政、文化、交通中心，故建设工程繁多，部分栈孔可能已被掩盖或破坏，其余则保存稍好。

（一）南门湾栈道（城南湾栈道）

此为行经巫溪县城区的一段栈道，行政区划隶属于巫溪县城厢镇南门湾。中心地理坐标为东经109°37′19″，北纬31°23′42″，海拔高程208米。

栈道南起自宁河公路大桥北侧，北终于今巫溪县汽车站墙南，250米之间有栈孔断续分布。栈道的南侧河岸为县城宁河公路大桥与现代建筑基础砌护，未见原始崖面，推测有的栈道被毁。其北侧古时为巫溪县南门，今亦为城区，河岸低平且布满建筑，亦未见崖面。但据当地老人讲，其处原本无栈孔，但有城墙。

栈道孔开凿在高于河水面5米左右的石壁上，大致呈水平排列。孔口为正方形，栈孔边长20~23厘米，深30~40厘米。栈孔中心距2~3.8米，共存有三十三孔。此外，北部石壁上高于栈道分布线处还有数小孔，类似于依崖建筑所开的石窝。

栈道遗存位于县城南部临河处，在大宁河谷的右岸（西岸）陡峭的石壁之上。此处河谷宽约150米，两岸皆为山峦，凤山夹河之东，龙头山夹河之西。此处为龙头山（龙岗）西侧临河处绝壁，其地正当水湾，常常有崩岩事故，半崖存有南门湾古悬棺群。南部40米分布有栈孔的石壁下为一大滩的北端，水面有经流水冲刷过的巨大崩石群。栈道上方10多米处有公路通过。公路边有多座建筑，栈道所在石壁污染严重。

这段栈道偏北处石壁上有一小方口石窟，周有人工开凿的小孔，疑为一小型崖墓。此种崖

图 15 北门村栈道的一个栈孔（孔内未见凿痕）

墓与悬棺不同。公路上部临河悬崖分布有古悬棺群，是大宁河谷发现的最大悬棺群。

据当地老人说，原栈孔相连，后因此处山体崩塌与进行建设，部分遭到破坏与掩埋。

（二）北门村栈道

此为巫溪县城北一处栈道，行政区划隶属于巫溪县城厢镇北门村。中心地理坐标为东经109°37′44″，北纬31°24′22″，高程海拔209米。栈道南部起于城北村临河石壁，其南为一河滩，北止于金银洞石桥南。其北为一小山沟，沟上建有金银桥。

栈道长度约250米，开凿在高于大宁河平常水位2.5~3米处。栈道孔大致呈水平排列。孔口为正方形，边长约20~23厘米，深30~40厘米（图15）。孔中心距离2~3.2米。现存二十二孔。全段由水文站两座测水塔分为三段，其中南段九孔，水塔间四孔，北段九孔。此段栈道之南即应当接连县城城厢镇。

此处亦可称为二墩崖峡峡谷的南口。自此而南，两岸山峦略低，河谷变得稍宽，宽约130米。两岸皆为陡峭石岩，西侧崖岸向河心凸出凹进，颇不平整。栈道上方高约30米处有古道通过，河东岸有公路通过。因近城区，建筑颇多，推测多处栈孔已被破坏。

栈道最南端发现一牛鼻窝，南段上部存一崖墓和三处摩崖石刻，但未见文字。栈孔最北端接近金银桥处有一段与之等高的河边石岸被凿出一段平台，似为栈道延伸部分的砭道结构。

（三）金银桥北栈

此为巫溪县城北一处栈道，行政区划隶属于巫溪县城厢镇北门村。中心地理坐标为东

图 16　大湾南栈

经 109°37′48″，北纬 31°24′28″，海拔高程 209 米。栈道南隔金银沟与北门村栈道相接，北侧为一大的沙滩，滩旁依然为临河石崖，但其上未发现栈孔。

栈道孔自金银桥北起，向北伸延，分布总长度约 130 米，共十七孔，中部有无孔区段。栈孔开凿在高于枯水期大宁河平水位 3 米左右的临河石壁上，大致呈水平排列。孔口为正方形，边长 20～23 厘米，深 30～40 厘米。相邻孔中心距 2～3.2 米。

栈道位于大宁河谷右岸（西岸）陡峭的石壁上。此处河谷宽约 110 米，两岸皆为高山，水流湍急。河东岸有公路沿河通过。栈道的上方生长有一些灌木，下方多为裸岩。栈道上方高 10～20 米处有城厢至宁厂古道通过。

在其上方有城厢至宁厂古道路通过，古道南部有金银桥。

（四）大湾南栈

此为巫溪县城北一处栈道，行政区划隶属于巫溪县城厢镇北门村。中心地理坐标为东经 109°37′54″，北纬 31°24′45″，海拔高程 210 米。

栈道南北皆位于沙滩上方，其南可与金银桥北栈遥接，北与大湾栈道相距不远，约 85 米。栈道位于大宁河谷右岸（西岸）的石壁上。此处河谷宽约 110 米，两岸皆为高山，水流湍急。东岸有公路沿河通过。栈道的上方生长有一些灌木，下方临河处多为裸岩，裸岩下方为一大河漫滩，河漫滩主要由大小卵石构成。其上方高 30～40 米处有城厢至宁厂古道通过（图 16）。

栈道长度约 80 米，现存九孔，中间有缺孔，缺孔处多为石质比较易于风化的软岩。栈孔皆位于河滩旁的石壁上，开凿在高于沙滩 0.2～1 米处，约高于大宁河平水位 5 米。栈孔大致呈水平排列，孔口为正方形，边长 20～23 厘米，深 30～40 厘米。孔中心距 2～3.5 米。河南岸亦为石壁，但上面未发现栈孔。因其处河滩比栈孔更高，可能有栈孔已被沙滩掩埋。

此处栈道距离下部沙滩仅 0.2～1 米。与此相类的还有其北的大湾栈，大湾北栈与二墩崖南栈南部数孔，二墩崖南栈最南两孔一半已掩埋入沙石中。令人感到奇怪的是，这样的高度一般可以不修栈道，却发现这么多的栈孔。由此推测，这处沙滩可能原不在此地。因为河谷中的滩地是移动的，虽然这种移动速度很慢。在北方的土岸河谷，滩的变化很快。其发育与河道的变迁有密切关系。而在这里的山区，石质河谷除了崩岩等特殊地貌变化外，河谷的侵蚀变化要比北方土质河谷缓慢得多。这处位于河漫滩顶部的古栈道，也许可以借此说明其年代已经非常久远了。

（五）大湾栈道

此系二墩崖峡谷中的一段栈道，行政区划隶属于巫溪县城厢镇北门村。中心地理坐标为东经 $109°37'54''$，北纬 $31°24'45''$，海拔高程 210 米。栈道南北皆处于沙滩之上。与大湾北栈间隔 60 米，中有崩崖乱石堆积，与大湾南栈间隔 85 米。

栈道分布总长度约 3.7 米，现仅发现两孔，其他或许为沙滩与崩石掩埋。栈孔皆开凿于河滩旁的石壁上，北孔下口高于沙滩 0.35 米，南孔一半位于沙滩中，高于大宁河平水位 4 米左右。栈孔大致呈水平排列，孔口为正方形，边长 20～23 厘米，深 30～40 厘米。孔中心距 3.7 米。

栈道位于大宁河谷右岸（西岸）陡峭的石壁上。此处河谷宽约 100 米，两岸皆为高山，水流湍急。河东岸有公路沿河通过。栈道的上方有一些灌木生长，下方即为河滩。栈道上方高约 30 米处有城厢至宁厂古道通过。

（六）大湾北栈

此系二墩崖峡谷中的一段栈道，行政区划隶属于巫溪县城厢镇北门村。中心地理坐标为东经 $109°37'48''$，北纬 $31°24'47''$，海拔高程 210 米。栈道南北皆位于沙滩之上。北与二墩崖南栈相距 18 米。

栈道长度约 40 米，仅存栈孔十七孔，皆开凿在沙滩上方的岩壁壁面，高于沙滩 0.5～1 米不等，高于大宁河平水位 3～4 米。栈孔大致呈水平排列，孔口为正方形，边长 20～23 厘米，深 30～40 厘米。孔中心距 2～3.5 米。

栈道遗存位于大宁河谷右岸（西岸）陡峭的石壁上。此处河谷宽约 100 米，两岸皆为高山，水流湍急。河东岸有公路沿河通过。栈道的上方有一些灌木生长，下方多为裸岩。栈道上方高约 30 米处有城厢至宁厂古道通过（图 17）。

（七）二墩崖南栈

此系二墩崖峡谷中的一段古栈道，行政区划隶属于巫溪县城厢镇北门村。中心地理坐标为

图 17　大湾北栈的两个栈孔

图 18　二墩崖南栈

东经 109°37′46″，北纬 31°24′51″，高程海拔 211 米。栈道南侧为一长河漫滩，滩头为一小水湾，有顶部较平且高度与栈孔相近凸出的崖石相接。此段栈道往北为二墩崖栈道（图 18）。

栈道长约 175 米，存栈孔六十孔，大致呈水平排列，开凿在高于大宁河平水位 3~4 米的石壁上。孔口皆为正方形，边长 22~25 厘米，深 30~40 厘米。栈孔中心距 2~3.95 米。南段 30 米栈孔石壁下河谷为沙滩。在这些栈道孔中，有个别孔距超过 5 米，疑为岩石崩落失去一孔所致。南部有两孔被河滩沙石掩埋大半。

栈道位于大宁河谷右岸（西岸）陡峭的石壁上。此处河谷宽 80~100 米，两岸皆为高山，水流湍急。河东岸有公路沿河通过。栈道上方生长有一些灌木，下方多为裸岩。栈道上方高约 30 米处有城厢至宁厂古道通过。

除上部有古道南北通过外，段内未发现其他地面遗存（图 19~28）。

（八）二墩崖栈道

此系二墩崖峡谷中的一段古栈道，行政区划隶属于巫溪县城厢镇北门村。中心地理坐标为东经 109°37′46″，北纬 31°24′56″，高程海拔 212 米。栈道南侧为二墩崖南栈，北与二墩崖北栈相距 5 米，中隔一小沟。

栈道长约 85 米，存栈孔九孔，高于大宁河平水位枯水期 3 米左右。栈孔大致呈水平排列。孔口为正方形，边长 20~23 厘米，深 30~40 厘米。孔中心距 2~3.2 米。

栈道位于大宁河谷右岸（西岸）陡峭的石壁上。此处河谷宽约 80 米，两岸皆为高山，水流湍急。河东岸有公路沿河通过。栈道上方生长有一些灌木，下方多为裸岩。栈道上方高约 30 米处有城厢至宁厂古道通过，今已无法通行。

栈道上方有二墩崖，为一天然岩洞，历史上曾作为逃兵躲匪之处。

段内地下遗存未发现。

（九）二墩崖北栈

此系二墩崖峡谷中的一段古栈道，行政区划隶属于巫溪县城厢镇北门村。中心地理坐标为东经 109°37′47″，北纬 31°24′59″，高程海拔 213 米。其南隔小沟为二墩崖栈，北隔 8 米小沟为锅底崖南栈。

栈道长约 140 米，存栈孔二十七孔，高于大宁河平水位 3 米左右。栈孔大致呈水平排列，孔口为正方形，边长 20~23 厘米，深 30~40 厘米。孔中心距 2~3.2 米。

栈道位于大宁河谷右岸（西岸）陡峭的石壁上。此处河谷宽约 90 米，两岸皆为高山，水流湍急。河东岸有公路沿河通过。栈道上方生长有一些灌木，下方多为裸岩。栈道上方高约 30 米处有城厢至宁厂古道通过。

（一〇）锅底石南栈

此系二墩崖峡谷北的一段古栈道，行政区划隶属于巫溪县城厢镇天鹅村。中心地理坐标为

图 19　二墩崖南栈南段（下方黑色物体为作比测的笔记本）

图 20　二墩崖南栈的一个栈孔

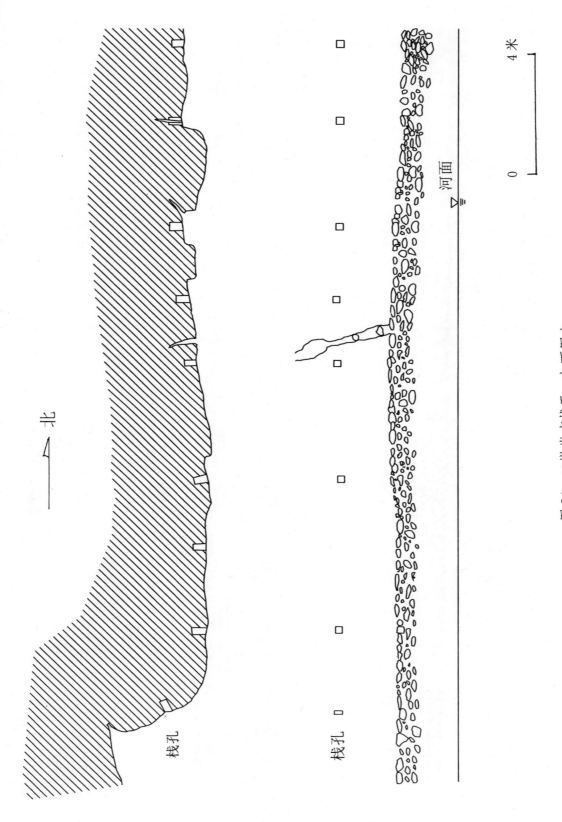

图 21　二墩崖南栈平、立面图之一

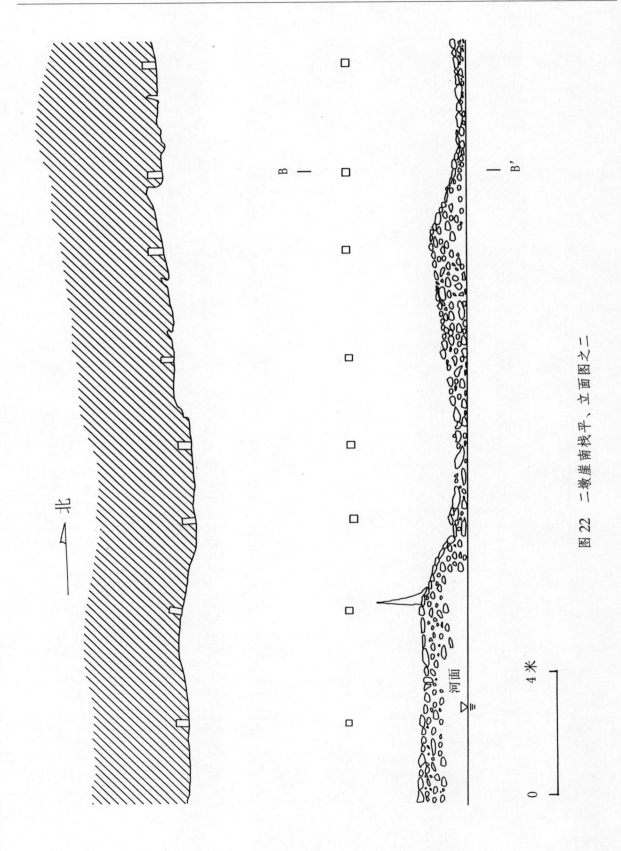

图22 二墩崖南栈平、立面图之二

北

河面

4米

0

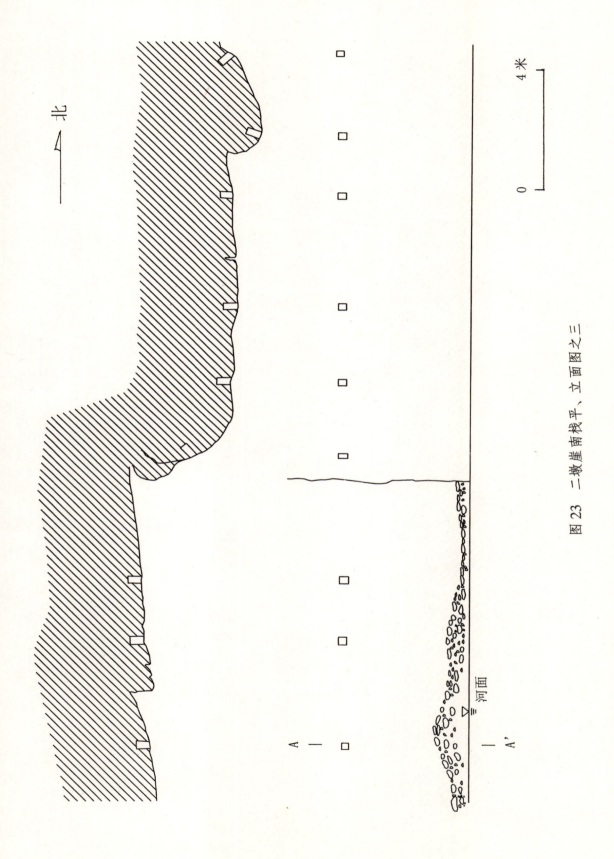

图 23　二墩崖南栈平、立面图之三

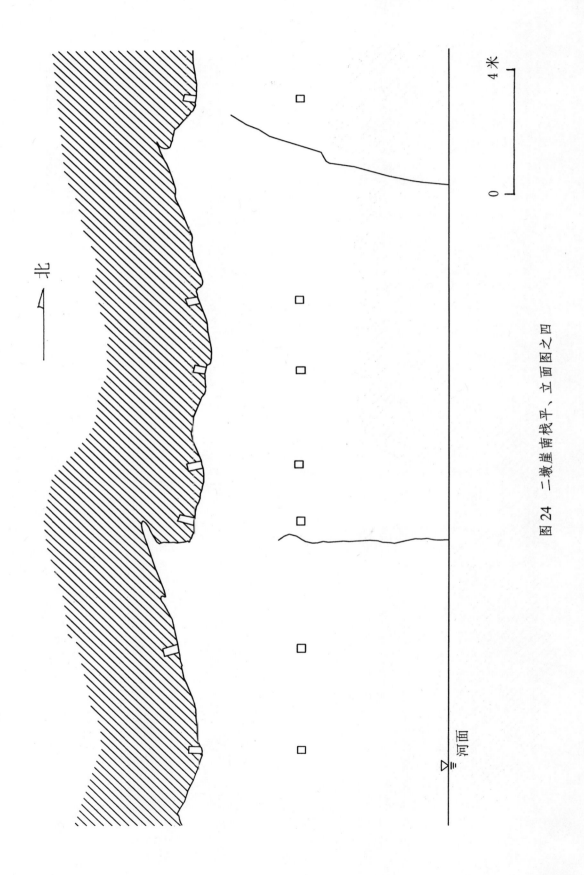

北

图 24 二墩崖南栈平、立面图之四

河面

0   4 米

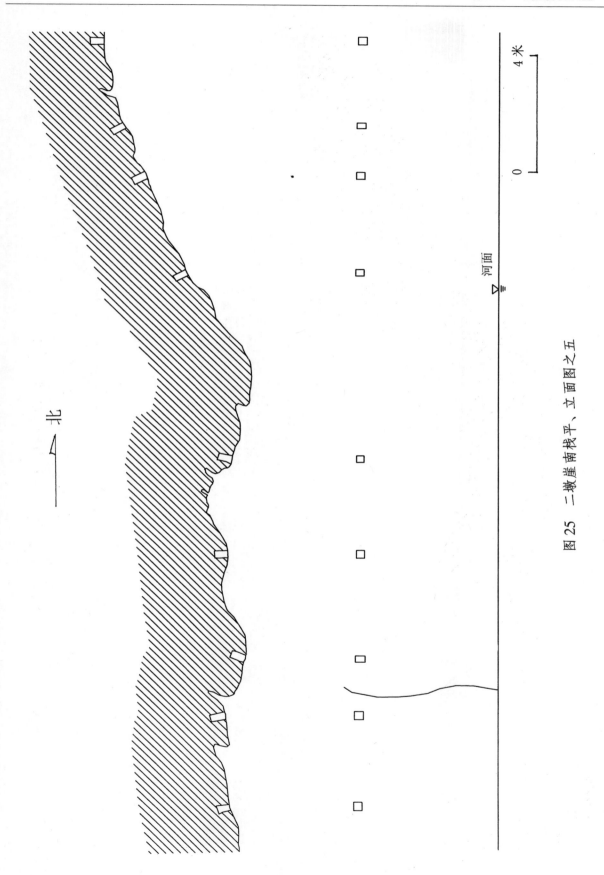

图 25　二墩崖南栈平、立面图之五

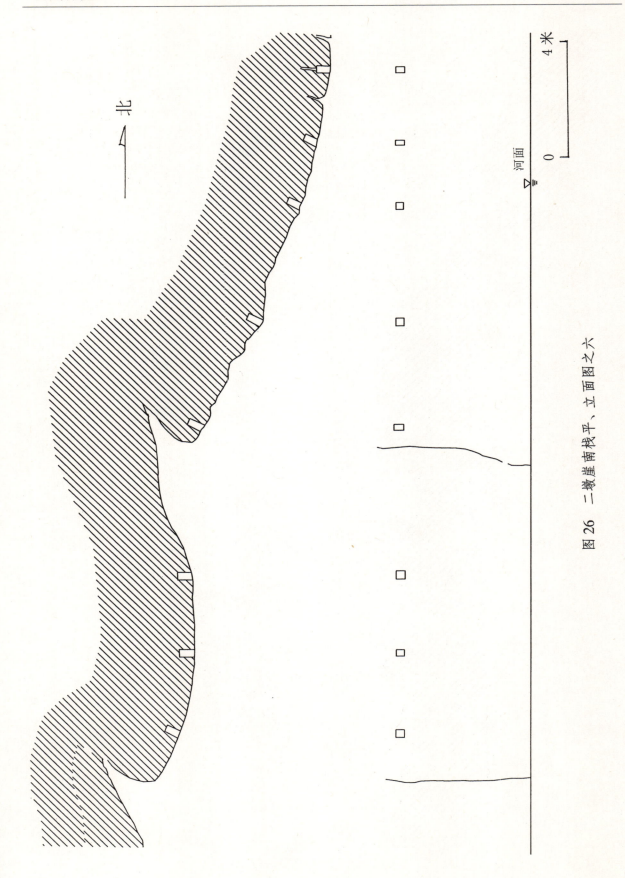

北

河面

0   4米

图 26 二墩崖南栈平、立面图之六

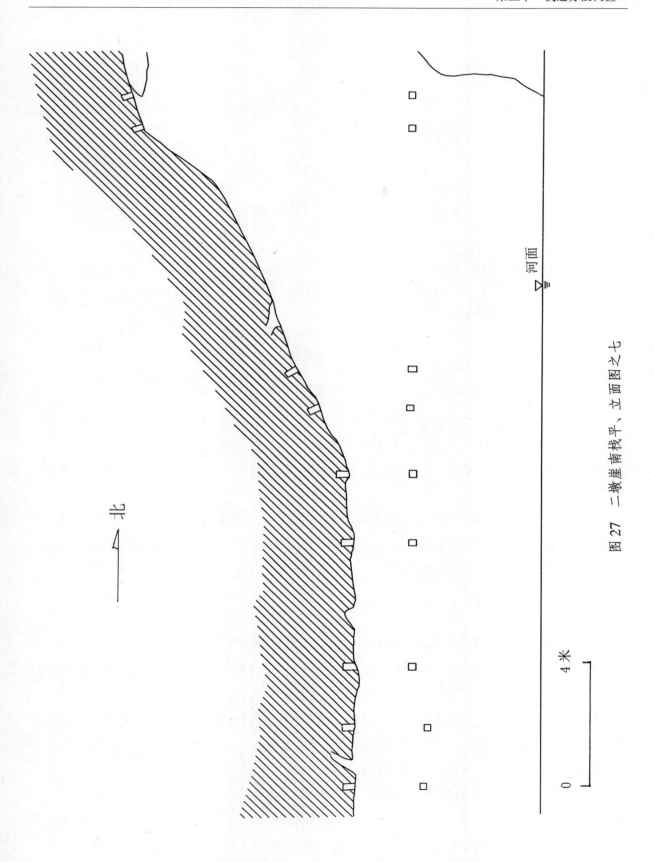

图 27　二墩崖南栈平、立面图之七

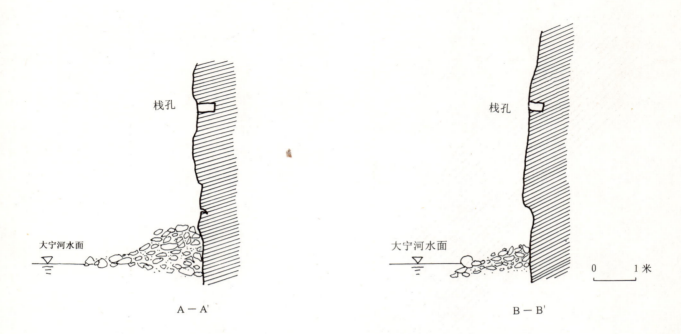

图28 二墩崖南栈栈孔与石壁结构剖面图

东经109°37′50″，北纬31°25′06″，海拔高程215米。其南接二墩崖北栈，中隔一小沟。北侧
与鸡冠石南栈道遥遥相望，栈道长约410米，存栈孔七十六孔，高于大宁河平水位2米左
右。栈道孔大致呈水平排列。孔口为正方形，边长20～23厘米，深30～40厘米。孔中心距
2～3.2米。

　　遗存位于大宁河谷右岸（西岸）陡峭的石壁上。此处河谷宽80～100米，两岸皆为高山，
水流湍急。河东岸有公路沿河通过。栈道上方生长有一些灌木，下方多为裸岩，北段下部为一
长滩。栈道上方高约30米处有城厢至宁厂古道通过。

（一）鸡冠石南栈

　　此系二墩崖峡谷北的一段古栈道，行政区划隶属于巫溪县城厢镇天鹅村。中心地理坐标为
东经109°38′02″，北纬31°25′26″，海拔高程215米。其北鸡冠石的正下方为一滩，长约300
米。该处无栈孔。

　　栈道长约71米，存栈孔二十四孔。其中部近水面处有一小溶洞，名曰黄狗洞。黄狗洞北
分布十一孔，洞南十三孔，高于大宁河平水位2.5米左右。栈孔大致呈水平排列。孔口为正方
形，边长20～23厘米，深30～40厘米。孔中心距2～3.2米。

　　鸡冠石是县城北面数公里处的一座小山，因宁河右岸近水山顶的一扇独立石壁，横向河
谷，高大如鸡冠，故名。此处从广义上为二墩崖峡谷的一部分，两岸皆为高山，水流湍急，河
谷宽约90米，河东岸有公路沿河通过。西岸陡崖高50米，其下部分布有栈孔。此段南侧石壁
坡度稍缓，岩面风化，石质破碎，未见栈孔，或已风化不存。过滩向南有栈道，为鸡冠石南

图 29　鸡冠石北栈中段

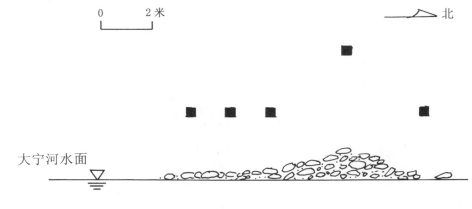

图 30　鸡冠石北栈吊栈立面图

栈道。栈道上方生长有灌木，下方多为裸岩。

栈道上方高约 50 米处有城厢至宁厂古道通过。

(一二) 鸡冠石北栈

此系二墩崖峡谷北的一段古栈道，行政区划隶属于巫溪县城厢镇天鹅村。中心地理坐标为东经 109°38′05″，北纬 31°25′40″，海拔高程 216 米。南与鸡冠石相距 100 米处始，向北其间经一河滩，北与咋嘴岩栈道相距约百米（图29）。

栈道长约 210 米，存栈孔三十七孔。栈孔大致呈水平排列，高于大宁河平水位 2.5 米左右。孔口多为正方形，唯其间一孔稍圆，边长 20～23 厘米，深 30～40 厘米。孔中心距 2～3.2 米。另亦有一孔处于两孔间的上方 2 米处（图30）。

鸡冠石为宁河右岸近水山头上的一扇独立高大石壁，平面垂直于河谷，形如雄鸡之冠，故名。其下山岩临水处即为栈道分布区。栈道位于大宁河谷右岸（西岸）陡峭的石壁之上。此处河谷宽 80～110 米，两岸皆为高山，水流湍急。河东岸有公路沿河通过。栈道之上方悬崖高约 30 米处，生长有灌木，下方多为裸岩。栈道上方高约 80 米处有城厢至宁厂古道通过。

（一三）咋嘴岩栈道（箕湾栈道）

此系二墩崖峡谷北的一段古栈道，行政区划隶属于巫溪县城厢镇天鹅村。中心地理坐标为东经 109°38′03″，北纬 31°25′52″，海拔高程 216 米。栈道北起于剪刀峰南沟口，南至于河中沙滩。两端无栈孔。

栈道长约 220 米，存栈孔三十八孔，高于大宁河平水位 2.5 米左右。栈孔大致呈水平排列，其中一孔位于两栈孔间的上部，高于栈道 2 米。孔口皆为正方形，边长 20～23 厘米，深 30～40 厘米。孔中心距 2～3.2 米。

栈道位于大宁河谷右岸（西岸）陡峭的石壁上。此处河谷宽 90 米以上，两岸皆为高山，山势较其北峡谷处稍稍平缓，山坡亦不甚陡直，唯临河处为高 10 米左右的石壁。北与剪刀峡南栈相隔一谷，间距约有百米之遥。其南 90 米无栈孔，再南为鸡冠石北栈。河东岸有公路沿河通过。栈道上方生长有灌木，下方多为裸岩。栈道上方高约 80 米处有城厢至宁厂古道通过。

三　剪刀峡段

剪刀峡段栈道南自剪刀峡南口起，北至牛肝马肺峡南口，含南部剪刀峡谷与北部的门洞宽谷两种河谷类型。栈道主要分布在较陡的石岸上。

（一）剪刀峡南栈

此系一段峡谷型栈道，行政区划隶属于巫溪县城厢镇前河乡桃树坪村。中心地理坐标为东经 109°38′04″，北纬 31°25′57″，海拔高程 217 米。南与咋嘴岩栈道隔一大沟，北与剪刀峡中栈隔一小沟。

栈道长约 60 米，若加沟中大石上所凿两栈孔，共发现栈孔三十八孔。栈孔大致呈水平排列，高于大宁河平水位 3 米左右。孔口皆为正方形，边长 20～23 厘米，深 30～40 厘米。孔中心距一般为 2.3～3.2 米。北侧一独立大石上有两孔，间距 2.2 米左右。大石上的南孔与南部最近栈道孔距离约 9 米。

　　栈道位于大宁河谷右岸（西岸）陡峭的石壁上。此处河谷宽约 75 米，两岸皆为高山，西岸石壁直立，水流湍急。因其西山顶有峰双尖如剪，名剪刀峰，故称为剪刀峡。南栈道位于剪刀峡最南部，北与中栈隔一巨大断裂石槽，石槽宽度约为 18 米。槽中有一块巨大的滚石，横于沟口，直径约 5 米。其中部面河一侧，亦凿有两孔，说明开凿栈道时，其即位于此处。此段栈道南部为一断裂沟口的小冲积扇。该处未见栈孔。河东岸有公路沿河通过。栈道上方生长有一些灌木，下方多为裸岩。栈道上方高约 160 米处有城厢至宁厂古道从剪刀峰垭口通过。

　　此段栈道南侧石壁上有一方形洼槽，深 0.8～0.9 米，正好处于栈孔经过之处，故此处一栈孔开凿于槽上石壁，较左右相邻两孔高出约 0.3 米。

（二）剪刀峡中栈

　　此系一段峡谷型栈道，行政区划隶属于巫溪县城厢镇前河乡桃树坪村。中心地理坐标为东经 109°38′04″，北纬 31°26′01″，海拔高程 217 米。

　　剪刀峡中栈道北端隔沟与剪刀峡北栈道相邻，中间相隔约 15 米。南隔沟与剪刀峡南栈道相邻，沟的宽度不过 20 米。沟口有一块巨大的石块，临水面亦凿有两栈孔。因此，也可将中、南栈道合并。

　　栈道长约 100 米，栈孔共三十七孔，大致呈水平排列，高于当日河水面 3 米左右。孔口为正方形，边长 21～25 厘米，有的栈孔甚大，孔深 30～40 厘米。一般孔中心距 2.3～3.2 米。

　　栈道位于大宁河谷右岸（西岸）陡峭的石壁之上。此处河谷宽约 65 米，两岸皆为高山，西岸石壁直立，主流在栈道下方，水流湍急。此处栈道区所在地以一向河心凸出石嘴为界，两侧石质有所不同。北侧石质破碎，且多孔隙与上下分布的石缝，栈孔即开凿于乱石上，其孔尽量避开石缝。南侧石面光洁，栈孔清晰。东岸有公路沿河通过。栈道上方生长有一些灌木，下方多为裸岩。栈道上方高约 160 米处有城厢至宁厂古道从剪刀峰垭口通过。

（三）剪刀峡北栈

　　此系一段峡谷型栈道，行政区划隶属于巫溪县城厢镇前河乡桃树坪村。中心地理坐标为东经 109°38′03″，北纬 31°26′04″，海拔高程 217 米。

　　其北有一小山湾，长约 20 米，湾中巨石旁有泉水涌出，水量颇大。与大宁河水相比，水甚浊。降雨后，泉水大，旱时泉水小，当与地下溶洞或暗泉有关。湾北即为门洞索桥栈道。南与剪刀峡北中栈道相隔一小沟，亦为一断裂沟。沟中多碎石，未见栈孔遗存。

　　栈道长约 50 米，存有栈孔十七孔，大致呈水平排列，高于河流当时水面约 3 米。孔口为正方形，边长 21～23 厘米，深 30～40 厘米。孔中心距多在 2.3～3.8 米间。

　　剪刀峡北栈道，扼剪刀峡北口，是峡谷最狭窄处。栈道位于大宁河谷右岸（西岸）陡峭的石壁上。此处河谷宽约 60 米，两岸皆为高山，西岸石壁直立，主流在西壁下，水流湍急。栈道凿于石壁之上。此处石壁陡直，上为高峰。河东岸有公路沿河通过。栈道的上方生长有一些灌木，下方多为裸岩。栈道上方高约 160 米处有城厢至宁厂古道从剪刀峰垭口通过。

（四）门洞索桥栈道

此系一处开凿在凸出河面石嘴上的栈道，行政区划隶属于巫溪县城厢镇前河乡桃树坪村。中心地理坐标为东经 109°38′03″，北纬 31°26′06″，海拔高程 217 米。其南 20 米为剪刀峡北栈，其下河谷北侧为急流，南侧为沙滩，北与吊楼坪栈道相接。

凸出于水中巨石部分残存有古代栈孔。巨石北部临河一侧上部平面有孔口向上的圆洞两孔，为立柱的痕迹。两圆形孔口口径不一，北孔径 20 厘米，南孔径为 15 厘米，深 18～20 厘米，孔距 3.1 米。孔口高出宁河平水期水面约 3 米左右。栈道分布总长度 10 米左右，高于大宁河平水位约 3 米。孔口为正方形，边长 20～23 厘米，深 30～40 厘米。南圆孔向南约 3 米处临河石壁上保存一方形栈孔。孔口边长 22 厘米，深 30 厘米。其巨石南壁亦存一同样大方孔，高度与前相同。孔南有人工取平之石道，当为砭石道与半栈混合之道。另外，此处的圆形立柱孔也有为渡河栈桥桩柱的可能。

此处南侧方形栈孔与其旁孔南原有人工取平之石道。2004 年复查时发现已不存。

门洞为大宁河剪刀峡北口的一处村落，村南峡北口两岸山崖陡峭，就其狭窄处建有铁索桥一座，名曰门洞索桥。索桥长 61 米。桥右岸（西岸）桥台建于向河凸出的巨石上。巨石平面呈方形，下方多为裸岩。栈道上方高约 20 米处有城厢至宁厂古道通过。河东岸有公路沿河通过。

（五）吊楼坪栈道

此栈道行政区划隶属于巫溪县城厢镇前河乡桃树坪村。中心地理坐标为东经 109°38′06″，北纬 31°26′31″，海拔高程 218 米。

南有索桥栈道与剪刀峡，北越沟与窝罗坪栈道相接，再北为牛肝马肺峡。

自门洞索桥至吊楼坪北沟口，栈道长约百米。岸上地势稍平，名为吊楼坪。调查时仅在河岸南侧发现方形栈孔一孔，边长 20 厘米，高于水面约 2.5 米。中部发现圆形立桩窝一处，直径 15 厘米。用途不详。这两处遗迹非至近处不能发现，一般人看不到。另有一些同高的崖面似有人工开凿的如砭路的平台。但因石质为页岩，风化严重。

栈道位于大宁河谷右岸（西岸），剪刀峡谷之北。峡北部河谷开阔，南部峡谷狭窄。主流河槽在右岸，河谷最宽处约 180 米。河东岸有公路沿河通过。西岸山坡的上方生长有一些灌木，下方 3 米多为裸岩。栈道上方高约 10 米处有城厢至宁厂古道通过。

道路上部 20～30 米处有城厢至宁石古道通过。古道上有门洞明清墓地。门洞沟南临古道有一小土丘，上存条石，旧传其地为行路途中老店。因是黑店，很有名。河东岸为前河乡所在地。

据光绪十一年重修的《大宁县志》卷一载："《舆地纪胜》：（宋）开宝六年有旨，以县境近盐井泉十七里，置大宁监。"相传其地即在门洞。因此区域古道一直处于大宁河右岸（西岸），而又未发现宋代运用栈道的记载，故城厢至大宁厂的古道至少在宋代已经产生。

（六）窝罗坪栈道

此栈道行政区划隶属于巫溪县城厢镇前河乡狮子村。中心地理坐标为东经109°38′05″，北纬31°26′37″，海拔高程219米。此段栈道自吊楼坪北沟口至窝罗坪北侧小沟，南与吊楼坪栈道路相接，北隔一宽约10米小沟，与牛肝马肺峡南栈相接。

道路高于大宁河平水位2～3米，分布有栈孔与砭道。但道路南部河岸为现代建筑所占，原道路情况不详。栈孔与砭道两者大致同高。栈孔位于北部，存六孔，呈水平排列。孔口为正方形，边长20～23厘米，深30～40厘米。栈孔中心距2.5～3.2米。砭道在其南，长约35米。再南河岸间断存有风化的石阶。此段亦发现有圆形立桩窝。近吊楼坪北沟口处亦有两小段砭道痕迹，南部砭道现宽约0.9米。南段距离吊楼坪北沟口上游约40米，向河心凸出，长仅1米。其北相隔7米又有一段，长约2.5米。此两处砭道高于当地河面约2米，系页岩，风化严重。窝罗坪栈孔与砭道分布区域长度约500米。

栈道位于大宁河谷右岸（西岸）斜坡的颇易风化的暗红色页岩石壁上，石壁一般高出大宁河平水位5～7米。此处河谷南宽180米，北宽约120米，两岸皆为平缓山坡。河东岸有公路沿河通过。栈道的上方生长有一些灌木，下方近水处多为裸岩。栈道上方高约30米处有城厢至宁厂古道通过。

四　牛肝马肺峡

牛肝马肺峡段栈道南自牛肝马肺峡南口，北至牛肝马肺峡北的木滩，含南部牛肝马肺峡谷与北部的木滩宽谷两种河谷类型。栈道主要分布在较陡的石岸上。

（一）牛肝马肺峡南栈

此系牛肝马肺峡中的一段古栈道，行政区划隶属于巫溪县城厢镇前河乡水井湾村。中心地理坐标为东经109°38′05″，北纬31°26′43″，海拔高程约221米。此段栈道向南越过一宽约10米小沟，与其南窝罗坪栈道相接。其北与牛肝马肺峡中栈之间有一宽约10米之沟相隔。

栈道长约25米，高于河水面3米左右。栈孔大致呈水平排列，今存十孔，北起第六孔与第七孔间空一位无孔，但两孔间正中的上部约1.9米处却凿有一孔。其下游20米石壁无孔，再向下游10米皆为斜向水面的石坡，上有与栈孔同高石阶。所有栈孔孔口皆为正方形，边长20～23厘米，深30～40厘米。孔中心距离平均2.5米。

牛肝马肺峡为大宁河中游一处著名的峡谷，全长约400米。两岸陡峭，河谷狭窄。因东西两岸断层沟中光洁的石壁上各生有一凸出的巨大泉华，高悬半空，状若牛肝马肺，故此得名。此地峡谷实为一东西向大地质断层与河谷垂直相交形成，有三道坚硬的石梁，为河谷切断，西岸断面上皆有栈孔，分别命名为牛肝马肺峡南、中、北三栈。栈道位于河谷右岸（西岸）陡峭的石壁上。此处河谷宽约70米，河东岸有公路沿河通过。栈道上方生长有一些灌木，下方多为裸岩。栈道上方高约15米处有城厢至宁厂古道通过。

峡谷下口为门洞宽谷，一出峡口，河谷突然展宽，谷口下部河滩巨石累累，而峡谷中却尽为卵石细沙。这是由于洪水通过峡谷水流湍急，出峡至宽谷，水势突缓，所夹挟的巨石都沉积于此。所以，峡谷中的栈孔常常受到洪水猛烈的冲击，孔口皆磨损严重。

（二）牛肝马肺峡中栈

此系牛肝马肺峡中的一段古栈道，行政区划隶属于巫溪县城厢镇前河乡水井湾村。中心地理坐标为东经109°38′07″，北纬31°26′46″，海拔高程约222米。

栈道与牛肝马肺峡北栈间距约30米，其间主要是一与河谷垂直的断层石槽，口有乱石。南北部与沟相接的石壁上皆有8～10米无孔。南侧为一沟，栈孔至此中断，峡南沟宽约10米，沟口有巨石数块。过此沟，即为牛肝马肺峡南栈。

栈道长为100余米，北部存十五孔，向南约15米间未发现栈孔，但有一段小石阶。再向南石质颇杂，石面坑洼不平，其上连续分布十四孔。栈孔大致呈水平排列，高于大宁河平水位2.8米左右。孔口为正方形，边长20～23厘米，深30～40厘米。孔中心距离2.8～3.5米。其间发现有一孔开凿于相邻两孔中间的上部，高距水面约4.2米。这种结构比较奇异，可称为吊栈。

栈道位于大宁河谷右岸（西岸）陡峭的石壁上。此处河谷宽约70米，两岸皆为高山，水流湍急。河东岸有公路沿河通过。栈道上方有生长一些灌木，下方多为裸岩。栈道上方高约15米处有城厢至宁厂古道通过。

城厢至宁厂的古道高于栈道10～15米，为人工在山崖上开出砭道。下部栈道自北向南第十五栈孔处有一条石阶道，向北斜上，与上部的古道相接。此段石阶临河一侧还存有三至五处圆形栈孔，当为砭栈结构。

（三）牛肝马肺峡北栈

此系牛肝马肺峡中的一段古栈道，行政区划隶属于巫溪县城厢镇前河乡水井湾村。中心地理坐标为东经109°38′07″，北纬31°26′49″，海拔高程222米。

此段栈道之南为牛肝马肺峡中栈，其间有一小沟相隔，向北将至一沟处中断，再北即为木滩栈道，两段道路之间无栈孔部分长约80米。

栈道长约60米，栈孔共计二十七孔，高于河水面2米左右。栈道孔大致呈水平排列，孔口为正方形，方正平大，边长20～23厘米，深30～40厘米。孔中心距离2～3.2米。自北部向南起算第十六至十七孔间，上部高于栈道水平分布线之上2.5米处有一吊孔。

此段栈道位于峡谷右岸（西岸）陡峭的石梁东端。石梁凸入水中，平面大致呈圆弧形，栈道绕石嘴而过。此处河谷宽约50米，河东岸有公路沿河通过。栈道上方有一些灌木类植被生长，下方多为裸岩。栈道上方高约15米处有城厢至宁厂古道通过。

（四）木滩栈道

此系牛肝马肺峡北的一段古栈道，行政区划隶属于巫溪县城厢镇前河乡水井湾村。中心地理坐标为东经109°38′06″，北纬31°26′55″，海拔高程223米。

栈道分布在牛肝马肺峡北，南与牛肝马肺峡北栈隔80米相望，两段栈道中隔一沟，沟口多凌乱巨石。北与老鹰岩南栈相隔70米左右。

栈道长约85米，栈孔计三十五孔，大致呈水平排列，高于大宁河平水位1.5米左右。孔口为正方形，边长20～23厘米，深30～40厘米。孔中心距离2～3.2米。其南部栈孔（自北向南数第二十九孔）上部有凸出巨石，人似乎不能从其下通过。此段栈道北端亦为陡直的石壁，但未见栈孔，向南则发现栈孔。

栈道位于大宁河谷右岸（西岸）陡峭的石壁上。木滩栈道位于牛肝马肺峡北口，河谷稍宽，山势虽未有其南峡谷处高峻，但临河石壁峭直。此处河谷宽约100米，两岸皆为高山，水流颇急。河东岸有公路沿河通过。栈道上方生长有一些灌木，下方多为裸岩。栈道上方高约10米处有城厢至宁厂古道通过。

此处栈道中部有多个小石阶从栈道处向水面分布，疑为由栈道下至河边的道路。其中部一处石阶下类码头。下有栈孔一排，上有开凿的石梯与城厢至宁厂古道相接。

五　宁厂段

此段栈道南自牛肝马肺峡北木滩始，北至后溪河口南的五溪口索桥止。其南部河谷狭窄，北部河谷较宽。栈道分布于大宁河右岸的陡壁上。自五溪口索桥栈道向北，大宁河谷类似形制的栈道即告中断。自大宁河谷向西折入后溪河谷，也未发现同类栈道。

（一）老鹰岩南栈

此系牛肝马肺峡北的一段古栈道，行政区划隶属于巫溪县城厢镇前河乡水井湾村。中心地理坐标为东经109°38′06″，北纬31°27′06″，海拔高程224米。两端皆为沟，南端隔沟与木滩栈道相连，北部隔沟与老鹰岩北栈相接。

栈道长约30米，共发现八孔栈孔。栈孔大致呈水平排列，高于大宁河平水位1.3米左右。孔口为正方形，边长20～23厘米，深30～40厘米。孔中心距离2～3米。其自北向南第五至七孔间距甚大，中为一段砭道。

老鹰岩是大宁河右岸（西岸）一处陡高的绝壁，因其上常有老鹰盘旋而得名。此处山崖岩层破碎，当为一断层带。栈道分布在河谷老鹰岩南侧陡峭的石壁上。此处河谷宽约80米，两岸皆为高山，水流湍急。河东岸有公路沿河通过。栈道上方生长有一些灌木类植被，下方多为裸岩。栈道上方高5米处有城厢至宁厂古道通过。

（二）老鹰岩北栈

此系宁厂南部大宁河谷的一段古栈道，行政区划隶属于巫溪县城厢前河环宁村。中心地理坐标东经为109°38′13″，北纬31°27′06″，海拔高程225米。

老鹰岩北栈其北有一沟，自沟口向南50米间绝壁上近水面处未见栈孔。栈道南端尚有一段石壁，但栈道孔水平向南延伸，改为一道石阶，斜向南上，与上部山坡高出5米的古道相接。其北有一段地形稍缓，下为滩，未发现栈孔，数百米外为五溪口南栈。

栈道长约150米，应有四十一孔位，其间缺失若干。现存栈孔约三十孔。栈道孔大致呈水平排列，高度距离水面约1.2米。孔口为正方形，边长20～23厘米，深30～40厘米。孔中心距离2～3.2米。自北向南第九孔与第十一孔间距甚大，似乎缺少一孔，但其间却凿有与栈道高度相近的砭道连接两端。

自第十一孔向南，至第十七孔旁又有开凿之石阶通向水面。至第二十二孔位置向南，其间有12米石壁上无孔，大约是石壁崩塌，栈孔也随之不存。

此段栈道第三十一孔位处为一石壁上的凹陷，上部高度不超过1.5米，人似乎很难通行。

栈道位于大宁河谷右岸（西岸）陡峭的石壁上。此处河谷宽约60米，两岸皆为高山，河道狭窄如峡，水流湍急。栈孔所在之地，石壁不平，起伏甚大。河东岸有公路沿河通过。栈道上方生长有一些灌木类植被，下方多为裸岩。栈道上方高约5米处有古道通过。

其上部有古道南北通过，石道外侧临河处的石壁上开有一圆形栈孔，当是道路的辅助支撑。距沟口50米处从上部城厢至宁厂古道分出一石阶路，向河岸斜下。石阶斜下至近河面处，有栈道相接，并向南延伸。

（三）黄水沟栈道

此系宁厂南部大宁河谷的一段古栈道，行政区划隶属于巫溪县城厢前河环宁村。中心地理坐标为东经109°38′14″，北纬31°27′15″，海拔高程226米。其南隔5米宽的黄水沟与老鹰岩北栈相望，北为200米长滩，与五溪口南栈相望。

栈道长约3米，共发现两孔，高于大宁河平水位1米左右。栈孔大致呈水平排列，孔中心距离3米。孔口为正方形，边长20～23厘米，一孔深，一孔浅，深者为30～40厘米，浅者仅有20厘米。

栈道位于大宁河谷右岸（西岸）的石壁上。此处河谷宽约80米，两岸皆为高山，水流湍急。黄水沟为一陡沟，石壁上常有黄水下流，故名。河东岸有公路沿河通过。栈道上方生长有一些灌木类植被，下方多为裸岩。栈道上方高约30米处有城厢至宁厂古道通过。

（四）黄水沟北砭道

此砭道行政区划隶属于巫溪县城厢镇前河乡。海拔高程226米。

此系在临河石壁上开凿出的石路，长约10米，高与古栈道相同。道路南端与北黄水沟间距约 25 米，其 2 米下为河滩，上有城厢通往宁厂古道。此段砭道不长，南北皆有栈道分布，虽不相连，高却相同。大宁河栈道是否仅有一种道路形式，是一个很值得研究的问题，而这段砭道则是一重要线索。但将其认定为同一线路，尚缺少直接依据。

两岸为高山，其下为河滩，系峡谷区。东岸有公路通过。

（五）五溪口南栈

此系宁厂南部大宁河谷的一段古栈道，行政区划隶属于巫溪县城厢前河环宁村。中心地理坐标为东经 109°38′07″，北纬 31°27′23″，海拔高程 228 米。

南部栈道尽头为一沙滩，山坡较缓，未见栈孔。栈道南半部位于河湾水面之上，南端接一石滩，上有黄水沟栈道。北半部位于白石滩上，北隔 120 米为五溪口北栈。

栈道长 230 余米，如计栈孔缺孔则为六十一孔，实存栈孔五十六孔，南部高于大宁河平水位 1 米左右，北部栈孔距沙滩高 0.4 米。栈孔大致呈水平排列，孔口为正方形，边长 20～23 厘米，深 30～40 厘米。孔中心距离 2～4.5 米。自北向南第八孔因崩岩不存。自北向南第十二、十三、十四孔位上无孔。此处石壁甚陡，疑皆为崩岩所致。

五溪口南栈位于大宁河谷右岸（西岸）陡峭的石壁上，北部为一大湾，栈孔大多处于大湾的南部。大湾南有一石嘴，栈孔绕过石嘴尚存数孔。此处河谷宽约 100 米，水流湍急。西岸为高山，东岸山崖间有一五溪河注入。河口有冲积扇，东岸有公路沿河通过。栈道的上方生长有灌木类植被，下方多为裸岩。

栈道上方高 30～40 米处有城厢至宁厂古道通过。

（六）五溪口北栈

此系宁厂南部大宁河谷的一段古栈道，行政区划隶属于巫溪县城厢前河环宁村。中心地理坐标东经为 109°38′06″，北纬 31°27′30″，海拔高程 239 米。五溪口北栈北隔一小石湾与索桥栈接，与索桥间距离约 100 米，南隔一山湾与五溪口南栈相连。

栈道长约 40 米，共发现栈孔十孔，南侧六孔，北侧四孔，高于大宁河平水位 1 米左右。栈孔大致呈水平排列，孔口为正方形，边长 20～23 厘米，深 30～40 厘米。孔中心距离 2～3.2 米。经测量，其中北侧两孔中心距达 4 米。

此处临水石壁南侧无栈孔，却有一小段与栈孔同高之石阶，形如砭道。其北紧接栈孔。

栈道位于大宁河谷右岸（西岸）陡峭的石壁之上。此处河谷宽约 60 米，两岸皆为高山，水流湍急，河东岸有公路沿河通过。栈道的上方生长有一些灌木类植被，下方多为裸岩。栈道上方高约 5～10 米处有城厢至宁厂古道通过。此地旧时有渡口。

（七）五溪口索桥栈

此系宁厂南部大宁河谷的一段古栈道，行政区划隶属于巫溪县城厢镇前河乡环宁村。中心地理坐标为东经 109°38′04″，北纬 31°27′33″，海拔高程 230 米。其北为接官亭沙滩，南隔一小水湾与五溪口北栈相接。

栈道长约 15 米，共发现栈孔七孔，高于大宁河平水位 1 米左右。栈孔大致呈水平排列，孔口为正方形，边长 20～23 厘米，深 30～40 厘米。北二孔中心距离 3.2 米。南五孔与北二孔相距甚远，间隔 11 米左右。北二孔之上的石面上现存一方形桩孔，高于其处水面 3 米，再南石面上存一大一小两个圆形立孔。北二孔南 3 米处的近崖水面下存一圆形桩孔，直径 15 厘米。

栈道位于大宁河谷右岸（西岸）陡峭的石壁上。此处为一小峡谷，河谷宽约 60 米，两岸皆为高山，水流湍急。河东岸有公路沿河通过。栈道上方有五溪口索桥，下方为向河心凸出的裸岩。栈道上方高约 5 米处有城厢至宁厂古道通过。

自此栈道向北，大宁河谷类似形制的栈道即告中断。五溪口索桥栈北接官厅一带，河岸为沙卵石结构，栈孔难以开凿。此段虽为陡岸，但未发现栈孔。由此道向西折入后溪河谷，也未发现有同类栈道。

第四章　古道分段调查

　　除大宁河谷南部沿岸分布的大量栈道外，北部自巫溪县城始向北还沿河谷分布有另一条不同结构的古道。此路可与栈道南北相连，一般也统称为大宁河栈道，但两者有许多差异。其主要是以砭道和垒石道为主，也并非仅沿大宁河谷的右岸行走，而是或左或右，南段处于右岸，北段处于左岸。道路与河面间高度变化很大，高者可高于河面百米之上，低者则近于河谷，实为两条不同的道路。为了便于叙述，故称此处为大宁河古道（图31）。

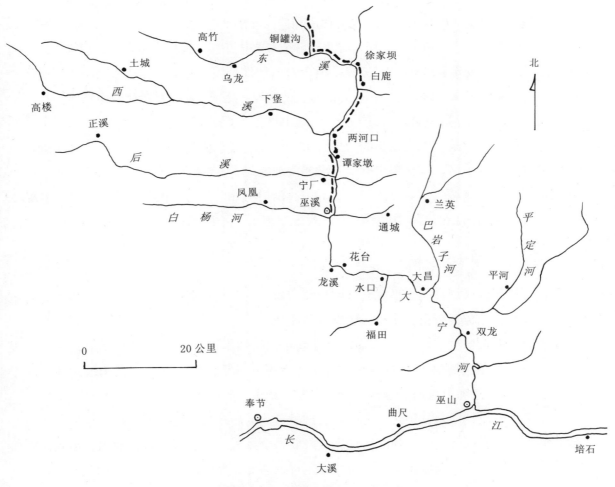

图31　大宁河古道平面分布图

栈道只是泛称，是古道路中的一种特殊结构。实际上，历史上许多含有栈道结构的道路并不以栈道为名，如金牛道、子午道、褒斜道等都是如此。因在这些道路中，并非全程皆为栈道结构。古代道路往往因地制宜，采用不同的构筑形式，如土石道、石砭道、垒石道及桥梁渡口等，与栈道共同组成一个道路系统。

20世纪80年代沿宁河河谷公路开通之前，大宁河古道还是巫溪县境最主要的南北大道，称为北大路。但这条道路的开辟年代，推测已有两千年以上的历史。

大宁河古道，自巫溪县城至宁厂长8公里，与大宁河栈道并行于河谷右岸。大宁河栈道位于此道下方。

第一节　巫溪县城至宁厂

（一）城厢古道

城厢古道行政区划隶属于巫溪县城厢镇。

城厢镇即巫溪县城所在地，大宁河古道南自白杨河口始，北达城厢镇北门外河沟，全长约2000米。南渡白杨河则可入庙峡，与庙峡古栈道相连。北出北门越北门桥可与北门村古道相接，出南门外东渡大宁河可达通城，沿白杨河谷西行可至奉节与开县，以县城为中心，形成当地一交通枢纽。此段道路一般高于河谷10～20米。由于古道地处县城，受现代建筑影响很大，南门外全部改为公路，北部则成为街巷等。据说，旧时大部为铺石路面，上下坡处则建有石阶。

道路南部行经大宁河谷右岸（西岸）陡峭的山坡上。此处河谷宽约80～120米，水流湍急。东岸为凤山，西岸南为龙山，北部为炮台山。今县城建筑群坐落于宁河两岸较宽缓处，主要城区即老城位于大宁河西岸。东岸有公路沿河南北通过。

此段道路位于巫溪城区，旧时东门外有码头。南门与北门外皆有渡口，交通便利。县城南门外古道上方有南门湾悬棺群。20世纪70年代发生崩岩，古道遭到破坏。

（二）北门村古道

北门村古道行政区划隶属于巫溪县城厢镇北门村。古道自城厢镇北门外的北门桥始，与城中道路连接，至城北金银桥止，北与二墩崖古道相接。

古道位于巫溪县城城北河谷内，与县城区域相比，两岸山势渐高，河谷渐窄，河岸出现5～10米高的陡壁，陡壁中下部出现栈孔。大宁河古道开凿于河右岸陡壁上的山坡一线，高于河面10～20米。道路随山坡地势弯转上下，多凿石砭道，间有土石道，并铺砌石阶。

巫溪自三国时设县以来，历时一千多年。这段道路的历史应当与县城同样古老。水文站北有一段石砭道，高于南北道路，为此段最高点。砭道全系人工在石坡上开凿而出，但其横断面上却有三重台阶，最下一重宽1.3米，为今日通行的路面。其内侧高于今路面0.7米处有一道0.2米宽的石阶，这一石阶之上0.5米处，又有一道0.3米宽的石阶。上部两道石阶皆有凿

图 32　北门村古道北段

图 33　金银桥

痕，但非其他建筑遗址，当是更早的古道路面。最上一阶为早期开凿，后来为降低路面坡度，将该处路面凿低，形成中期路面。因路宽已达设计目的，故未顺原壁凿下，留存了 0.3 米的旧路面。其后以同样原因再次下凿，此次又保留了 0.2 米宽的石阶（图 32）。

此段道路南北两端各有桥梁一座。明正德《夔州府志》云："观音桥，大阳桥，俱在县北。"[27] 今城门北有一沟，建有新桥，旧时当有石桥。城北近处仅有二桥，一在金银洞处，为观音桥。据此，北门沟上的桥当为明代的大阳桥。

其下沿河岸分布有北门村古栈道与北门村崖墓、北门村摩崖等。据旧志，这一带山坡清时尚建有水府庙，供奉龙王。具体位置不详。

（三）金银桥

金银桥行政区划隶属于巫溪县城厢镇北门村。道路位于宁河西岸。此处河谷宽约 120 米，两岸山势比较陡峭。金银洞之北 15 米有一小山洞，其上架有金银洞石拱桥，也称金银桥。古道从桥上经过，桥面高于河岸平水期水面约 10 米。

金银桥系石拱桥，系用灰岩石条在沟底基岩上起砌桥台。上部为单跨圆拱，桥拱跨度 4 米，拱高 2.2 米，拱台高 1 米。桥面阔 1.7 米，上铺土石。桥拱原有两层石券，今上层券石大部不存。此桥为城厢至宁厂古道的必经之路，光绪十一年《巫溪县志》城垣图上已有标注，但图上绘有栏板，今已不存。

据明正德《夔州府志》记："观音桥，大阳桥，俱在县北。"[28] 说明明代此处已经建有桥梁。桥南洞中即敬奉观音菩萨，故此桥大约就是城北的观音桥。今桥有可能建筑于明代。因历经风雨剥蚀，桥两侧已经严重受损。今人用乱石补砌，补砌痕迹十分明显（图 33）。

（四）二墩崖古道

二墩崖古道行政区划隶属于巫溪县城厢镇北门村。古道自金银桥始，至剪刀峰南止。南与北门村古道相接，北和剪刀峰古道相接。此道多砭道和垒石道结构，高于河面 10～70 米不等。道路自金银桥北，沿河入峡，渐渐上坡，至二墩崖处高于河面 40～50 米。道路随山势盘旋，起伏大，多坡度，一些地段铺有或凿有石阶，道宽在 1 米左右。20 世纪 70 年代，这条道路尚在使用，许多现在的中年人都曾走过，后因公路通车而荒废。这一路的垒石道多不用灰浆砌筑，而是在道路外侧用石块干垒，内侧填充乱石、细土，上或铺石块，或垒石阶，或以土石混筑作为路面。

古道皆位于峡谷中，两岸山高坡陡，中间河谷亦不宽，路下沿河岸多有栈道分布。河东岸有公路通过。

所谓二墩崖，为一地名。途中有一山洞，名二墩崖，是位于宁河西岸半山的一处自然大

---

〔27〕《天一阁藏明代方志选刊·正德夔州府志》卷二"关梁津渡"，上海古籍书店，1961 年影印。
〔28〕《天一阁藏明代方志选刊·正德夔州府志》卷二"关梁津渡"，上海古籍书店，1961 年影印。

洞。真正的二墩崖实为河流西岸的两处石山嘴，洞下两山脊并列如二墩，故得其名。岩洞高于河面七八十米，其中可容千人。此洞南距县城 1 公里左右，是县城旧时逃避兵匪时所用。古道从其下经过，亦可作为扼险守要之处。今古道已废。

（五）剪刀峰古道

此为一段山间古道，行政区划隶属于巫溪县城厢镇前河乡环林村。古道自剪刀峰南深沟始，越峰至剪刀峰北门洞沟止。南与二墩崖古道接，北与牛肝马肺峡古道相连。

此路为城厢（今巫溪县城）通往宁厂古道的一段，位于宁河右岸。因剪刀峡谷过于险峻而被迫自剪刀峰上越过。古人称此道艰险难行曰："蜀道蚕丛不易行，几多天险未裁成。奇峰恰似并州剪，剪却崎岖路自平。"[29] 道路自峰南山谷上攀，至剪刀峰南侧的大垭口穿过，又越北侧的小垭口，由剪刀峰北侧山坡盘旋而下。道路全长约 1300 米，路宽自 1～1.5 米不等。最高点剪刀峰大垭海拔约 400 米，高于河谷近 200 米；最低剪刀峰北侧道路海拔高度约 230 米。

此段道路比较陡峭，除两端有少许土石路面外，一路上依地势采用石凿砭道、垒石道、石阶等为路，最高山垭还凿出宽 1.5、长 2、深 1.5 米的小石峡，作为通道。又如北垭北侧越一谷，道路依石壁叠石为阶。总之，此路构造比较特殊，是典型的山区古道，当年是县城至宁厂大道，也是通往陕西、湖北的大道。自左岸公路通车后，此路已废，许多垒石路面已经塌陷，难于行走。

古道位于宁河河谷右岸。河谷两岸皆为绝壁，西岸尤为险峻。河谷宽约 70 米，古道即为绕峡的山道。

山下临河处有古栈道南北通过。

咸丰四年（公元 1854 年），灶户（指宁厂盐灶）沈昌德捐修县北门外至大宁盐场石路三十里。此道也应在这次捐修之内。据光绪十一年重修的《大宁县志》卷一载：《舆地纪胜》：（宋）开宝六年（公元 973 年）有旨，以县境近盐井泉十七里，置大宁监。相传其地即在门洞。因此区域古道一直位于大宁河右岸（西岸），而宋时又未发现运用栈道的记载，所以，从这一点看，城厢至宁厂之古道至少在宋代已经产生（图 34）。

（六）牛肝马肺峡古道

此为一段山区古道路，行政区划隶属于巫溪县城厢镇前河乡环林村。古道自牛肝马肺峡门洞沟始，经牛肝马肺峡，北至黄水沟南的老鹰岩止。

古道为城厢镇（今巫溪县城）通往宁厂古道的一段，位于宁河右岸。此处南部行经门洞一段道路在缓坡上开辟为土石道路。古道皆盘旋于高于河面 15～50 米的山坡，向北渐险，行至牛肝马肺峡时山势变陡，故在山崖间开凿出石砭道。南经一深谷，谷间用大石高叠为道路。有

〔29〕《中国地方志集成·光绪大宁县志》卷八"艺文"陈杏昌诗，巴蜀书社、江苏古籍出版社、上海书店，1992 年据光绪十二年（1886 年）刻本影印。

图 34 剪刀峰古道穿越北垭

些砭道的外侧也辅以垒砌大石，以加宽路面。这一段路是典型的山区古道。牛肝马肺峡间道路临水不高，且有小石阶与栈道相通。

该地区南部位于和缓山坡，山坡上多灌木丛。北中部山险峻，位于峡谷区，山势险陡。

此路亦应属清咸丰四年（1854 年）沈昌德所修石路。

古道的下方沿河岸有古栈道分布。

（七）五溪口古道

此系城厢镇至宁厂的一段古道，位于峡谷区，南部最险。行政区划隶属于巫溪县城厢镇前河乡，中心地理坐标为北纬 31°27′31″，东经 109°38′07″。古道南与牛肝马肺峡北之老鹰岩古道相接，自老鹰岩向北，至五溪口索桥止，北与接官亭古道接。

古道位于老鹰岩至五溪口索桥间的大宁河右岸，全长约 1500 米。道路沿山坡伸延，结构多为垒石道与石砭道，有些地段有人工开凿的石阶。山嘴部分道路地势甚高，两侧下坡。坡道部分用石块垒砌为石阶。此段道路垒石料多用较薄的石片，大约与就地取材有关。一般道宽 1～1.4 米，高于河面 20～60 米。道路今已荒废，无人行走，有些地段甚至无法通行。

此道北部一小山嘴有一段长 10 米的依崖叠石道（高于水面 5～6 米），向南为石砭道。其外石壁上凿有小栈孔四个，北圆南方，圆者孔径 10 厘米，方者边长 10 厘米。向南数米又有一段石砭道，其外侧向下 1 米距离内，凿有方圆栈孔十孔，排列不规矩。此种现象当为半砭、半栈结构。

近五溪口索桥处有一小山嘴，其中一段颇宽平，为宁厂通向巫溪巫山方向的南盐卡，也称前卡。旧时建有房舍，设有税官于卡上查盐。下有石磴通往临水处。道路南段山坡上有两处堆石台，有简易道路与古道相接，疑为一处古庙遗址。其位置在古道下方。

此处旧时有渡口，今渡口建有索桥。

（八）接官亭古道

此为巫溪城厢通往宁厂古道的一段，位于大宁河右岸。行政区划隶属于巫溪县衡家涧社区，海拔高程 232～234 米。

接官亭古道南自五溪口索桥始，北至后溪河口，沿后溪河南岸西行至尧山崖，全长约 580 米。鹞山崖亦作尧山崖，是后溪河南岸一陡壁，有一槽道从其处通过。

此段道路所经处的山势较平缓，道路沿河岸延伸，高于河面 5～10 米。道路南段为垒石道与土石混筑道，道宽 1.5～1.7 米。中段经过一小村接官厅，现名工人街。道路一侧临河，路面多铺有石板或石条，宽度同上。北段出村上坡绕过名为狮子包的山嘴。此路多为石条铺就，间有垒石道与石砭道，宽度 1～1.5 米。过山嘴后下坡沿后溪河北岸转向西行，与鹞山崖石槽道相接。

接官亭是大宁河与后溪河交汇处下游右岸的一处沿河小村落，古有接官亭。传说，旧时官员自下游乘船至此，因上游水浅，舍舟改行旱路，由阶登岸，当地在此接待，故名。另外，亦有称其为接官厅者。其下至河滩有一曲折石阶，实为下船后上岸的码头，也可称之为古客运码头。大宁河水道至此而上，由于水量减小致使许多船只不能再上行，但小船依然可以溯流而上，通达宁厂与檀木坪，甚至更远的地方。这一带河岸为沙卵石岸，河流北段内凹，南段外凸为滩。

此段道路北向后溪南岸延伸，南与五溪索桥道路相接。根据其地质情况，此段无法开凿栈道，当为路栈合一。

第二节　宁厂至大河镇

（一）后溪河渡（溪口渡）

此系大宁河古道沿线重要渡口之一，位于后溪河口上游 200 米处。行政区划隶属于巫溪县宁厂区衡家涧社区。

古道由县城始，沿大宁河西岸，经宁厂向北陆路必经后溪河，故后溪渡是当时的重要渡口，今疑其地在鹞山崖下游南岸存有石阶处，北至陕西街。今公路通车，后溪河口上游的大宁河上架有宁河大桥，公路通达宁厂后溪河北，后溪河南亦有多道索桥沟通两岸。今古道与渡口皆废。

渡口南岸有一砌筑石阶通至水边。

图 35　观音阁古道周围的环境

后溪河古渡的历史甚久。清嘉庆十一年（1806 年）谭有贵捐为义渡。据有关史料记载，此渡在清代晚期亦是义渡，费用由盐税所得中支出。

（二）观音阁古道

古道行政区划隶属于巫溪县宁厂镇衡家涧社区。中心地理坐标为东经 109°37′51″，北纬 31°27′52″。

古道自后溪口桥北，沿宁河右岸的山崖向上游延伸，至废碱厂止，全长 600 米。道路高于河面 5～10 米，为砭道垒石混合结构。其中有少数地段系开为石阶的石砭道，大部分地段则是砭栈垒石混合结构，即道路内侧通过凿岩取得，道路外侧采用石栈加垒石的方法修筑，是一种非常典型的古栈道形式。路宽 1.4～2 米，下为临河绝壁，上为陡峭山崖。旧时自宁厂北行必经此地，故多在此处设关布卡（图 35、36）。

此段建筑遗址密集，今存有观音阁与小佛龛两处。另有门址两处、北盐卡遗址一处及建筑遗址多处，北侧路旁还发现设置路侧栏杆的遗迹（图 37）。

对其历史沿革，清代有记载。

（三）双溪峡南古道

此为宁厂至鸡心岭的一段古道，行政区划隶属于巫溪县宁厂镇衡家涧社区。

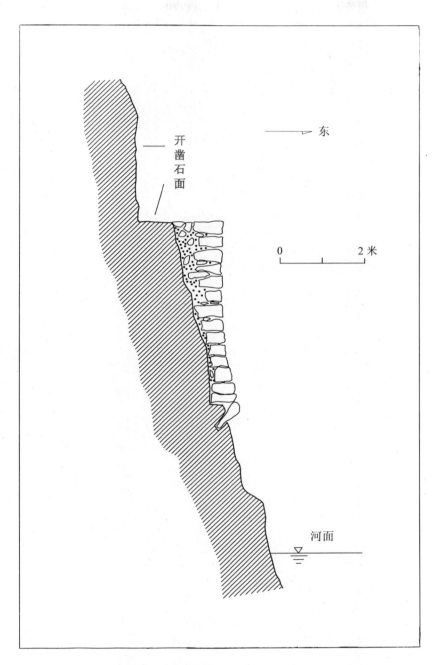

图 36　古道结构剖面图（宁厂大桥北 150 米西岸）

古道南自废碱厂，北至双溪峡南口，全长约 1600 米。

此段道路皆位于宁河右岸（西岸），高于水面 5～30 米。其中多为石砭道与垒石道，道宽 1.5～2 米。

此段道路南北部地势相对平缓，有村落、房舍建筑分布。此类地段多垒石道，并有少数的土石混筑道。中部比较险陡，多石砭道，个别地段有石槽道，为半槽道结构。道上旧多庙宇，今已不存（图 38）。

古道两岸皆为大山，东岸有公路通过。

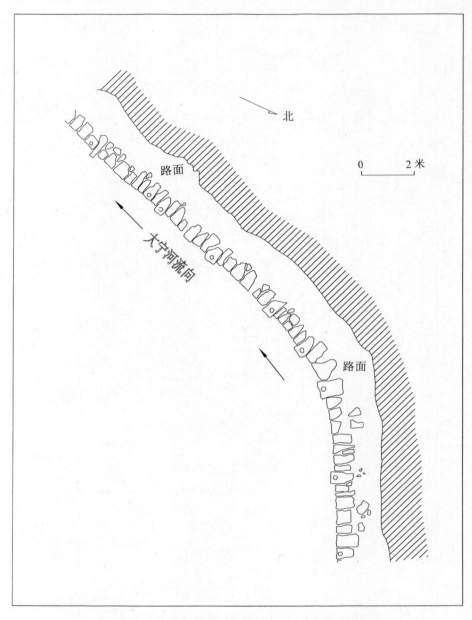

图 37　后溪河口北古道与设栏遗孔平面图

（四）双溪峡槽道

　　此系一处古道上的槽道路段，行政区划隶属于巫溪县宁厂区双溪乡。此道从双溪峡南口至北口，长 150 米。

　　此系宁厂至鸡心岭古道中的一段，位于双溪栈道上方，为一条人工开凿的石槽道，是宁厂至鸡心岭古道穿越双溪峡段的工程。此道南接双溪峡南古道，北至双溪大桥西端，道路高出水面 10 多米。因石壁陡直，故道路是在石壁上凿出，形成一面凌空、三面石壁的石栈槽。石槽最阔处约 1.8 米，高 2~3 米，深 1~2 米。道路随山势回转，个别地段路面外侧铺有石条。铺路石往往向道路外侧伸出 0.2~0.3 米，形成局部悬空，以展宽路面。道路边缘原有扶栏，一般承重不大，所以不会造成安全问题。铺路石中发现尚保存有一端带扶栏桩孔的石条。这些带扶栏桩孔的石条和其北谭家墩村中发现的古木栏，两者结合，可以复原古道扶栏。部分带扶栏桩孔的石条很长，横铺于路间，一段伸出道路外侧，桩孔中心也微出路外。这样扶栏建成后，基本拦于道路外缘。今道路外侧有新置的水泥栏杆。槽道内路面大体南低北高，路间上坡处铺有层层石阶（图39～41）。

此处为大宁河的一处险窄峡谷，名双溪峡，两岸皆高峻的大山。河谷宽约70米，峡谷长150米，未修筑公路前，仅西岸有路可通。今炸岩开辟的公路自东岸通过。峡北口有现代水泥桥梁一座。峡北右岸为巫溪县水泥厂，污染严重。水泥厂北与谭家墩旧镇相接。

槽道下部临河绝壁上有一段古栈道，遗存一批方形栈孔。栈孔下部与同高处分布有一些小石阶，似为依崖修筑垒石道的基础。另外，还有摩崖碑刻一处，文字风化严重，所记内容为修路功德人姓名。槽道南部内侧石壁上刻有一石框，内有文字。已毁槽道中部内侧石

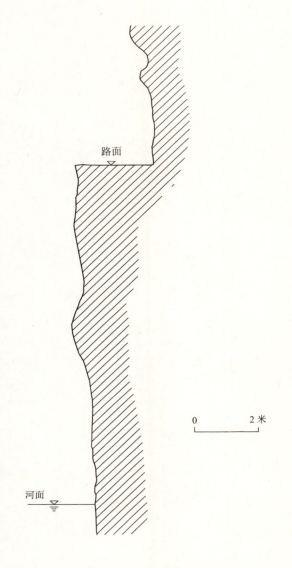

图38　砭道结构剖面图（谭家墩南）

壁有一石窟，内可居住。窟底高于道路路面，有数级石阶自路面通往窟口。该窟系自然石窟加以人工修凿，用途不详，也许为古时设关置卡所用。

双溪峡槽道下方的栈道，高度与槽道南侧古道相近，疑为槽道开凿前古道所经。此栈道孔与大宁河栈道石孔相似。峡谷右岸山上有石窟，传说系旧时藏兵洞。左岸也有一洞，即著名的双溪峡溶洞，今名巫灵洞。洞内钟乳石形状甚奇，内有传为张献忠所书诗一首，现已经被辟为旅游景点对外开放。

（五）谭家墩段古道

此道行政区划隶属于巫溪县宁厂区双溪乡。古道自双溪峡口北沿大宁河西山坡，至猫儿滩村南沟边止，总长约2500米。

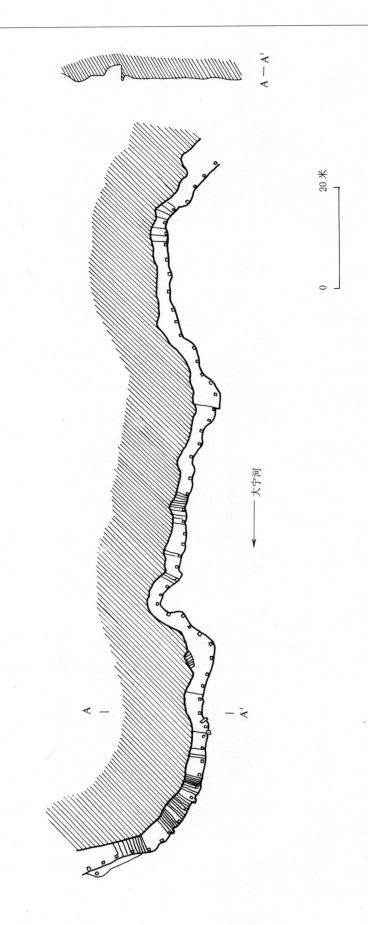

南

大宁河

20 米

0

图 39 双溪峡槽道平、剖面图

图40　双溪峡槽道中段南端

路上部分 ←　|　→ 出挑部分

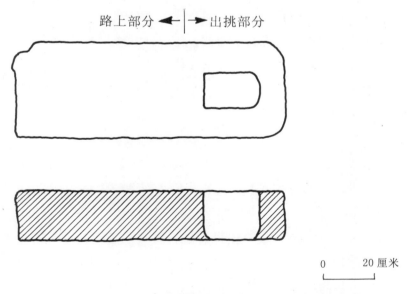

0　　　　20厘米

图41　双溪峡槽道带栏柱孔石条平、剖面图

古道南为谭家墩街道，出街道则道路已经远离河岸，向北沿山坡延伸，至海拔385米处的一小山嘴，又下坡，至半坡入桃园村。出桃园村下至河边，过沟即为猫儿滩村（图42）。此路大都为土石混筑道路，宽1~1.5米。传说古道原行水边，因石岸多崩塌风化，遂改道半山。

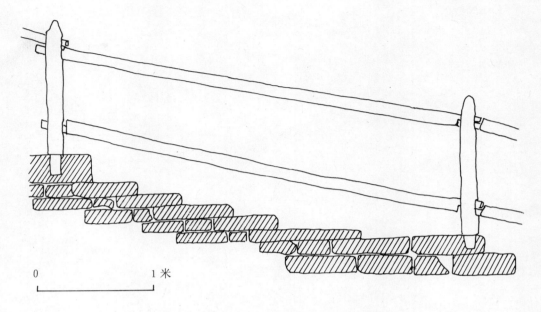

图 42 谭家墩古道木栏剖面图

（六）谭家墩街道

此地行政区划隶属于巫溪县宁厂区双溪乡。

此道为宁厂北古道的一段，自双溪峡北县水泥厂，沿宁河向北，入谭家墩街。两侧小街狭窄，宽约 1.7 米，犹如长巷，多曲折起伏而有石阶，街间道路总长 300 多米。村中过沟处有一小拱桥，是改建后由水泥砌筑。桥南临河侧有旧木栏拦于石阶道外。过此小拱桥后，镇北地势渐高，向北有四组相连石阶，皆为大青石条铺就，号为百步梯。

旧时谭家墩街道有渡口，渡过宁河有道向东通往湖北，盐业与百货交易甚盛，故为一大码头与道路枢纽。清代称此地为盐场营。

（七）里路三道桥

此为古道上一组小桥梁，行政区划隶属于巫溪县宁厂区双溪乡桃园村。海拔高程 330 米。

这组桥梁位于经过桃园村中的古道上，共有三桥，南桥与中桥相距约 40 米，中桥与北桥相距约 100 米，前后不出一里，故称之为里路三道桥。三桥结构相同，规模相近，皆为石块垒砌桥台，上架以并行的青石条。桥台或有出挑石块，以减少石梁长度。南桥由四块青石条并铺，在三桥中最短，跨度约 1.3 米。中桥由四条方形青石相并铺就，桥面宽 2 米，跨度 1.7 米，桥高 3.5 米。外侧石条两端存有桩孔，系旧时安装扶栏所用。中桥桥头道北有上坡石阶多级。北桥似非旧貌，原桥似为四块石条并铺，今由五块大青石条并列铺成，西侧一块尺寸较其他石条为大。桥面宽 2.2 米，跨度约 1.7 米，桥下甚深。过北桥即算出村，道路开始下坡，通往猫儿滩村。此处三桥约建于清末民初，为循古道在此处开药店的江西大药材商人所建。三桥现保存尚好，沿用至今（图 43、44）。

图 43 里路三道桥的中桥

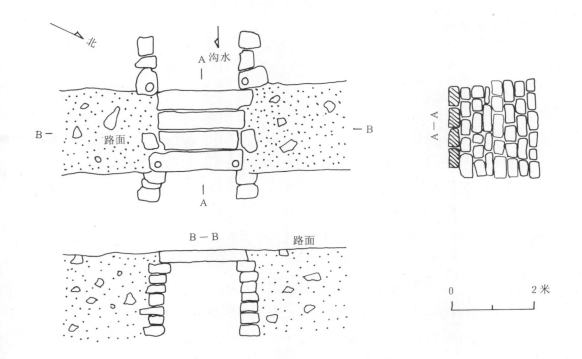

图 44 里路三道桥的中桥平、剖面图

由于古道行经山区，所跨沟涧较多，一路上应当设有许多此类小桥梁，但现在发现不多，可能大部分已经毁坏。此处保存比较完好的小桥梁群尚能展现出昔时古道风貌，非常难得。

桃园是谭家墩北一个小村庄，地处半坡，高于宁河河谷甚多。但地势大致平整，植被茂盛，在当地是不多见的好地方，有居民数十户。古道自谭家墩向北，传说旧道沿河行走，后因沿河处山石破碎，多滑坡塌方，故改自小山上绕过。山南北皆为土石道，自山顶下坡不远，即经此处的桃园村，桃园村遂得一时繁荣。据记载，此地为清代至民国时期当地著名的药材市场。

其西南高，东北低。在山区地势平缓处，有数道小沟涧从村中穿过，土质较厚，周围多果园耕地。旧时也种蔬菜，供应宁厂。

街道不长，仅百十米，路边有数座民国时期木构老房，古色古香。据说，好房子都是江西大药材商人所建。现街道与旧时相比变化不大。

（八）大河镇南古道

此地行政区划隶属于巫溪县宁厂区双溪乡。

此系宁厂北至鸡心岭古道的一段，南自猫儿滩村南沟口始，沿大宁河右岸（西岸）延伸，中经猫儿滩街道、得禄坝街道，北至大河镇（下风坝）北蛇头岭中学，全长约4000米。

此段道路多垒石道与土石道，除北段稍有小坡外，大都平坦易行。大宁河岸多为石堤，堤面亦当道路使用。道路一般宽1.5～2米，个别路段路面铺石。沿途的猫儿滩、得禄坝街道、下风坝街道多旧建筑，得禄坝西山崖存有南北两组古代崖墓。

（9）猫儿滩街道

此为大宁河古道上一近代特殊的码头村镇，大宁河古道经过此处。此地行政区划隶属于巫溪县宁厂区双溪乡猫儿滩。

其位于桃园村与得禄坝村间。镇内有两条长约200米的南北向平行街道。西侧靠山的上街即为古道，多铺石路面。街道起伏不平处用大石条砌筑石阶。临河的下街为新道，河边旧有码头，运输盐煤等。另外，亦有煤炭及百货等由此转运至大关山古道，运往湖北。沿街多清代至民国时期的木构建筑，尤其以上街的古建筑为佳。其中村北猫儿滩100号房屋，背河面崖，为两重五间木构建筑，保存较完好（图45）。

此地两岸山势不陡，但河谷狭窄，且下游河谷中多乱石。这些乱石系清代一次大型泥石流的遗存物。

此地原为古道上一普通小村，并没有重要码头。清咸丰年间（1851～1861年），左岸上游山体崩落，发生大规模泥石流，酿成重灾，死亡人数极多。同时，乱石堵塞大宁河航道，上下游舟船至此无法通行。故上下水货物皆由此上岸转滩运输，因而脚夫云集，使之迅速成为繁华热闹的重镇。上游运来的煤炭都卸在此地与河东，在民国时期为重要煤炭交易市场。1951年重新打通航道，猫儿滩地位稍衰。1978年，公路通车后，河道基本停航。

图 45　猫儿滩街道
（原为古道一段）

（一〇）得禄坝街道

此为宁河古道上的一小村，行政区划隶属于巫溪县宁厂区双溪乡得禄坝村。海拔高程约265 米。

此街道位于大宁河右岸，自猫儿滩北沟起，至得禄坝村北，长 600 米。这是位于猫儿滩与下风坝间沿线小村之一，住户房舍散于路旁，形成断断续续一道长街，比较特殊。古道即在街中随山弯转。街道一侧临河，另一侧靠山。临河处河岸多砌为石堤，许多人家有石阶下河，以供取水洗衣。此处有一座高约 80 米的小山，上有崖墓。沿街多清代至民国时期的木构建筑，其中得禄坝 2 号的木构房屋高两层，面阔三间，长 12 米，两坡顶。正面二层有南北挑台，保存甚好。此建筑背面临河，正面临街。街道亦有石阶分布。道路多为土石道，部分临河岸处为垒石道结构。

得禄坝是随猫儿滩兴旺而发达的村子，其中居民多在猫儿滩谋生。猫儿滩衰落后，得禄坝也随之变得冷清。

第三节　大河镇至两河口

（一）大河镇古渡

此地行政区划隶属于巫溪县宁厂区大河乡，海拔高程 260 米。

大河镇（下风坝）古渡在今镇东索桥处，为旧时宁河古道上重要渡口之一。宁河中游古道由河右岸转为宁河上游左岸即需经由此渡。据观测，其处可能还有一更早的渡口。由大河镇北街过小桥后在今中学渡河，其地在下风坝之北，今索桥上游 500 米处。过渡后直达后刀子村，即入河东正路。后将渡口改设于镇东今索桥处。20 世纪 70 年代后，因建成过河索桥，渡口遂废。后刀子村，或名后道子。盖西岸本有古道，后改道于东岸，故名。

其渡口处河谷宽约百米，东岸为小山。山下有南北方向公路通过，路旁近年渐渐形成夹路建筑区。西岸为下风坝老镇，亦名大河街道。

（二）大河镇至两河口西古道

古道行政区划隶属于巫溪县宁厂区大河乡，海拔高程 300 米。古道自大河镇（下风坝）北始，至西溪河口止。

大河镇至两河口在右岸（西岸）有古道两条，今存者为上道，长 4700 米，民间称十二里。此道自下风坝北过小河，从大河中学后的蛇头岭上越过，顺大宁河西岸山坡北行，经泰山庙，北至两河口渡。道路一般高于河谷 30～100 米，皆为土石道，宽 1～1.5 米。道路向北所经的泰山庙已不存，仅存基址。在历史上，此道亦很重要，曾在泰山庙设有盐卡，目前行人稀少，但古道经过之迹犹存。

此段河谷甚宽，两岸亦不太陡，皆为中山。此道高于河东古道。

两河口村为一小村，位于大宁河右岸，西溪河口下游一处平缓山坡上。北侧有石阶通至西溪河岸，西古道由此渡河北上。两河口地处要地，得名甚古。由此也可以直接转入西溪河古道，可知西古道亦曾为重要道路，修建时代也许早于东古道。

（三）大河镇至两河口东古道（后刀子至紫花古道）

行政区划隶属于巫溪县宁厂区大河乡，海拔高程 280 米。道路自下风坝始，至西溪河口东岸的紫花村止。

此是明清以来的南北大道。自大河镇渡河，上岸，至后刀子村。自后刀子村南，沿大宁河左岸（东岸）山坡北行，经草鞋铺等，越梨子坪沟，至西溪河口东岸的紫花村，全长 4500 米。古道高于河面约 40 米，基本与现公路线路一致，遗迹已经不存。据当地一些老人回忆，道宽四五尺，为土石道。在大河上游东岸 1.2 公里处，有一草鞋铺村，实仅两三户人家散居于公路旁。其中公路西侧梁家祖上即打草鞋在路边出售，售与往来脚夫与背盐者。其地直至现代公路修通之前依然为大道。

隔河保存有西古道。西古道起自大河北蛇头岭，沿西岸山坡北行，抵西溪河南岸的两河口村。下部河岸发现有草鞋铺南栈与草鞋铺北栈。北部龙驹沱河岸近水处发现古砭道数段。

古道段内河谷一般宽约 150 米。大河镇北侧河湾东岸有一大滩，河床宽达 250 米。河谷两岸皆为中山，山坡较缓，坡上有耕地。

第四节　两河口至鸡心岭

（一）西溪河口至荆竹坝古道

道路行政区划隶属于巫溪县宁厂区大河乡与白鹿区檀木坪乡，起点海拔高程 310 米。古道自西溪口紫花村沿东溪河谷北上，至荆竹坝村。

此为巫溪至鸡心岭的古道，自西溪河口向东溪河的上游，沿东溪河左岸（东岸）向北延伸。至公路大桥边的紫花村，村东后山坡出现古道残存，高于河面 40~50 米。古道在山坡盘旋，过风大窿峡谷左岸（东岸）半山的卡门关，沿山崖向北至荆竹坝村，全长约 2500 米。道路以垒石道与石砭道为主，石砭道开凿的凿痕比较细。此段工程艰巨，道路险峻。因长期荒废，许多路段已经崩塌，早已不能通行。将近荆竹坝时，道路下降，于荆竹坝处越一大沟。今沟口与左右两侧建有旅游建筑物，未见道路遗迹。

紫花村北 500 米处有两河口公路大桥跨于东溪河上。古道皆穿行于高峻峡谷之中，峡谷一般宽度在 60 米左右，风大窿处仅二三十米。古道路在半崖，其下为公路，公路一般高于河面 5~20 米（图 46）。

风大窿处右岸（西岸）发现有三层栈道，其北有一古关卡。此道路经风大窿峡谷处亦有一古关，名曰卡门。因道路断绝，未能上去调查。该处多垒石，当有关卡建筑遗址等。公路大桥西侧有一小山丘，高出河谷约 160 米。其上平坦，名为军营包，传说为古时驻军守关处。

（二）荆竹坝至檀木坪古道

此为大宁河支流东溪河谷古道中的一段，行政区划隶属于巫溪县白鹿区檀木坪乡。

道路南起于荆竹坝村，起点处河谷较宽，地势不甚险峻，向北山势渐险，河谷狭窄，大部分道路行处皆为大山深谷。终于檀木坪街，其地亦山势略低。

图46　古道所经的风大窿峡谷

　　自荆竹坝村向东溪河上游，古道沿东溪河左岸向北延伸。荆竹坝电站街道处东后山有古道残存，一般高于河面40～100米。古道在山坡上蜿蜒，山上多植被乱草。从山下可见垒石处，向北至檀木坪街北。

　　此段道路基本行于峡谷之中，长约3500米，多石砭道与垒石道结构。古道绕经山嘴处多为石砭道，工程艰巨，道路险峻。其中北部百步梯尤其险峻，为此道上著名的石槽道。因此道中部多处崩塌，无法通行，仅攀上百步梯南侧一段进行了调查。

　　古道一路皆在峡谷中，山高谷深，公路在古道之下方。河谷对岸发现有残存的砭道与栈孔，但位置较低，近于水面。中南部峡谷中西岸绝壁上有著名的荆竹坝悬棺群。悬棺群隔河对一谷，谷北侧有绣墩山。此处旧时有渡口。

（三）檀木坪百步梯

　　此为荆竹坝至檀木坪间的一处古槽道，是大宁河古道上咽喉之地，行政区划隶属于巫溪县白鹿区檀木坪乡。海拔高程350米。

　　百步梯位于檀木坪南1公里处的东溪河左岸（东岸）。此处系一峡谷，两岸石崖壁立，山高谷深，甚为险峻。古道自河东高于水面50米左右通过，一些地方因修公路已经炸毁不存。百步梯共一百五十余级，长七八十米，南低北高，皆是人工在陡直的石壁上开凿的石槽。石槽中下部路面凿为层层石阶，号为天险，是巫溪以北最险要的路段。此处石槽系顺岩石层理中的疏松层开凿，高约 3 米，深 1.8～2 米，坡度约 30 度。石槽两端皆为在石山上凿出的砭道或垒石道。此处岩石坚硬，民间传说旧时是用火烧软后开凿的。

公路开通前，百步梯尚能通行，但开通公路爆破时造成南北两处崩岩，致使古道中断，渐至荒废。现残存部分石槽、石阶保存完好。

公路在其下方通过。公路所在处原亦为陡岩，今道路系炸崖填河开出。

（四）檀木坪老街

此地行政区划隶属于巫溪县白鹿区檀木坪乡。海拔高程 330 米。

此处山势较南北两处略低，东溪河东岸山坡更缓过西岸，檀木坪老街即处于山坡上，公路从临河之下街穿过。镇北河右岸有一沟溪，注入东溪河，有索桥一道自镇跨河通于沟中。

檀木坪为古道上一处重要村镇，清时也称檀木树坪。镇沿东溪河左岸（东岸）山麓分布，南北狭长，长度近 1 公里。建筑夹古道而建，形成集镇。街间古道，宽 1.5～2 米，存有大石砌筑的路面，间有石阶等。街中亦有旧式建筑数座，但大多已经被改建或拆毁。檀木坪南道路险峻，旧时过往行人多至此休整食宿。

（五）檀木坪至神机坪古道

此系大宁河的一段古道，行政区划隶属于巫溪县白鹿区檀木坪乡。该段道路起于檀木坪，终于神机坪街。

自檀木坪向东溪河之上游，古道沿东溪河左岸（东岸）向北伸延。古道一般高于河面 20～50 米，多行于峡谷之中，多石砭道与垒石道结构。此处石崖壁立，道路险峻，但多数均于修筑公路时被破坏。

古道一路皆在峡谷中，山高谷深，公路位于古道的下方。河对岸（西岸）发现有古砭道一段，高程较东岸古道为低。

（六）神机坪至白鹿溪古道

此古道行政区划隶属于巫溪县白鹿区神机坪与白鹿溪。该段道路自神机坪起，终于白鹿溪镇。

此道位于东溪河左岸（东岸），一般高于河面 30～90 米。神机坪北至团包岭绛洞子（亦称风洞子）一段长约 1100 米，河谷较窄，道路亦险，多为垒石道。其北至白鹿溪则两岸山势较平缓，多为土石混筑道路。此段道路全长约 5000 米，一般宽 1～1.5 米。

古道南段为峡谷，北段为山势开阔的河谷，下方有公路通过。团包岭绛洞子为道东一小山石崖上的古洞。

（七）白鹿溪至徐家坪古道

此古道行政区划隶属于巫溪县白鹿镇至徐家坪间。

古道自白鹿镇至徐家坪（徐家坝），长约 7000 米，自白鹿镇向北，中经中坝河口对岸。中坝河为东溪河右岸一条小支流，沿河旧亦有老路通往中坝。今建有一条简易公路，沿中坝河北岸通往上游。此公路与今东溪河岸公路间有一座公路桥。白鹿镇至徐家坪古道向北入谷经七蟒峡，出七蟒峡，不远即至徐家坪。除峡谷间道路险峻外，两端道路相对较为平易。古道一直沿东溪河谷的左岸延伸，因建设公路，多数已经不存。

七蟒峡为峡谷地貌，南北两段古道皆处于平缓山坡下，与今公路选线相近。白鹿镇中有一条支道，沿白鹿溪向东，可通到湖北。

（八）七蟒峡古道

七蟒峡是大宁河上游东溪河上一处著名的峡谷，扼巫溪至陕西古道的咽喉地带，也是一处古道上比较难行的地段。古道行政区划隶属于巫溪县徐家坝镇徐家坝社区。海拔高程 390 米左右（图 47）。

此段道路位于白鹿镇与徐家坪镇间，是白鹿溪至徐家坪古道中的一段。峡南口距白鹿镇 2 公里，北口距徐家坪镇 2 公里，为大宁河支流东溪河上的一处峡谷，也是巫溪通向陕西古道上一处险要路段。据当地老人说，古道从东岸通过，路宽约 1 米，不太难走，但基本已在修筑公路时炸毁，扩建为今路，遗迹不存。于峡北口西岸距水面 1.5 米处发现一圆形石窝，作用不详。或曰此处旧有栈道，但调查时沿途未发现栈孔遗存。

七蟒峡峡谷长约 1500 米。自南口观察，两岸近 200 米高的石壁耸立，中间为东溪河，河谷中多乱石。峡谷南口建有一座公路桥，有公路岔出通向中坝河北岸。峡谷中间最窄处河谷宽 20~30 米。公路自东岸山崖下通过，南口公路高于谷底约 15 米，北部公路高于谷底 3~4 米。峡谷中水面海拔高度为 383 米。峡南口有东溪河支流中坝河注入。此峡南北有两处大镇，都位于两处山区盆地。北侧盆地大，应当是峡谷地段地层抬升后形成上游河谷淤积所致。上游今道距离水面不高，也与此有一定的关系。

河西岸石壁存有一人工开凿的圆形石孔，用途不详。

据《大宁县志》所引《蜀水考》记："巫溪，源出陕西平利县南山中，南过大宁县，北受胡歧水。又南，受泥溪；又南，过骑马峡；又西南，受白露溪；又西南，过香墩山下；又西南，过乌龟峡；又西南，受西溪为巫溪。又西南，后溪自北来入；又西南，过大宁县城东；又南，马连溪自西北来入之。"[30] 文中的白露溪即白鹿溪，骑马峡处白露溪之北，则必是今之七蟒峡。旧志图上也标注有骑马峡。七蟒峡大约与骑马峡音近，乡人讹传而为七蟒峡。

（九）徐家坪至铜罐沟古道

此为一段行于河岸的古道，行政区划隶属于巫溪县徐家坪。

---

[30]《中国地方志集成·光绪大宁县志》卷一"地理"，巴蜀书社、江苏古籍出版社、上海书店，1992 年据光绪十二年（1886 年）刻本影印。

| 图 47　七蟒峡 | 图 48　铜罐沟 |

　　徐家坪至铜罐沟口今公路长度 8 公里，古道号称二十里。这一段河谷为东西向，古道沿东溪河左岸（北岸）延伸。此处河谷开阔，一般宽度在 200 米左右。除猫儿峡一段外，两岸山峦不甚陡峭，道路较镇南段平易。道路一般高于河面 3～10 米。今旧道面貌不存，皆为新修公路破坏。途中有古桂树，八月飘香，夏日荫凉，多有行人于树下歇息。

（一〇）猫子峡古道

　　此为一段行于河岸峡谷的古道，行政区划隶属于巫溪县白鹿区龙泉乡。海拔高程 470 米。
　　古道位于徐家坪镇至铜罐沟口间，为徐家坪至铜罐沟古道中的一段，南距徐家坪约 7 公里。猫子峡为一处小峡谷，全长约 350 米，宽约 20 米，两侧山峰高耸，高达百米之上。东溪河从峡谷中穿越。古道原从峡左岸（东岸）下部通过，高于河谷 10 米左右。因修筑公路，古道被毁。但峡谷下口右岸似有古道开凿痕迹，并发现一批小栈道孔，或者更古之道从河对岸通行，亦未可知。

（一一）铜罐沟古道

　　铜罐沟古道是自大宁河谷道翻越山岭通向陕西、湖北边境的一条古道，行政区划隶属于巫溪县白鹿区龙泉乡金坪村。
　　道路始自谷口塘垭村，离开东溪河谷，沿东溪河左岸（北岸）铜罐沟支沟入山，上坡可直达渝、鄂、陕三省市交界处的鸡心岭大梁。南至巫山道路，虽有峡谷栈道之险，但尚可谓平路，但至此开始攀山。两侧皆为高山峻岭，多峡谷，道路在谷底溪边左右蜿蜒。旧道路一般宽1~1.5米。近年谷中修筑车道，将下部谷口段古道拓宽。中上游依然为古道，但许多地方已经是荒草夹路。据当地老乡称，20世纪初，盐以"砣"为单位，一砣重八十斤，力小者背一砣而行，力大者可负两砣。道路间可以对面错行，由此可见当时古道的宽度（图48）。

古道自塘垭而北沿铜罐沟入山上坡可直达渝、鄂、陕三省市交界处的鸡心岭。谷中古道全长约16公里，民间称三十五里。自谷口始上攀千米之上，至山梁顶。谷口有一峡，或曰观音峡，长约300米。峡中幽深险窄，最窄处宽仅5米，青天一线，为入谷咽喉。旧有石栈道、石砭道，因近年修乡间公路，多被破坏，旧迹已无从寻觅。入峡后，道路沿山溪蜿蜒，多石阶和土石道，间有垒石道。过水处大部分为水中所设的踏石，或称跳石，也有少数木构桥梁。谷内有四五道长30~100米的小峡谷。

铜罐沟主谷源于鸡心岭青树包沟，古道至三岔分为两条，一条古道离开主沟，沿一支沟向东北方向的牛车垭子大梁上坡，至垭子处穿越鸡心岭梁，入湖北境内，行2公里，复入于陕西境；另一条沿主谷北行，于牛车垭子北侧越梁进入陕西。铜罐沟沿路在沟中小坪处多有居民，沟下段房舍较多。有些是旧时沿路店铺，主要分布在山谷中下部，因行旅不绝，生意颇兴旺。建筑亦较平常村舍为佳，如金坪村11号旧店所存石础带有雕刻，原建筑之精美由此可知。但自公路通车，谷中行人日渐稀少，店铺基本不存，老建筑也多已改建。

第五章　其他相关古道

　　山区道路纵横交错。历史上，或因割据战乱，匪盗横行；或以经济变化，此兴彼衰。致使道路时通时断，变换不定。也有以水涨山崩，桥坏路断，造成改道者。大宁河谷古道遗迹甚多，对其只能概略言之。特别是大宁河谷向北达于汉水流域的道路，小道纵横，头绪繁多。如近人多以大宁河谷从鸡心岭北行道路为主道，但数千年间，自大宁河谷北上，未必就一直取道于此。

　　《水经注·沔水》曰："汉水又东，径晋昌郡之宁都县南，县治松溪口。又东径魏兴郡广城县，县治王谷，谷道南出巴獠，有盐井，食之令人瘿疾。"[31] 这条自汉水流域通向巴山南的古盐道，考其位置，大约是由今日汉水南岸岚皋县的大道河通过[32]。大道河的名称也可以说明其曾作为大道。大道河谷有路可以岔入岚河支流四季河，大道河与四季河河谷也都发现有古栈道[33]。从这条道路越过巴山，就可以进入东溪河或西溪河的上游。如此，宁厂的盐道，在北魏及其以前的时期，也许是以东溪或西溪河谷古道为主要通道，北运入陕的。

　　由此可见，今日所谓古道，只是与今道相对而言，历史上的道路情况变化非常复杂。所以，对大宁河谷沿途诸古道的考察，也是非常重要的（图49）。

第一节　鸡心岭至陕西牛头店

　　陕西、重庆与湖北三省市交界处有一高山，名曰鸡心岭。这是汉江流域与大宁河流域的分水岭，也是古代川陕界岭。自此向南，即入大宁河流域上游的铜罐沟，南与大宁河栈道相接，向北则入汉江支流南江河之上游，通至陕西省镇坪县钟宝镇。古道自钟宝镇沿南江河向北，经镇坪县城，北达牛头店，再往北可与安康市相接。沿线有一些栈道，形式与宁河北部栈道相同。

　　该古道构筑形式与巫溪县城至鸡心岭的古道相似，可以视其为一条南北大道。

　　按旧时说法，自城厢镇至镇坪县为二百四十里。

---

〔31〕《水经注·沔水》卷二十七，岳麓书社，1995年，418页。
〔32〕大道河位于今陕西安康市岚皋县境，源于大巴山北麓，北流注入汉江。
〔33〕《中国文物地图集·陕西分册》（下），西安地图出版社，1998年，1130页。

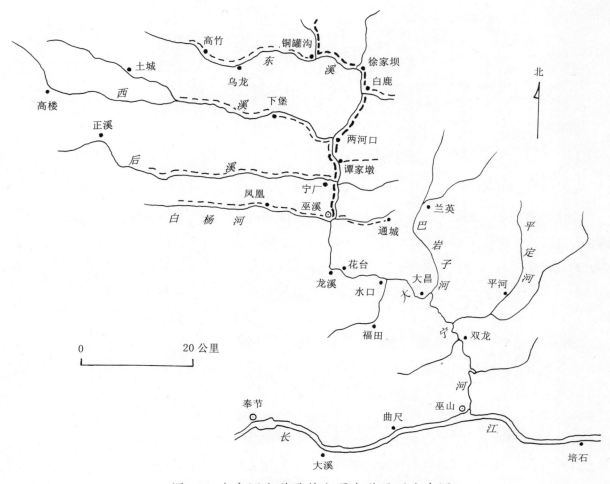

图 49　大宁河古道及其主要支道平面分布图

（一）鸡心岭至钟宝镇古道

此是自宁河古道入陕西安康大道中的一段，为一段山区道路，行政区划隶属于陕西省镇坪县钟宝镇。起点地理坐标为东经 109°34′44″，北纬 31°43′36″，海拔高程 1650 米；终点为东经 109°33′，北纬 31°50′，海拔高程 1005 米。道路起于鸡心岭大梁山垭，终于陕西省镇坪县钟宝镇。道路全长约 30 公里，民间称六十里。

古道自鸡心岭大梁山垭沿山坡道路下山，入大河上游谷道，经陕西境内的剪刀峰下入峡，经母猪洞栈道及数公里长的一线天峡谷后出峡，始有小村。道路沿河谷蜿蜒，经上瓦子坪、瓦子坪、晒米溪，终于钟宝镇。沿途有土石道，险处则设栈道或少量石砭道。古道一般宽约 1 米。道路南段皆为深山大谷，两侧无人迹。至瓦子坪，山势渐低，人烟渐多，河谷亦略宽。这一带山清水秀，山上植被较巫溪茂密，保护良好。

（二）母子洞栈道（母猪洞栈道）

行政区划隶属于陕西省镇坪县钟宝镇金岭村四组。中心地理坐标为东经 109°38′，北纬 31°

44′，海拔高程 1200 米。栈道起点、终点均连接峡谷中的石砭道，系由陕入川的险要路段。

栈孔开凿于小河峡谷左岸石壁上。大部栈道在近年修筑石鸡公路时被炸毁，现仅存四孔，下排三孔，呈水平分布，距今公路路面高 3.9 米。栈孔距 1.2 米。栈孔为长方形，高 18 厘米，宽 15 厘米，深 15 厘米。但左侧一孔不太规范，上部略窄。

栈道位于峡谷之中，峡谷今宽 20 米左右，如不计公路渣石填占，则原谷底仅宽 10 多米，栈道距离谷底约 8 米。两侧石崖林木茂密，数十里内无人烟。

栈道隔沟与一眼天然山洞相对，洞口高约 4 米，宽 1 米多，内有一支洞。传说，背盐路人时闻其中有猪崽叫声而屡寻不获，遂名之母猪洞。因修筑公路，古道多被炸毁。

道路历史沿革不明，但至少自明清以来，不少背盐人便行走于此道。此道一直是跨省南北大路。

（三）晒米溪栈道

栈道行政区划隶属于陕西省镇坪县钟宝镇青岭村。中心地理坐标为东经 109°33′，北纬 31°48′，海拔高程 1111 米。道路起点与终点皆在大河西岸悬崖石壁上。起点上游依然为峡谷，有一石砭道相接。终点下游不远即出峡谷，河谷展宽，有村曰晒米溪，可行旱路。

栈道久已废坏，存者全长约 50 米。栈孔分上下两排，上有小孔二十三个，下有大孔十七个，大致呈水平排列。下排高于河面 0.4 米，上排高于下排 1.5 米。上排方孔，一般边长 10 厘米，深 20 厘米。下排方孔，孔口边长一般为 16 厘米，深 20 厘米。部分栈孔孔内可见到凿痕（图 50）。

栈道所在地为一峡谷，两壁山陡，皆灰岩。栈道位于峡谷口的左岸。峡谷中为南江河，河两岸有砾石滩。公路沿河右岸通过。峡谷口建有一铁索行人桥，连接晒米溪与公路。

据村民说，栈道为旧时行船拉纤的道路。上排小孔，为栈道上方设置扶链而凿。

（四）小鱼溪栈桥

栈桥行政区划隶属于陕西省镇坪县钟宝镇旧城村二组。中心地理坐标为东经 109°33′，北纬 31°49′，海拔高程 1040 米。原栈桥横跨大河，连接两岸川陕古道。古道由大河西岸钟宝镇经此桥改行东岸，可以避开滴水崖的险途。

大河中心有一巨大石块，出水部分长近 5 米，宽 2.5 米。其上并凿两圆孔，径 35 厘米，深 30 厘米，两孔中心距 0.85 米。由此推测，此桥为梁柱式结构，桥面原宽约 1.5 米。

大河为南江河的支流。此处水面宽约 30 米，两岸山坡较为陡峭，有暗河从山中涌出。此地为小鱼溪，上游有大鱼溪。每年春，有鱼随水而出，村人皆以背篓竹筐承接，故名。此即古书所记的"丙穴"之类。

（五）石门

此地行政区划隶属于陕西省镇坪县钟宝镇旧城村二组。中心地理坐标为东经109°33′,北纬

图 50　晒米溪栈道

31°50′，海拔高程 1010 米。旧时连接南北古道，今已经改为公路，古道不复存在。

　　据当地居民回忆，旧时临大河右岸有一石崖，石间有一天然裂缝，古道即从中穿过，曰石门。裂缝长约 10 米，宽 1 米余。从一侧观察，其上之石形状如同象鼻，故亦有称之为"象鼻子"者。传说，此门远看似乎一个人也难以通过，至近处则抬棺或抬轿皆可通行。

　　其位于大河与干州河交汇处南 500 米的鸡石公路上，大河为南江河支流，干州河为大河支流，交汇处为钟宝镇。四周山峦较其他地方平缓，但近镇的大河右岸，则有凸出的山崖，石门即位于此地。

　　石门已在修筑公路时被炸毁。

（六）钟宝镇

　　此地行政区划隶属于陕西省镇坪县钟宝镇。中心地理坐标为东经 109°33′，北纬 31°50′，海拔高程 1005 米。其位于大河与干州河交汇处，大河为南江河支流，干州河为大河支流。四周山峦较平缓，镇建于河谷阶地上。

　　钟宝镇是镇坪南部最大的村镇，位于川陕古道的要道，也是行旅休息与自陕入川准备越山的地方。镇主体位于大河东岸。明时置镇坪巡检司，清时一度为镇坪县县城。后因土匪活动频繁，县城被迫北迁。今存有旧城墙一段，其城砖侧模印有"镇坪城砖"四字。城墙墙基为片石砌就。另有旧县城所留武库两间。武库建筑为硬山顶，板瓦覆顶，檐有勾头滴水。河对面有一天然溶洞，名罗汉洞。洞口高大，内深 15 米。昔时在此建有寺庙，今基址尚存。洞外石壁上有建房穿木的凿孔。传说，旧时大刀会于此起义，后被官府镇压。洞内外的建筑亦被官府焚毁。

（七）钟宝镇至镇坪古道

此道是自大宁河古道入陕西安康大道中的一段，行政区划隶属于陕西省镇坪县。中心地理坐标起点为东经 109°33′，北纬 31°50′，海拔高程 1005 米；终点为东经 109°33′，北纬 31°53′，海拔高程 900 米。其起于钟宝镇，终于今镇坪县城，两端皆为大镇。其间约 14 公里，民间称旧路三十五里。

此区间山势略平缓，古道沿河谷行走，多位于左岸（西岸），大部为土石道。但因地势易于开荒种地等，破坏过甚，已经没有多少遗迹，局部地区尚存古道形成的阶地。古道一般宽约 1 米，高于河谷 5～10 米。

段内山势略平缓，皆中山丘陵，多林木耕地，村落人家比南部为多。公路上游行于河谷右岸，至大曙河汇入南江河处的下游，改行河谷左岸。

（八）镇坪县城

此地行政区划隶属于陕西省镇坪县城关镇，为镇坪县政府驻地。中心地理坐标为东经 109°33′，北纬 31°53′，海拔高程 900 米。

镇坪是一座 1949 年后新设的县城，位于南北古道上，旧名石砦河，今为镇坪县经济文化交通中心。其建于南江河西岸与其支流竹溪河北岸，河谷海拔 890 米。古道由此向南北延伸，向北可达安康，向南跨过新建的竹溪河桥。此地原先当为渡口或建有桥梁，向南道路多为低山区道路，沿江上游（大河）而行，不甚险峻。道路或说在右岸，但目前公路在西侧。县城南有现代公路向西通往平利县。

（九）镇坪至牛头店古道

古道行政区划隶属于陕西省镇坪县。中心地理坐标起点为东经 109°33′，北纬 31°53′，海拔高程 900 米；终点为东经 109°34′，北纬 32°06′，海拔高程 620 米。此系自宁河古道入陕西省安康市大道中的一段，起自镇坪县城，沿南江河北上，至牛头店镇止。全长约 40 公里，民间号称百里。

古道沿河而行，或左或右，多土石道，山势险峻处，间有栈道与石砭道与垒石道。沿途有数处古渡，但与道路连接情况不详。古道一般宽约 1 米。

此一地段系巴山山区，南江河自南向北流，两岸时有河谷宽阔处，即见村落。但至河谷侧蚀强的侧蚀区或峡谷则道路难通，常有山道绕行或构建栈道通过。

（一〇）丁当沟古道

此是镇坪至牛头店古道中的一段，行政区划属于陕西省镇坪县白家乡新庄村三组。中心地理

图 51　崖砭子栈道

坐标为东经 109°33′，北纬 31°56′，海拔高程 800 米。道路上部为古道，下部为新道。新道南北与两端古路相接，南为干沟古道，北为河川大道。

古道北端清代续凿路段大部分位于悬崖上，中间有 30 米左右路基。道路是在崖壁上稍加修凿，然后再以块石垒砌路基。现存砌石路基外侧最高约 3.5 米。

古道行于南江河大回流处的山崖地段，路段北段翻越山岭，路面较陡。路开凿于悬崖之上，下方 30 米是南江河中的深潭，地形险峻。历史上因崖砭子栈道易毁难修，故于清代末期新凿此道以绕过栈道险途，并与丁当沟古道连通。此路为川陕古盐道残留部分。

段内地面尚遗存有石阶等。

关于其处历史沿革，起年不详，沿用至今。

（一）崖砭子栈道

栈道行政区划隶属于陕西省镇坪县白家乡新庄村三组。中心地理坐标为东经 109°33′，北纬 31°56′，海拔高程 810 米。栈道位于南江河东岸石崖上，北端起于河岸砾石滩，南接丁当沟古路，是川陕古道的必经之地（图 51）。

栈孔共三十一孔，可分三种形式。一种为长方形栈孔，大者口高 20 厘米，宽 12 厘米；小者口高 17 厘米，宽 9 厘米。一种孔口朝上用来插置栏杆。一种孔口向外斜，用来安置栈桩。

道路北端为砾石滩路，沿河湾绕过山头而行。南端接叮当沟古路，现断续存有路基，一般宽约1米，是在山坡碎石坡上挖掘而成，比较平坦。栈道第二式栈孔处有宽1米左右的石砭道分布，上曾设有栈棚。古道存有栈桥孔两个，但已经淹没于水下，距离水面0.4米，孔径0.35米，孔中心距离0.85米。

栈道位于高约150米的南江河东岸悬崖下部。悬崖系南江河旁的大山向河部分，河流环山绕过。公路从河对岸通过。

此路历史沿革不详，乡人皆云为古代背盐之道。清末栈道废坏，从山坡上改凿石砭道绕过栈道，而与丁当沟古道相接。但砭道上下皆为陡坡，行走艰难。

（一二）古义渡（古里渡、古牛渡）

此地行政区划隶属于陕西省镇坪县白家乡茶店村五组。中心地理坐标为东经109°33′，北纬31°58′，海拔高程770米。与之相连的古道起点、终点不详。1949年后，义渡被废弃。

此地为古来设渡的较佳位置。传说，此亦为入川古盐道。今西岸尚存块石垒砌的石阶码头，残迹长5米，高2米。其处石壁上原有栈孔数个，已为修公路时所炸乱石掩埋。

其位于茶店子村南约5公里的南江河上，南江河自南向北而流，至此有一河曲，侵蚀西岸。西岸为悬崖，下有平镇公路通过。东岸为缓坡河漫滩，岸上为古义渡村。此处河面平时宽约40米。

此地有一方清乾隆四十四年（1779年）复修古里渡碑，碑文称此地为川陕要冲，军民要道。

（一三）古义渡墓群

此地行政区划隶属于陕西省镇坪县白家乡古义渡村一组。中心地理坐标为东经109°33′，北纬31°58′，海拔高程775米。

南江河自南向北流过，其西为陡岸，东为高河漫滩与坡地，古义渡村即位于坡地上。坡地多被辟为耕地。墓群位于村东南约400米处的水田中。

此地村民历年取土平地，多次发现汉代砖室墓。调查时，地面上散见墓砖及随葬陶器残片。墓砖为青色，一般长35厘米，宽18厘米，厚6厘米，侧面施有模制菱形几何纹，为典型的汉墓砖。陶器多为灰陶，以罐类残片为多。

（一四）茶店子

此地行政区划隶属于陕西省镇坪县白家乡茶店子村一组。中心地理坐标为东经109°33′，北纬31°58′，海拔高程765米。

此地西临山坡，东靠南江河，所处地形为平缓的河岸台地，周皆农田。此处系川陕古盐道所经之地，今平镇公路由此南北通过。

此地今为一小村，清时颇为繁华热闹，系川陕古盐道上往来行旅憩息之地及南江河沿途有名的村落。公路通车后，渐渐衰落，现仅有农户十余家，村中存有斗式旧建筑多座。村旁有两棵巨大的香樟树，树冠阔达 30 米。

（一五）青草坪汉墓群

此地行政区划隶属于陕西省镇坪县白家乡青坪村四组。中心地理坐标为东经 109°33′，北纬 32°04′，海拔高程 653 米。

墓葬位于青草坪村西，村庄西邻南江河，东依山麓，东高西低。此处地形中部稍隆起，川陕古道由此经过。段内地面有封土十余个，组成墓群。最大者直径 6 米，高约 1.6 米。村民俗称之为"古粮仓"，或称为"九个包"。此地出土有汉墓几何纹墓砖，一般长 40 厘米，宽 19 厘米，厚 5 厘米，表面饰绳纹。墓区今尚可见暴露的砖砌墓。墓葬数量不清。

（一六）牛头店镇

此地行政区划隶属于陕西省镇坪县牛头店镇。中心地理坐标为东经 109°34′，北纬 32°06′，海拔高程 620 米。

此系镇坪县北一重镇，历史上就是一处交通枢纽。原有老街，店铺夹路。该镇位于南江河边，交通便利，西北向有大路通向安康方向。因其位置重要，交通便利，曾一度作为镇坪县政府所在地。其北有一支流汇入南江河。

（一七）牛头店汉墓群

此地行政区划隶属于陕西省镇坪县牛头店镇国庆村一组。中心地理坐标为东经 109°34′，北纬 32°06′，海拔高程 620 米。

墓群处于川陕古道之侧平缓的山湾地带。西依高山，东临平镇公路，南江河。北望回龙寺山梁，与牛头店镇相连。牛头店镇在清末民初是镇坪县政府所在地。

村民历年在此处挖出大量灰色绳纹汉墓砖，出土随葬器物皆已被毁弃。墓砖有子母扣形者，长 35 厘米，宽 18 厘米，厚 7 厘米，侧面饰菱形几何纹。另外，还有大量墓砖被村民埋于建筑物下。

（一八）回龙寺古道

此为一与沿河古道平行的越山间道，行政区划隶属于陕西省镇坪县牛头店镇国庆村一组。中心地理坐标为东经 109°34′，北纬 32°06′，海拔高程 660 米。此道南接南江河岸古道，越山而过，北复入河谷接向北古道。

此地南江河盘曲北流，两岸山崖交错而出。古路位于河西岸，由牛头店之南向北翻越回龙寺山梁。此道既便捷，又可绕过河岸绝壁，村人称是古代背盐的大道，即入川古道。

古道全长约 1000 米，宽约 1 米，多是土石路基，唯回龙寺山梁之南的砭道中有打凿的古道石阶。可辨形迹的石阶共有八级，每级宽约 0.2 米、高 0.15 米、长约 1 米。石阶凿于较松软的千枚岩上，随岩石解理成形，且经历年踏踩，形状已经不甚工整。

（一九）回龙寺义渡碑

镇坪回龙寺义渡碑现存于陕西省镇坪县牛头店回龙寺旧址，碑文记录川陕古道上一处渡口设义渡之事。碑圭首，质地为青色页岩，碑文楷书，碑首刻有"永垂不朽"四个大字。文曰："回龙寺南五里许龙潭子，属秦楚之要津。向设渡人舟，无恒产，舟子仰食于附河居人，每岁终负囊入乡村收取升斗以给。舟或朽，历数年不能造，欲济者势难飞渡，常望洋而叹为天堑。光绪丁酉年春，有僧隆学者，即境之童氏启德翁也，翁性好善，布施无悋色，欣然捐钱壹佰壹拾串。其弟启才，童君行三者助捐钱二十串，昆玉合捐钱壹佰叁拾串。买王禄焕五池沟上截山地壹分，计课陆石，年付艄工课五石作工食费，年存课壹石作整修资。契券书公义渡名号，免后人中废。其税契银课王徐工免送，交首士顾世文执掌，以其居近渡处，便经理也。渡之东岸有石矼绝险，门津者所必由。乙亥秋，翁倡首捐钱四串，浪河萧君心怡助捐钱四串，合八串，竟永固津渡，化险为夷。白珠峡刘君楚白捐船户基址壹所。赖诸子共襄盛举，斯渡不朽矣。特勒石以志之。"文后有经理首士刘、顾与保长，乡约人名四。光绪庚子年款。

其碑文说明此道为"秦楚之要津"，以及义渡如何设立与其公有性质。

（二〇）牛头店北古道

古道行政区划隶属于陕西省镇坪县牛头店镇。中心地理坐标起点为东经 109°34′，北纬 32°06′，海拔高程 620 米；终点为东经 109°36′，北纬 32°07′，海拔高程 602 米。此系自宁河古道入陕西安康的一段大道，起于牛头店，沿南江河谷北上经滴水崖石梯子栈道，至玉皇庙，全长约 5000 米。

古道沿南江河谷北上，沿途平易，至滴水岩左岸山坡陡直，有石梯子栈道。右岸河曲围有琵琶洲。道路多土石道，部分为含石阶矼道与垒石道。古道一般宽约 1 米。

此地为巴山山区，南江河自南向东北流，至此蜿蜒曲折。两岸山崖高者数百米，低者平缓。时见河谷宽阔处，即有村落，但至河谷侧蚀强侧蚀区或峡谷，则道路难通，常有山道绕行或栈道通行。

（二一）石梯子栈道

此地行政区划隶属于陕西省镇坪县牛头店乡国庆村，位于牛头店北数里处。中心地理坐标为东经 109°34′，北纬 32°07′，海拔高程 660 米。此道南端接近已经废弃的山崖矼道，北端已被炸毁。

栈道距离南江河水面约 45 米，是在约 85 度的陡崖上开凿石孔。孔内插石桩，桩上铺以条石。因废止已久，大部分路基已经崩垮。现存栈孔七孔及五桩。栈孔皆为方形，边长 18～19 厘米，深 13 厘米。间距 1.1 米上下。其石桩出露部分最长者为 0.7 米。

栈道位于南江河大转弯处，山崖高陡，地形险要。

此道历史沿革不明，民间传说为古代背盐的老路。

第二节　东溪河古道（铜罐沟口至高竹）

此系自巫溪至陕西镇坪大道上分出的一条支道，旧时也是县境内的大道之一，沿东溪河向上游西行，经乌龙镇可通往城口县与陕西。道路东部行政区划隶属于巫溪县白鹿区徐家坪。

道路始自铜罐沟口，沿东溪河向上游延伸，经鱼鳞乡、乌龙乡，达高竹乡，再西北行越一碗水大梁，可进入陕西平利县界。此次仅考察了铜罐沟口至高竹一段，长约45公里。高竹距离巫溪约110公里。

古道多发现于东溪河谷的右岸，今沿东溪河左岸（北岸）已经修建一条简易公路，旧道大部分已经废弃。

沿途多小峡谷，道路险峻，已经发现两处栈道，数处栈桥。这些栈桥多利用河流中大石，凿孔架桥，今仅存石孔（图52）。

途中河北岸有庙坪，属鱼鳞乡。临河北岸一独立高峰，顶部尚存一古庙，未调查。

鱼鳞镇西五里处有一地名合江者，为一十字路口。其地南通巫溪大宁厂，北通陕西华坪。

乌龙西有一地名为乌龙溪者，其处北来一小溪注入东溪，该水亦名乌龙溪，也叫小峪河。沿乌龙溪向北入谷，有小道亦可通往陕西镇坪县的华坪。

（一）白崖栈道

据当地老乡告知，在鱼鳞乡庙垭村南有一沟，入沟有一地名白崖，位于东溪河南岸。其白色石壁高峻，山形奇陡。其右岸峭壁上有方形大栈孔十多个，斜行向上，用途不详。栈道险峻，无人能攀爬。因其处不在正路，此次未及调查。

（二）华坪支道

自大宁河谷向北通往陕西镇坪的大道，一条是今之所述经铜罐沟越鸡心岭大梁之道，另一条并行的道路也非常重要，即华坪道。

自徐家坪沿东溪河谷西行，过铜罐沟口，向西经鱼鳞镇，至合江口，转入东溪河北岸一谷，沿谷北上，越巴山梁进入陕西境内，入于南江河支流毛坝河谷，抵于华坪，道长六十里。华坪是镇坪县南部一山区小镇，从华坪沿毛坝河下行达瓦子坪，与鸡心岭至镇坪大道汇合。此道未能调查。据老乡说，旧时行走的人也不少，道路不宽，但比鸡心岭道路好走。

自铜罐沟口，经鸡心岭至瓦子坪与经华坪至瓦子坪，是东西两条并行的道路。另外，合江口向南还有一条小道达于宁厂，并不循大宁河谷。这条道路有可能是历代走私盐贩开辟出的重要通道。

另乌龙西也有一条向北的小峪河谷，亦可通往华坪。

图 52　东溪河上的一处
　　　栈桥遗址

（三）下红旗村栈道

下红旗村栈道行政区划隶属于巫溪县白鹿区乌龙乡下红旗村。

其地位于东溪河右岸（南岸）一山嘴处，在下红旗村的下游，西距下红旗村约 400 米。栈道开凿在近于水面处的倾斜石壁上，长约 35 米。栈道下距河面甚近，高于水面 0.5~1 米。上游侧有两层栈道，上下层相距约 0.5 米，共存二十余孔。栈孔为方形，大小不一。下游方与栈道相连处有一段长十七八米的石砭道。两端相连道路情况不详。

（四）下红旗村北栈

下红旗村北栈行政区划隶属于巫溪县白鹿区乌龙乡下红旗村。

其地位于东溪河上游左岸（北岸）一山嘴处。栈道开凿在高于河面约 5 米的陡壁上，栈孔下部现为公路。栈道长约 10 米，存四至六孔。栈孔为方形，大小不一。但此处栈孔孔口上下方向微长，疑为搭建建筑开凿之孔。其时代不详。

（五）乌龙"皇城"

乌龙镇西数里，有一北来小河，注入东溪河中。两河交汇处的下游，东溪河北有一座小山，高出平地百来米，民间称其地为皇城。传说，明清白莲教起义军曾在此建立金銮殿。其山西北一小峰最高，东南坡平缓，周有堑山为墙之痕，当为一古代军事城堡。

（六）七姊妹峡栈道

七姊妹峡栈道是东溪河古道上发现的一处栈道遗址，行政区划隶属于巫溪县白鹿区高竹乡水许村。

栈道开凿于高竹乡西10多公里东溪河谷七姊妹峡的右岸（南岸）。此处为一小峡谷，全长35米，峡谷宽六七米。公路自其北侧通过。栈道开凿于南侧石壁，共存十余孔。栈孔高于水面1.5～2米，孔距3米上下。孔为方形，孔口较小，边长约10厘米。峡下口即东端，与栈道同高处有人工用小石块砌的垒石道，但已经被水冲坏。其西端峡口处，与栈孔同高处有一段石砭道相接，长约3米。砭道西还有垒石道相连。砭道与垒石道间的石壁下方，开凿有上下分布的两大方孔，疑为架设桥梁之孔。

根据其上下游垒石道情况看，此处栈道废弃时间不长，当为公路通车前所用道路。其开凿时代不详。

（七）七姊妹崖墓

七姊妹崖墓位于七姊妹峡上口的东溪河左岸（北岸），距离峡上口约150米，行政区划属于巫溪县白鹿区乌龙乡。

七姊妹崖墓当地视为一处名胜，系在石壁上开凿出的七孔石窟。石窟孔口皆为竖长方形，高1.5～1.9米，宽1.3～1.7米，深2～3米，墓内部高度稍大于洞口。最下一窟底部高于公路路面3米，高于河面5～6米。除最下一窟外，上六窟可分为西低东高的上下两列。对此处崖墓，当地有关于七姊妹的传说。下窟架梯可爬入，高1.85米，宽1.67米，长3.1米。下窟口四角外崖面开凿有四个竖长方形桩孔（图53）。

崖墓内部地面平坦，石壁有凿痕，但窟内已空荡无物，有的还带有烟炱，说明曾有人居住。崖墓的时代一时很难断定。巴山北侧陕西境内汉水流域有大批与之形制相同的崖墓，时代从汉至明，延续时间很长。我们曾调查过汉阴县境两座唐代崖墓，上有明确的开元年间（公元713～741年）题记[34]。这些崖墓大约皆为巴人遗迹。

此处崖墓群，当地人或称之为"禹穴"。禹穴本是一种山间古人开凿的洞窟，司马迁曾在

---

〔34〕 秦建明、杨政等《陕西汉阴唐代崖墓调查简报》，《考古与文物》2002年增刊，42页。

图 53　七姊妹崖墓

会稽"探禹穴"。据记载，陕西旬阳也有禹穴。传说大禹治水，足迹遍于九州。人们将此类时代不明的古代洞穴，与禹联系起来，只是表示其时代久远而已。

第三节　西溪河古道（两河口至中梁）

（一）西溪河支道

此道为大宁河古道中一条向西的支道，自西溪河口南岸，沿河谷向西延伸。西溪河下游段行政区划隶属于巫溪县下堡区。

自两河口，大宁河主道顺东溪河东岸向北而去，而本支道沿西溪河南岸向西，沿途行经西宁桥镇、下堡河镇、下堡镇、中梁乡。然后分为二途，一道偏南，沿西溪河支流潭河，直达高楼乡，越剪刀梁，达于城口；一道偏北，沿西溪河支流黑水河（今名汤家坝河），经土城、涂尤坝，越七黑梁，达于城口县。这其中，北道又较南道开阔易行，是宁河古道上一重要支道，西抵城口县可进入陕西。

道路入西溪河谷后循南岸西行，一般高于河谷 20 米上下。沿途亦有险峻处而施以特别工程者。其道有栈道、垒石道、石槽道、石砭道、石阶，道路宽度在 1.2～2 米之间。有些地段工程艰巨，形势险要。河谷中已经发现多处栈桥遗址。其中屏风崖峡谷与中梁乡都分布有较大规模的栈道遗址。

道路起点为东溪、西溪两河交汇处，二水相会后，其下游始称大宁河。三处河谷皆宽百米左右，周围皆为比较和缓的山丘。西溪水量大于东溪，河上可行船。

西溪河古道途经峡谷多处，屏风崖峡以及下堡镇西的石门等地，都是两岸高山夹峙的著名窄峡。此道是沿线古道中最重要、规模最大的古道，中途也可以越山北上，入东溪河谷，从合江道进入陕西华坪。

此次仅考察了两河口至中梁一段，长约 55 公里，中梁距离巫溪约 80 公里。

（二）屏风崖峡栈道

此为西溪河上一处栈道遗址。

屏风崖峡是西溪河下游一处险要峡谷，屏风崖峡谷今也叫峡门口，东距两河口 5 公里。此处两山夹峙，峡谷全长约 350 米，其上下游河谷宽 100～150 米，至此被束为 50 米，峡谷深幽。特别是左岸山峰，峭壁如屏，横逼河岸，直上千尺，海拔高达 1200 米，而当地谷底海拔不足 300 米，实为西溪河一处险要之地。屏风崖峡谷左岸（北岸）修有现代公路，右岸（南岸）石壁下部近水面处有一排栈孔穿峡而过，中部有一条石凿砭道纵贯峡谷。石凿砭道即为西溪河古道的一部分，下部栈孔应当是更早的道路遗存。

栈道长约 90 米，主要分布于下游一侧，高于水面约 1.5 米。栈孔为方形，孔距 2 米之上，偏西近峡谷中部一带有两层。由于岸石壁多生青苔，栈孔有二三十孔。此段栈孔分大小两种，大者口部似较大宁河谷的栈孔稍小，小者口部边长仅 10 多厘米。

（三）屏风崖峡古道

此为西溪河上一段古道遗址，分布在屏风崖峡谷南岸绝壁上，全长约 400 米，东西两端均有古道相连。道路主要结构为石砭道，中部有垒石道，东西两处最险地段则开凿为石槽道。这条道路下游低，上游高，高处达水面以上 50 米，远看似高悬于绝壁之上。石砭道在有坡度处凿为石阶，道宽 1.5～2 米。东部槽道长 10 多米，西部长约 30 米，宽 1.5 米，高 3 米左右。道路中部有一大溶洞，名夹龙洞。其西有一小溶洞，民间称此地为飞虎山，或曰龙虎山。传说《封神演义》中的土行孙与其师父曾在此修炼。道路两端槽道处建有石门，明清时期，当地豪绅曾断路据守此处以避兵乱。洞中可容数百人，故也称为寨子。两端之石门，西高东低，故也叫上门、下门。下门之下，还设有一道门，称为下下门。这些门也曾作卡，故也有称化龙洞（夹龙洞）为堆卡者。

今此处古道东部已因崩崖中断。其地风光奇异，水碧山青，游人可以从北岸乘小船过河，攀上石砭道，入洞游览。

西宁桥以下河段可以行船，通达长江。自此下水，所经航道旧有大悲口，是河上著名险段。清道光《夔州府志》云："大悲口，在县西，《明一统志》：大悲口，在大宁县治西溪心，两巨石对峙，上广下窄，旁乞灵池。谚云：船过大悲口，物方是汝有。"[35] 宋代的方志中也有关于此处大悲口的记载。此处大悲口形势险要，疑其地即在屏风崖峡谷。

（四）西宁桥镇

此系西溪河古道沿途一大镇子，行政区划隶属于西宁区宁桥镇。

其位于两河口上游 7 公里处的西溪河右岸（南岸），下距屏风岩峡约 2 公里。此处北岸山势稍险，南岸宽缓。镇即建于临河的南岸。镇东有一条小沟名芭蕉溪，自南向北注入西溪河。镇全长约 700 米，600 米位于南岸。古道从街中穿过，街系石板路，曲曲折折，两侧多为木构老式建筑，旧时为街市。

至镇西河上建一大石桥，即西宁桥。桥两岸甚窄，周围尽为两层或三层木构建筑，临河面为吊脚楼，桥上与桥两端是镇中最热闹的地方，店铺、饭馆比比皆是。集市之日，土产山货多于此售卖。此地还出产煤炭（图 54）。

据当地老人说，古道自两河口一直沿河南岸行走，至此过桥，改行北岸。

西宁桥以下河段可以行船，通达长江，故有码头。但其下游大悲口水道甚险，上游山区货物常常由此装船，改行水道。上水货物也运至此处上岸，改行陆路。民国时期，猫儿滩山崩阻断下游航道后，西宁桥商业与运输业开始衰退。

（五）沿路栈桥遗址

在宁河上游两河口处的西溪河谷，沿河南岸古道上发现有多处古代栈桥遗址。一般都仅存石孔，中梁东河谷间大石上存有大批石孔，有的类于桥柱孔，有的排列无序，分布密集，用途不明，民间或称之为鲁班眼。

栈桥是古代栈道上渡沟过水的桥梁，一般都是木结构。这种桥梁毁坏后往往只余下一些作为安装桥柱的石孔。西宁桥镇、白虎村、筛银桥、川心店、中梁等处皆有栈桥遗址。这些栈桥都是以河中大石为基，上凿柱孔，架设桥梁（图 55）。

但是有些栈桥，未必就是古代大道所经之桥。因为大道旁也有通向河对岸的支道，其过河处往往就有这样的桥梁。在较小的河沟，甚至一家一户也会建一座桥。在没能对古道进行更深入的调查之前，对于这些桥梁遗址，只有先对其进行调查登记，然后再进行综合研究，这样才能确定其是否是主道上的桥梁。

（六）中梁栈道

中梁乡的古栈道长近 200 米，是支道上发现的最大规模的一段栈道。其地处于中梁村南侧的西溪河对岸。

---

[35]《中国地方志集成·道光夔州府志》卷六"山水志"，巴蜀书社、江苏古籍出版社、上海书店，1992 年据道光七年（1827 年）年刻本影印。

图 54　西宁桥与西溪河

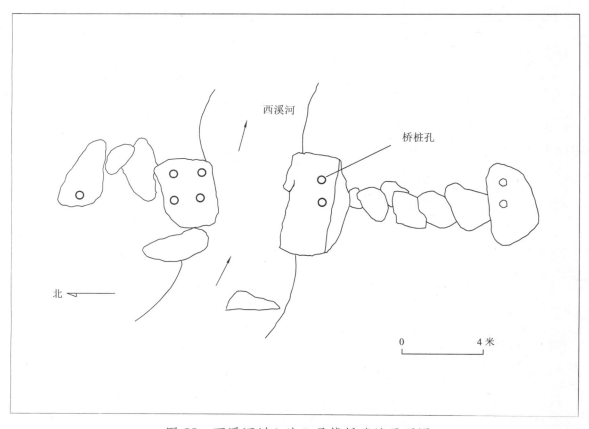

图 55　西溪河川心店 1 号栈桥遗址平面图

此地河北岸地势平缓，为中梁镇所占。中梁实为一山区小村，仅一条短街。其村偏东有一索桥通向南岸。河南岸为一座高山，临河处为百余米高的绝壁。栈道即开凿于绝壁的下部，高于河面3~3.5米处。栈孔东起于索桥下方，沿右岸（南岸）崖壁水平分布，西段崖壁有一转折，栈孔也随之转折，分布总长度约180米，存五十四孔，皆为方形栈孔。栈孔边长目测为18厘米左右，孔距自1.5~3米不等。一些地段因崩岩等原因，孔距甚大。因调查至此恰逢大雨，村民告诫河水可能暴涨，故未能临近测量。上游与栈道相连处未发现道路。栈道开凿时代不详。

第四节　其他支道

（一）白杨河支道（又名马连河道）

其城南一段行政区划隶属巫溪县城厢镇赵家新区。道路始于白杨河口北岸，沿河谷向西延伸。

此为大宁河古道沿线重要古支道之一。古道自县城南部大宁河支流白杨河口始，沿河谷向西通行。原道路一般为土石道，今已经改为公路。其西经凤凰镇、文峰镇、尖山镇，可达开县、云阳县及万州。南经上磺镇可至奉节县，为古来巫溪南出和西向的旱路大道。其中重要的道路为经上磺镇至奉节县的道路。这条道路开辟很早，至今为南北要道。

赵家坝段白杨河谷宽100~200米，两岸山峦低矮，土地肥沃，村落相望，是巫溪县最主要的农业区。白杨河中旧时可通行小舟至凤凰，近年公路交通发达，舟船渐少。沿途多低山丘陵，村落与人口较稠密。凤凰镇存有一古风雨桥。

（二）凤凰镇风雨桥

凤凰镇是巫溪县西南白杨河流域的一个山区小镇，位于白杨河古道上。凤凰镇旧时颇为繁华，近年微有衰退现象。镇中有著名的凤凰风雨桥，为石墩木构，计三跨梁十六间桥廊。桥廊纵向以廊柱分为十六间，每间长2.15米，全长34.4米。桥内两柱之间横宽1.8米，为桥宽。桥面至廊内平梁空间高2.2米，为桥廊内高。

风雨桥桥廊顶部铺设两坡青瓦，间设一长廊脊。桥两端曾是镇上最热闹的地方，店铺较多。1949年后因公路修通，镇中的商业区位置才有所变化。当地人不识桥梁岁月之悠长，仅知清时曾重修。风雨桥结构带有南方风格。两岸桥台为大石砌就，中间两墩亦为大石砌成。迎水面为尖形，起分水作用。石桥墩宽度宽于今桥，桥墩石料方整，疑古桥结构更宽（图56）。

（三）鱼洞溪支道（巫溪至通城）

此为大宁河古道东侧支道，起点行政区划隶属于巫溪县城厢镇乳台村。

图 56　风雨桥

图 57　后溪河古道

自县城城南渡渡河，可达鱼洞溪河口北岸。道路始于鱼洞溪口，沿鱼洞溪河谷向东南，然后改行山道向通城方向延伸，东经白菜园、龙王庙可抵湖北房县。经枞树坳可达巫山县大昌镇。

此为大宁河古道沿线重要支道之一。巫溪县城南部大宁河东岸有一支流，名鱼洞溪，其与大宁河交汇处下游不远的对岸即为白杨河口。沿鱼洞溪河谷北岸有古道入山，旧多土石道，今已经改建为公路。

段内多大山深沟，通城一带，道路行于山上。

此次仅考察巫溪至通城一段，长约 20 公里。

（四）后溪河支道

此为大宁河古道上一条向西的支道，系大宁河古道沿线重要支道之一，行政区划隶属于巫溪县宁厂镇、天星乡、后河乡、万古乡等。

这条古道始于后溪河口北岸，沿后溪河向西经大宁厂、天星乡改道河南，达于后河乡驻地，后河小地名叫满天星。古道亦可由后溪河口南岸，沿后溪河向西经宁厂，在盐泉处渡河至北岸，然后至天星、后河处。自满天星沿河向西，至明月沱附近，道路可分为两途：一道沿后溪西行；一道渡河至北岸，向北越山，经寒风、天元宫进入西溪河谷，沿西溪河古道向西延伸，可至城口县。亦可在进入西溪河谷后北上越山进入东溪河谷，由合江再北上越大巴山主脊进入陕西。

此次仅考察了后溪河口至后河一段，长约 40 公里。传说此道间有栈孔，但因调查仓促，未能发现。今后溪河北岸有一简易公路，经天星乡，通至后河。

古道自宁厂后溪河北岸向西延伸一段多被新修简易公路破坏。河南岸一段古道沿线多垒石道、石砭道。后河乡后河之上有一石建古拱桥，跨度颇大，已圮废，今在其上改建有新式索桥。这座石拱桥的存在，说明当年沿河古道有一定的规模（图57）。

（五）宁厂至合江道

自宁厂西行，至满天星沿河向西，到明月沱附近，道路可分为两途，一道沿后溪西行，一道渡河至北岸，向北越过后溪河与西溪河间的分水梁，经寒风、天元宫进入西溪河谷，沿西溪河古道向西延伸，可达城口县。亦可在进入西溪河谷后继续北上，再越西溪河谷与东溪河谷间的分水梁，进入东溪河谷，由一处名为合江的地方再北上，越大巴山主脊进入陕西华坪。合江至华坪路程，民间称六十里。

上述经后河北上的古道，可谓是宁厂盐进入陕的另一条重要南北大道，与大宁河谷盐道平行。这条道路多不沿大的河谷分布，主要通行于小沟旱路，多次翻山越岭。据走过此道的老人说，北上皆为小路，但不是很难走。此次调查未走此道。

（六）谭家墩至湖北支道（关山道或大官山道）

此为大宁河谷通往湖北的一条古道，行政区划隶属于巫溪县宁厂区双溪乡。

古道自谭家墩左岸码头，向东上山往湖北竹溪县方向延伸。

此为宁河古道上重要支道之一。大宁河右岸，自双溪峡北左来一水，名龙岩沟。此河谷北侧面对谭家墩处有一古道，盘旋上山。谷中多为土石路，亦有石砭道。向东经梯子口陡道、豹子洞，越大五指山旁的关山大梁垭口东行，过九道梁，可通达湖北房县。经关山大梁垭口东南行，亦有一道，通张公桥至湖北。关山又称大官山，大梁甚高，旧时自盐场营（谭家墩）经此道运盐的骡马很多，铃声不绝，亦为著名古盐道之一。道路今已大多荒废。传说，此道上有梯子口，陡道三十里，最为难行。其入山口处不远有一关庙，今已废。此次仅入谷二里，未能进行深入调查。

此道是在龙岩沟北坡上行，周围皆大山。龙岩山是这一带的最高峰，高达 2000 多米，云雾缭绕，高峻难攀。关山垭口即位于龙岩山的北侧，为一山梁的鞍部。道路北侧有令牌石、五指山、和尚拜塔等名胜。南侧龙岩山下有凤凰寨，传说为明末清初起义军的山寨。

（七）白鹿溪通湖北支道

此为宁河古道向东支道之一，行政区划隶属于巫溪县徐家坝（白鹿区）白鹿镇。道路起点海拔高程 378 米。

白鹿镇中，向东有一道小河，名曰白鹿溪，亦名店子河。白鹿溪自东而来，注入东溪河。一支道沿此河谷，东通湖北竹溪。此道沿河谷延伸，为主道上向东的一重要支道，向湖北方向运盐及山货，旧时多为小路，今已经改为简易公路。原入白鹿溪道路路口一段两旁亦分布有店铺。

两岸山势稍平缓，河谷一般宽 100 米，镇北白鹿索桥长 60 米。古道原自街道通过，白鹿溪上架有桥梁，后拓宽为公路，并将旧道跨越白鹿溪的古桥拆毁。对于此道亦未能进行深入调查。

白鹿溪北的檀木坪镇也有一条小道可达湖北。再北的徐家坪，向东也有经界岭子直通竹溪的小道。

这两条道路也是盐道。因时间关系，皆未及调查。

第六章　沿线遗物与史迹

　　道路是连接人类不同活动区域的通道。人类活动区域与其间的道路，两者的关系，如藤之串瓜，瓜之有藤，不可或缺。发现遗址，必然会有相应道路；发现道路，其所通达处，也一定是古人活动的区域。所以研究道路，不注意相关文化区域，则往往不能揭示道路的作用与性质。故此次调查，虽时间短暂，但对于道路周围较为重要的遗物与史迹还是一并进行了记录。其中许多资料过去并不为人重视，也有一些是此次新发现者。这些遗物与史迹的历史和考古价值，并不逊于古道。

　　自新石器时代起，大宁河谷就有人类生存活动，而先秦的聚落遗址在此地也有大量发现。河两岸分布的悬棺中有战国时期的遗物，两汉至魏晋时期则存留有大量崖墓。虽然有关的文献记载较少，但通过这些历史遗存，我们还是能看到大宁河流域历史发展的某些侧影。大宁河谷分布的墓葬遗址标志着古人曾在此处长期生产、生活，而要建立聚落与聚落间、聚落与墓葬间的联系，必然要开辟通道，形成早期的简易道路。

　　魏晋以后，关于这一区域的记载渐多，但多不具体。因泉盐开发的兴旺，使大宁河谷成为著名的盐道，这与古道后期的发展关系极大。故此，关注沿线遗物，了解其文化史迹，对于认识大宁河古道产生的背景也有一定帮助。

　　本章主要记录调查时所获大宁河谷沿线主要道路以外的遗物与史迹，自下游向上游依次排序。支线道路的遗物与史迹，因数量不多，为了避免行文过于分散，故在各支线的有关章节中一并介绍。

第一节　巫山县城至大昌

（一）巫山县城

　　巫山县城位于大宁河与长江交汇处的长江北岸，大宁河西岸，县城大部位于海拔125米以上的古洪积台地上。作为峡江地区的重要交通枢纽城镇，巫山县城是大宁河古道的起点，从此沿大宁河谷上溯，可以通达陕西、湖北。此处又是重要的长江码头，乘船西达四川奉节、万州，东通湖北巴东、秭归，向南有古道可通往湖北建始、恩施，称为南陵道。巫山也一直是县

图 58　巫山县城

邑，辖区达方圆数百里，历代都是军事、交通、经济要地（图 58）。

巫山县所在地今称巫峡镇。巫山先秦时期即已设邑，推测当时已经建城。《水经注·江水》记："江水又东，径巫县故城南，县故楚之巫郡也。秦省郡立县，以隶南郡。吴孙休分为建平郡，治巫城。城缘山为墉，周十二里一百一十步，东西北三面皆带傍深谷，南临大江，故夔国也。"[36] 其城大约在今城之北，阳台山一带。到了明代，巫山城已位于江滨，得到进一步建设。明正德《夔州府志》称："元末伪夏明氏（明升）据重庆，命吴景昭创筑土城，岁久圮坏。正德七年知府吴、行知县唐书始开筑，城池完固。门四，东曰丛秀，南曰巫山，西曰会仙，北曰阳台。"[37]《四川通志》卷四上"巫山县"曰："旧土城，明正德中知县唐书甃以石，高一丈四尺，周三里二分，计五百七十六丈。万历初，知县赵时凤重修，增高二尺五寸，门四，丛秀、巫山、会仙、阳台。"[38] 明清时，城东北还有教场坝。

巫山的情形与奉节相似，都是早期的城建于山上，城池较大。至后期，城移筑于山前临江高阶地，城池偏小。巫山向南渡江之处明代名南林渡，也叫南陵渡。江面宽 800 多米，渡江后达到老关庙。自县城大东门向东渡大宁河的渡口名曰宁河渡，渡口平水位宽 300 余米，渡口之

---

〔36〕《水经注·江水》卷三十四，岳麓书社，1995 年，498 页。

〔37〕《天一阁藏明代方志选刊·正德夔州府志》卷二"城郭"，上海古籍书店，1961 年影印。

〔38〕《四川通志》卷四"城池"。

东旧有神女庙。龙门峡口也有一渡，名曰洛门渡。

此次考古调查时，巫山县旧城正在搬迁。今新城高度在旧城之上，可能压覆在更早的古城之上。巫山县城分布有许多古建筑，周围已经探明的古遗址与古墓葬群也很多，像塔坪遗址、神女庙遗址、江东嘴遗址、南陵村遗址及古坟包墓地和土城坡墓地等。

（二）龙门峡北遗址群

此地行政区划隶属于巫山县巫山镇龙井乡与早阳乡。

在峡江地区，大凡宽谷地带，一般都会发现古文化遗址与古墓葬。这些地区往往也是今日村镇所在之地。

在龙门峡之北，还有一无名小峡。两峡之间，有一山间小盆地。其河谷开阔，山势低平，最大宽度可达 200 米，中有较大的沙滩。大宁河左岸有一条小河汇入。小河口两岸及河口对面的山坡上，都发现有古代文化遗址。小河北岸有魏家梁子遗址，南岸有白水河遗址，对岸有柚子树坪遗址，加上其南侧的欧家老屋墓地及欧家老屋遗址，形成了一处东西 400、南北 700 米的古文化遗址密集区。这种情况的出现，主要是由于此地山势平缓，河面宽阔，流速也慢，地理环境优越，便于古人生存发展。

（三）琵琶洲

此地行政区划隶属于巫山县巫山镇龙井乡白水村。

琵琶洲位于无名峡之北，巴雾峡之南，是大宁河形成的一处大水湾间的半岛，东西长约 1300 米，南北宽 500 米。大宁河在其北东南侧绕过。琵琶洲颈部刘家槽一带宽仅 250 米，海拔 145 米。岛上最高处海拔约 165 米，高出大宁河水面约 80 米。大宁河出巴雾峡，向东南绕过洲头，复向西北回绕，至点灯石处南折入一小峡，绕洲河段水路长达 2.5 公里以上。河谷比降甚大，水流湍急，有抹角滩、龙王滩等三四处险滩。但河谷开阔，最宽处可达 300 米。

琵琶洲介于龙门、巴雾两峡之间，四周开阔，为一山间小盆地，边缘低处有类似黄土的地层分布，怀疑为长江洪水倒灌入河谷形成的洪水沉积。洲上多垦为耕地，有多户居民居于其上，上有琵琶洲遗址与琵琶山包墓地。

（四）东坪坝

此地行政区划隶属于巫山县巫山镇早阳乡早阳村。

东坪也作董坪，是一处临大宁河左岸的山区小村。其地正对在琵琶洲的尖部，即最东处，与琵琶洲隔河相望。有一条名为溪沟的小溪 由东向西注入宁河，东坪即处于小溪口两岸。溪沟中旧有造纸厂，今地名尚有上纸厂、中纸厂、下纸厂三处，是古法造纸之地。溪口的南北缓坡地区皆有古代文化遗址。

（五）马归山崖墓

崖墓位于巴雾峡马归山之北约1公里处的大宁河右岸，高于三峡2004年10月库区水位

图 59 莲台峰

（海拔约 136 米）40 米左右。其分为上下两墓，墓口皆为方形。上墓墓口大，呈横长方形。下墓在上墓的正下方约 10 米处，墓口为竖长方形。两墓内部情况不详。

（六）巴雾峡悬棺

此地行政区划隶属于巫山县双龙镇。

悬棺位于巴雾峡北段东岸高峰绝壁中部，下距离河面约 400 米处，水平分布两个溶洞口（图 59）。溶洞间距约 3 米，北侧小，洞径约 1 米；南侧大，洞径约 4 米。南洞中平行于岩面放置有一口木棺，褐色。其时代不详。

（七）白蛇洞

此地行政区划隶属于巫山县双龙镇。

白蛇洞是巴雾峡北段的一处自然溶洞，是大宁河上的一处景点。位于大宁河右岸，高于水面约 3 米。洞为拱形，高约 2 米。雨天有白色激流从洞中冲出，故名白蛇洞。北侧较低处近于水面还有一洞，洞口大小与白蛇洞相当，平日有泉流。该处陡岸仅高数米，陡岸上部为缓坡地带，多生长植物，未发现有栈道孔。

（八）双龙镇

双龙镇是大宁河沿线古镇之一，也是沿线的重要码头。旧镇位于大宁河左岸，分布海拔高程 125～150 米。

此地北有滴翠峡，南有巴雾峡，中间为一山区小型盆地。盆地南北长约 2 公里，双龙镇位于其中部，四周山民从水路出山入山必经此码头。原镇不大，码头有石阶可通镇中，并有过河渡口。现因库区淹没原因，老镇已经搬迁。河西亦为较和缓山丘，沿河分布有下湾遗址、五下湾墓地等。

双龙北滴翠峡南口处的宁河右岸有罗家老屋，为一处保存较好的民居。

（九）滴翠峡南崖墓

滴翠峡南口内约 500 米处大宁河右岸的石壁上有一孔，高于 2004 年 10 月中旬库区水位约 10 米，似为人工开凿的方形孔口。内部情况不详。

（一〇）滴翠峡悬棺

此系峡中一处古悬棺，位于滴翠峡北口内约 2 公里处的大宁河右岸。此处河谷狭窄，两岸山势高峻，河谷宽约 40 米，海拔高程约 120 米。悬棺高于河面约 300 米。

（一一）飞云洞

此地行政区划隶属于巫山县双龙镇。

飞云洞是大宁河岸的一处巨大天然溶洞，位于滴翠峡北口内约 1.5 公里处的大宁河右岸。洞高于河面约 30 米，洞口阔大，直径约 15 米，洞内幽深。洞中传说有悬棺。洞前为缓坡河岸，植物茂盛。

该处未发现有栈道分布。洞南北的河岸石壁上都保存有栈孔。

（一二）飞云洞悬棺

此为大宁河沿岸悬棺之一，行政区划隶属于巫山县双龙镇。

据说悬棺置于飞云洞底的岩墩上，此次未能调查。

第二节　滴翠峡北口至巫溪县城

（一）洋溪口

洋溪也作扬溪、巴岩子河，是大宁河左岸的一条大支流，河口处海拔高程约为130米，河口下游有一小村镇，名曰洋溪口或两河口，为大宁河上一处小码头。

（二）大昌古镇

大昌是巫山大宁河沿岸的一座古镇，1700多年前便已经筑有城垣。此处群山环抱，中间是一块山区难见的巨大平坝。大宁河与其左岸一条大的支流巴岩子河在镇南汇合。这里土地肥沃，水源充足，盛产稻谷，是大昌兴旺的基础。镇南门大宁河码头下连长江，上通巫溪，并有陆路连通陕西镇坪、湖北竹溪。其水路交通发达。旧时陆路不便，山区对外往来，主要依靠大宁河。大昌所处位置，堪称咽喉要地（图60）。

明正德《夔州府志》说，大昌县"古无城池，弘治二年始筑土城。正德七年，知府吴、行知县薰忠甃砌砖石，门三座，东曰朝阳，西曰永丰，南曰通济。周围三里许，计二百九十九丈。"[39]旧城有西城桥，还有县前渡，所渡者当是大宁河。

古镇建在大宁河畔，占地约10公顷，今存城垣。城内主要街道呈"T"字形，连接东、西、南三座城门。城内主要街道有南街与东街，东西街长350米，南北街长200米，街宽约3米左右，为青石板路面。两侧有石阶，阶上建房，临街多为店铺。镇内建筑大多是四合院，为砖木结构，青砖黛瓦。房上设有风火墙，具有浓郁的江南风格。东门外大街最为繁华。

南门是大昌最重要的城门，用石块砌就的城门为拱形门，保存尚好。门外左右置有两只明清风格的石狮，皆残破不堪，南门的东侧石壁上生有一棵古老的黄桷树，树干从石缝中冒出来，一半树根暴露在外，盘旋扭曲。南门外即为大昌码头，有三十多级石阶及两三层石台，供宁河水位变化时调整停船泊位，以便于客货运输。另有东门也是一处石砌券洞，结构为双层石券圆拱，保存尚好。东门外的东关异常繁华，店铺鳞次栉比。每逢集会，山民摩肩接踵，土产云集，比之城中有过之而无不及。

据称，古城的保护方案是"部分复制"，挂有保护牌匾的三十座民居、两座寺庙、三座城门，将随大昌镇政府一起迁至6公里外的新镇区。

（三）大昌码头

大昌码头位于大昌镇南门外，南门码头门洞海拔144米，其下10米为水面。地理坐标为北纬

---

〔39〕《天一阁藏明代方志选刊·正德夔州府志》卷二"城郭"，上海古籍书店，1961年影印。

图 60　大昌古镇

31°15′49″，东经 109°47′33″。这是宁河中游一处重要码头。南门系一石砌券洞，面临清澈的宁河，显得古色古香。门东石墙上斜生出一株大榕树，奇根盘绕，树冠如盖。石阶上还有两只残破的古石狮。城门前即为一平台，台前接长阶直入河中。偏下游旁有高度不同的三大平阶，与门外长阶相接，作为不同水位的码头。大昌码头是长江沿线水码头的代表之一，即城镇临河，城门对码头，长江沿线许多城镇都具有这种特点。大昌其实是以码头为主发展起来的城镇，反映了水运对于当地经济、政治、文化的重大影响。

（四）温家大院

温家大院是大昌城中一处民宅，位于大昌老城南街的西侧，正门东向临街。

温家祖籍广东梅州。明末清初，其先祖在广东梅县任巡抚，湖广填四川时举家迁至巫山大昌。庭院由门厅、正厅、后厅三部分组成。雕花窗户刻有仙桃、蝙蝠、菊花、牡丹等祥瑞之物。天井里的水漏是排污水和雨水的地方，四周围合的房屋形成了走廊。正厅是家族长老会客的地方。

（五）大昌北崖墓

大昌至水口间有崖墓，第一组三孔，在上游，高出水面80米。下有一小滩，小滩下有一沟口。其南400米又有一墓，高约40米。其地在大昌北入峡千米处。

（六）水口诸遗址

水口处的大宁河为东西流向，河谷宽约150米，两岸山势较缓。河南有一较大支流汇入，北岸有一大冲沟与其相对。河口西南岸为水口镇。北岸大冲沟东西分布有两处古遗址，下游近沟口处为大塝遗址，上游为孝子溪遗址，皆位于河岸高台地上。两处遗址面积皆不大。

（七）水口崖墓

此墓位于大宁河右岸（南岸）水口公路大桥的下游250米处，系开凿于石壁上正方形口的纵室崖墓。仅发现一处，高于河面约20米，其下方8米左右即为公路。墓葬时代与内部情况不详。

水口古时是一重要津渡，宋时在此曾设有水口监，今地名尚有叫关上者。

（八）花台崖墓

花台崖墓位于花台渡南400余米处的左岸，河流为东西流向。崖墓开凿于大宁河左岸（北岸），高于河谷30余米的临河石壁上。其上游有河谷。崖墓口部呈方形，计有三窟，内部情况不详。

（九）花台

花台地处大宁河左岸，又名王家河，属巫溪县境，为一乡政府所在地。其地坐标为东经109°36′49″，北纬31°01′16″。

此处为两县交界处，以河为界，河对岸属于巫山县。河面上部不是桥而是一悬于空中的渡索，下有浮渡船。西岸为小山，较陡。东岸为白石滩，两岸皆有村。此地有公路，南过江东南接巫山福田镇，西北接长溪河，北达通城。加之大宁河之水路交通，其处可称是当地一交通要地。

（一〇）刘家坝遗址

刘家坝遗址处于大宁河右岸，南隔长溪河与龙溪镇相望，距离龙溪镇约300米。遗址位于大宁河右岸一处向河凸出的小山梁顶端，海拔高程约180米。其旁有刘家坝墓地。遗址时代与面积不详。

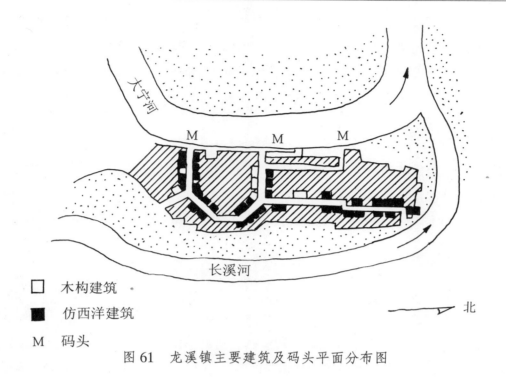

　□　木构建筑

　■　仿西洋建筑

　M　码头

北

图 61　龙溪镇主要建筑及码头平面分布图

(一一) 龙溪镇 (长溪河)

此系大宁河沿岸一处重要乡镇与码头，行政区划隶属于巫山县福田镇龙溪乡。中心地理坐标为东经 109°38′06″，北纬 31°18′19″，海拔高程约 178 米。

龙溪老镇位于庙峡南口外 2.5 公里处，隔河与红色的鲤鱼山相望。镇建于大宁河与其支流长溪河口间的一条形高地上，大宁河右岸。镇全长 500 米，有一纵两横三条街，临大宁河侧有上、中、下三个码头。旧时是一水陆码头，当地物资交流中心，煤炭、粮食、桐油、药材等生意兴隆，街市繁华。镇中街道曲折，路面铺石。道旁尚存多处木构老建筑，有单层者，也有二层者，二层一般都带有木栏，古色古香。街边也有仿西洋建筑数座，或二层，或三层，呈现出一种中西合璧的精巧风格。老镇西南隔长溪河建有新镇 (图 61)。

龙溪镇三面环水，镇平面狭长，当地人称其形如船。依水而生，反映了该镇码头经济的特征。龙溪镇东北的大宁河右岸，有一向河谷凸出的山嘴，其临河台地上，分布有刘家坝遗址与刘家坝墓地，海拔高程约 180 米。其地处于长溪河口之下游，上距龙溪镇约 300 米。

龙溪山大谷深，位于巫溪、巫山、奉节三县交界处，主要靠大宁河水道与外界交通，是一典型的山区物资集散小镇。

(一二) 庙溪码头

庙溪码头是庙峡南口处庙溪村码头，海拔高程约 170 米。说是码头，实为一大宁河右岸宽阔的江边之滩。这是大宁河沿岸最常见的小码头，较大的村镇才有带阶的石码头，如大昌等地。此处村民多从村中步行至水边上船。村在右岸山坡，是巫溪县船工最多的地区，其技术亦佳。盖大宁河行船，水急弯多，礁石峥嵘，比之长江尤为险要，故此地船工驾船技术高超。据村民说，至县城古来无路，全仗船行，说明大宁河自古水道运输发达。

河边有1952年所建的仿西洋风格建筑，内部有一方形院落，风格明显与当地民居建筑不同。该建筑曾作为粮仓使用，今为村民居住，保存完好。

（一三）庙溪遗址等

庙溪村一带地处庙峡的南口，山势舒缓，河流萦绕，自然条件较好。据有关资料，庙峡口右岸庙峡村周有庙溪遗址、庙溪墓地。左岸的鲤鱼山头北部平缓处有鲤鱼村古遗址，海拔高程约185米，高于河面15～20米。两处遗址因另有库区考古调查资料，此次均未调查。

（一四）王爷庙遗址

王爷庙是庙峡南口一处古庙，建于庙峡南口右岸一小山头部，中心地理坐标为东经109°37′45″，北纬31°19′01″，高出河面约15米，海拔高程186米。

庙已毁，仅存垒石台基与一些瓦砾。峡口西有两列小山自西北向东南并行而来，称二龙山。山至河岸中断，曰双龙守峡。民间传说二山各为一龙，一青一白，时常争斗，斗则峡中水涨。庙峡水涨，上游的巫溪县城就要遭到水淹。王爷庙即建于偏北侧一山东首。此地正扼庙峡南口，旧时庙中供奉王爷。据奉节一带的说法，王爷就是龙王爷，也有人说王爷是管龙的神，行船险恶处多建有王爷庙。此处庙宇为庙峡南口标志，旧时有香火。峡口河谷宽约百米，河面常水位高度为海拔172米。

此外，犀牛望月石北侧还有一处名为王爷庙的地名。据传说，庙峡北口的西岸原也建有供奉王爷的庙宇。

（一五）王爷洞

王爷洞，大约是一处悬棺所在地。据旧志，其地在庙峡南口的巫山县与巫溪县交界处，又名杨四洞。

据道光《夔州府志》云："其洞在王爷滩，乃宁河出巫，河之水径也。洞生半崖间，上下左右数百丈尽属绝崖。洞中传闻有王爷像，洞外现出金轿杆二根，远望可见。威灵显赫，行船过滩，将覆者，喊王爷，其船立刻飞渡。故往来行船，人人顶敬，香烟不绝。"[40] 此处于绝壁之上的王爷洞，其外有"金轿杆二根"。古人诗曰："金标高悬万山中。"当是栈木一类的遗存。《水经注·江水》云："江水历峡东，经宜昌县之插灶下。江之左岸，绝岸壁立数百丈，飞鸟所不能栖，有一火烬，插在崖间，望之可长数尺。父老传言，昔洪水之时，人薄舟崖侧，以余烬插之岩侧，至今犹存。"[41] 应当是同类遗存，所以，其上很可能就是一处悬棺遗址。但文中所

---

〔40〕《中国地方志集成·道光夔州府志》卷六"山水志"，巴蜀书社、江苏古籍出版社、上海书店，1992年据道光七年（1827年）刻本影印。

〔41〕《水经注·江水》卷三十四，岳麓书社，1995年，501页。

说遗迹，此次调查一直未能找到。

今存有王爷庙遗址，位于庙峡西侧的小山上，高出河面 10 多米。庙已不存，仅有垒石庙基尚在原址。

峡口有二龙山，头向东。隔河相对的东岸山腰处，有上下相近的二洞，高出河面约 30 米。洞口皆呈方形，下洞洞口微斜，似为人工修整过，尺寸大可容人。此洞正对二龙山，当地人说是二龙洞，大约是自然溶洞经人工开凿形成，用途不详。有一些类似崖墓，也许是风水洞，用于祭祀亦未可知。

杜甫《木皮岭》诗曰："高有废阁道，摧折如短辕。"残存有栈梁的废栈，也被称为短辕。

值得注意的是，据当地一些老人说，过去采硝也常常开辟栈道，20 世纪 50 年代庙峡村尚在大宁河对岸的绝壁上采硝。硝土是一种黄白色的矿物，经过加工，可以提炼出土硝。硝是制作火药和熟皮制革等的重要原料。而硝土多产生于绝壁古洞，为出入这些地方，人们往往在绝壁上搭建栈桥。一些独立的古栈，也可能是这种情况下修造的。三峡区域采硝的历史很长，明清时就已经很普遍，所出之硝名川硝，《天工开物》中已有记载。《酉阳县志》中也记其县山峡间多存"孟良梯"，系旧时采硝者所为。

（一六）王爷庙崖墓

王爷庙崖墓位于王爷庙遗址之北侧约 10 米处，开凿于宁河右岸陡直的崖壁上，高于当地沙滩约 25 米。

洞口大致呈正方形。据其形制与位置，推测为一古代崖墓。因其处于绝壁上，未能入内，崖墓内部情况不详。

（一七）母猪洞泉

此洞位于庙峡南口内约 350 米处的大宁河右岸，南距王爷庙遗址约 300 米，洞口下部是一大沙滩北端。

泉系一自然溶洞，内有一股大泉涌出，流至沙滩上，向北逆入大宁河。洞口高如门，高约 2.5 米，阔约 4 米，底部与沙滩平。内有人工垒砌的半堵石墙，用途不详。传说洞内有母猪叫声，寻之不见，故名。泉眼上部石壁分布有栈孔。

鸡心岭北陕西古道上也有一名为母猪洞者，传说内容与此相近。

（一八）庙峡南口悬棺

悬棺位于庙峡南口内的大宁河右岸，在峡口约 600 米，在河谷约 250 米处右岸一处西北—东南走向的悬崖北侧。

木棺呈黑褐色，置于绝壁上的崖洞中，高度在海拔 350 米左右，高出河面约 150 米。此处左岸稍缓，岸边有滩。右岸较陡，有两道小山脉自西北向东南平行而来，号为双龙守峡。悬棺即位于北列山脉的北侧悬崖上。

图 62　庙峡龙门口

沿河岸有古栈道通过。

(一九) 庙峡龙门口

此地位于庙峡南口内约 1700 米处，行政区划隶属于巫溪县。中心地理坐标为东经 109°37′
29″，北纬 31°19′55″，河面海拔高程约 175 米，也有以此为庙峡下口者（图 62）。峡谷两岸赤
壁插天，河谷由谷口外的宽 250 米被束为 50~70 米，两侧绝壁直上 600 米，如刀劈，如斧削，
附近山峰高度均超过千米，极为壮观，号称"不是夔门，险似夔门"，为大宁河上著名的景点。
该地为一处大的地质断层。此峡口古亦称龙门。光绪《大宁县志》云："龙门山在县东南三十里，两山对峙，仿佛夔门之赤甲白盐，前有鲤鱼山，俗呼为鲤跃龙门。"[42] 鲤鱼山在峡口外大宁河左岸，土石色发红，形似一巨鱼。鲤鱼山南端隔大宁河与龙溪镇相望，赤山碧水，形势奇异。

河谷西岸有古栈道通过。

（二○）白龙过江

白龙过江是妙峡中一处悬河形成的巨大瀑布，位于庙峡南口（自庙峡村北峡口西岸的王爷庙处计算）内 2600 米处，北距巫溪县城约 10 公里。河自右岸绝壁上方倾入大宁河谷，高 100 多米，底部宽约 40 米。平日瀑布下青苔碧绿，万缕白丝，形似珠帘，悬于石壁之上。日光斜照则彩虹五色，炫目动魄，颇为美妙，是庙峡中最佳景观。而雨后上游洪水暴涨时，则形成一股巨大的白色激流，喷泻而下，直穿峡谷，跌于左岸，吼声震天，水雾迷茫，蔚为壮观，故称白龙过江。光绪《大宁县志》曰："珍珠帘，《府志》：在县南二十五里峡中，水自山顶飞瀑而下，溅织如帘，故名。"又曰："白龙过江，即珍珠帘水。久雨水发，由山顶直喷对岸，远望如匹练横空，榜人（即船工）呼为白龙过江。舟过其下，虽盛暑亦觉寒生肌栗。此境非亲历莫喻其妙。"[43] 此亦为峡中行船标志。自巫溪县城至此，旧时号称二十五里，从此南至峡口庙峡村号称五里。

在瀑布北约 50 米处始发现栈孔，并向北延伸，推测古道当从河谷右岸水帘下前方经过。瀑布正下 50 米间，尽为累累大石，难以寻找旧迹。道路通过这种特殊环境，在水小之时，可以从巨石上经过。瀑布下向北 50 米也尽是巨石胶结面的石岸，未发现栈孔，向南 100 多米间也是乱石结构。因此，该地段采用何等结构道路通过也就成为一谜。

北侧河边沙滩上有白色巨石一堆，上有近年所书"白龙过江"字样。

（二一）庙峡古砭道

古砭道位于庙峡中大宁河右岸，仅发现一段。南始自白龙过江瀑布北大沙滩的北端，北至石坪包小瀑布南 50 米处，全长约 150 米。砭道系人工在临河石壁开凿出的石道，一般高出水面约 2.5 米，宽 1~1.4 米。南段河岸较陡，石砭道清晰，中间有间断处。北段河岸稍缓，道路为植被覆盖，但路形尚能分辨。道路部分路面有类似于爆破的痕迹，但其余部分则显得风化严重，当是一条古道。此道低于上部的古栈道，越过石坪包小瀑布向北，在此高度未见道路痕迹。据当地船工说，此为旧时行船开凿的纤路。因庙峡基本无人居住，此说似乎可信。

此道路仅高出河面 2.5 米，而古栈道却高 8~10 米。砭道上方即有栈道通过，显系两条道路体系。其时代大约晚于栈道，同时路面的炸痕说明近代曾对砭道进行过整修（图 63）。

〔42〕《中国地方志集成·光绪大宁县志》卷一 "山川"，巴蜀书社、江苏古籍出版社、上海书店，1992 年据光绪十二年（1886 年）刻本影印。

〔43〕《中国地方志集成·光绪大宁县志》卷一 "地理"，巴蜀书社、江苏古籍出版社、上海书店，1992 年据光绪十二年（1886 年）刻本影印。

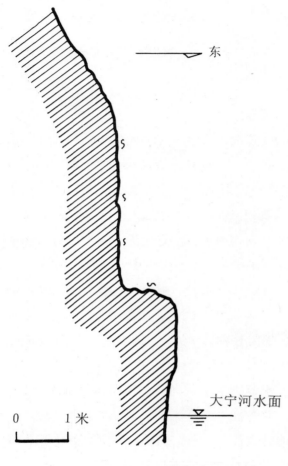

图 63　庙峡古砭道结构剖面图

（二二）米柜子悬棺

悬棺位于大宁河右岸的绝壁之上，南距白龙过江大瀑布有千米之遥，在石坪包小瀑布之北 400～500 米处，高出河面约 80 米。石壁上有一向外凸出的大石台，平台长约 10 米，宽 3～5 米，悬棺即置于其上。石台上部为向河心凸出的悬崖，遮盖石台免受雨水冲淋。根据照片资料看，平台上放置有两具棺木，一具偏北，一具偏南，两棺相距约 5 米，皆顺河谷摆放。两棺棺木形制为方箱拱盖式，颜色皆发褐。南侧棺盖偏向西侧，似乎已被后人挪动。北侧棺的前挡部分也已经发生变形，向外侧揭开。

当地人称这一带为米柜子，或许是指此处悬棺。

（二三）四王爷石龛

此峡中地名与王爷有关者尚有几处。在庙峡中部犀牛望月石的南侧约 450 米处，庙峡中部悬棺的河左岸（东岸）的沙滩一侧的石壁上，开有一拱形小石龛，内尚存一小神像，当地船工称为四王爷。龛右下有斜向分布的八九孔小型石栈孔，并有人工开凿的小石阶自滩上通向石龛。龛下方也有石孔。小石龛高出其下沙滩 3.5～4 米，上部有向外凸出的石檐，也是一处历代船工为求行船平安，供奉王爷的上香之地。石龛时代不详，至少清代已经存在。

（二四）云台仙子

此为妙峡中河左岸山顶一酷肖人形的天生孤石，高八九米。自其下河谷中远望，其形若一长裙高髻少女，故名云台仙子。盖因其旁有一高山，名为云台山而得名。此石天然生成，较三峡中巫山神女石形象更妙，也是一处庙峡中行船定位标志。峡谷中行船，无村落人烟，无里程，故船工对于峡中一些醒目的景点和险滩怪石特别重视，并据其形象和特点赋予名称，作为行船标志和地名，世代相传。

（二五）佛爷观星

此地行政区划隶属于巫溪县城厢镇环城村。

佛爷观星是妙峡北口的一处景点，右岸近石壁处有一凸出之石，高约 3 米，状如光头和尚昂首仰望，故名佛爷观星。此是水路入峡北口标志。其上方分布有栈孔，为上下两排。

第三节　巫溪县城至鸡心岭

（一）鱼洞溪口栈道

鱼洞溪口栈道为一攀崖栈道，与大宁河谷古道路不是同一体系，系此次考古调查的新发现。其行政区划隶属于巫溪县城厢镇乳台村，中心地理坐标为东经 109°37′38″，北纬 31°23′30″，海拔高程 218 米。

遗址位于大宁河谷左岸（东岸）鱼洞溪口南侧陡峭的石壁上，系通往一山洞的栈道。石壁高约 30 米，为溶淋物质胶结灰岩石块结构，孔隙甚多。此处河谷宽约 120 米，东为陡岸，西岸平缓为河滩，再西山坡上为县城南门城区建筑。栈道向北距离鱼洞溪约 30 米，因位于崖壁上，非宁河古道正栈，所以长期不为外界重视。其历史沿革亦无从得知，访之当地居民，皆称古已有之。

栈道开凿在县城南部鱼洞溪口之南。大宁河左岸临河处的乳台山高崖上，距河面高约 20 米处，有一如人工开凿的竖长方形石槽，高 3 米有余，宽约 1.5 米，上部稍宽，深约 2 米，内壁粗糙。其南下侧有一排斜向下的栈孔，自洞南下角向南下斜向排列，有七八孔。栈道分布总长度约 20 米，高于河面 10～20 米。孔口多为正方形，孔口边长约 12 厘米。孔中心距 2～3 米不等。近洞口一孔上方 2 米处还开凿有拴绳所用小"牛鼻孔"一处。此石槽与栈孔的时代皆不详。

关于此处石槽与栈道的功用，推测石槽是一古代崖墓，栈道则是出入其中的道路。

此处崖面上存有洪水痕迹，最高水痕高出今河面约 15 米。这处洪水痕迹精确记录了大宁河一次历史洪水的高度，甚是珍贵。

（二）城厢镇南门渡（南关渡）

此地行政区划隶属于巫溪县城厢镇南门，海拔高程 210 米。自南门外下河滩，渡至对岸，可接至通城古道。

此处河谷宽 120 米，西岸陡，东岸平缓，渡口位于其间。

其上游数百米处即今巫溪县码头，其地过去亦是县城城厢镇的码头。南关渡位置在今宁河大桥上游不远处，为宁河上游重要的古渡。此渡西接县城，过河东可至通城大昌等。

关于其沿革，估计明清一直沿用，至清嘉庆十六年（1811 年），由当地贡生刘明楚、刘振康捐为义渡。1973 年，因宁河大桥通车，此渡遂废。明正德《夔州府志》云："龙孔渡，在县南。赵家渡，在县西。"[44] 则明时此渡名龙孔渡，而白杨河渡则称为赵家渡，今赵家渡地名犹

〔44〕《天一阁藏明代方志选刊·正德夔州府志》卷二"关梁津渡"，上海古籍书店，1961 年影印。

存。此外，清时县城北大宁河上游的凤山还有一凤凰渡，也是知县郭南英首捐的义渡[45]。

（三）南门湾悬棺

此为大宁河谷所存的一处大型悬棺群。行政区划隶属于巫溪县城厢镇南门湾，中心地理坐标为东经109°37′17″，北纬31°23′44″，海拔高程250米上下。

此处为旧县城南门外，中为宁河，东为凤山，西为龙山，河流侧蚀龙山造成陡崖，悬棺群即开凿在悬崖绝壁上。

南门湾悬棺现存者在三十处以上（旧有八十余处，因20世纪70年代崖壁发生大型崩落而损失大半），皆为古人在绝壁上开凿的棺槽。棺槽深浅不一，长度在1.5~5米之间。石槽多数为一棺之长，亦约一棺之高深，分布高度约在平水位上25~50米间。原当皆有棺木，1949年后仅存棺木三具。1988年10月发掘了其中的1号棺。该棺系整段楠木挖成，呈不规则长方形，底与盖子母榫相扣而合。棺内存有仰身直肢葬完整骨架两躯，一为二十六至二十八岁男性，一为四十岁左右女性。棺底有十二块宽2.5~3厘米木片框成的垫尸架，上铺有竹制垫尸席，还发现有丝麻制品。棺内随葬有柳叶形青铜剑一把，上有巴蜀图符。同出有残存的剑鞘及圆拱门形骨雕品一件，上饰有鱼形点线纹图案。经鉴定，此棺的年代早可到战国晚期，下限不晚于西汉早期。

目前，壁上尚存有两具棺木，其中上方的一具已经解体，似为上部坠石击毁。下方一棺外形完好。但因其下为公路，常有崩崖之虞。

（四）南门湾摩崖石刻

此地行政区划隶属于巫溪县城厢镇南门湾，海拔高程约235米。

摩崖石刻位于大宁河谷右岸（西岸）陡峭的石壁上，南侧15米之下即为县城通往赵家坝的人行隧道口。此处河谷宽约120米，水流湍急。东岸为凤山，西岸为龙山，河东西两岸有公路沿河通过。

南门湾摩崖石刻开凿于龙山半腰，面向河谷，高于公路20米。当地岩质系灰岩。其上凿有一横长方形石框，高1米，长2.5米。上涂一层泥灰，内容不详。此地发现数处摩崖石刻，均未见文字。根据其他地方的摩崖石刻情况看，明清时期的摩崖石刻数量多一些，虽经过数百年，一般不会完全风化，应当有字迹。所以，其中可能有其他的原因。

（五）城厢镇古码头

此地行政区划隶属于巫溪县城厢镇。海拔高程约207米。

此处河谷宽90米，东岸陡，西岸平缓，码头即位于西岸。

---

〔45〕《中国地方志集成·道光夔州府志》卷十二"关梁"，巴蜀书社、江苏古籍出版社、上海书店，1992年据道光七年（1827年）刻本影印。

此即今巫溪县码头，其地过去就是县城城厢镇的码头，为宁河上游重要的水陆交通枢纽。该航道下通大昌巫山，可入长江。西自白杨河可上溯至凤凰街，北顺大宁河可达宁厂、檀木坪。陆路则南达奉节北，至陕西镇坪、安康，东至湖北。据县志上图绘，其入城之处为一水门，码头旁亦有渡口，并建有桥梁。按当地风俗，桥梁为冬春水浅时施之，一般为旧历十月一日架桥，夏秋水大时则用舟船过渡。

估计其自明清以来一直沿用，现为县城中心码头。

（六）城厢镇东门与城墙

此地行政区划隶属于巫溪县城厢镇。中心地理坐标为东经109°37′35″，北纬31°24′00″，海拔高程210米。

因其城临河，易受洪水侵袭，故此城亦城亦堤。城门北部城墙尚保存有100余米，南部所存不长，皆为整齐的大石条砌筑，其余已经为近现代建筑所破坏。

据正德《夔州府志》记："大宁县，城周围六百三十七丈，甃砌砖石，门四：东曰阳和，南曰永清，西曰安平，北曰振武。正德五年，复于城外开濠一百余丈，宽深八尺，教场演武亭在北门外。"[46]《四川通志》则称："明正德初砌石城，高一丈二尺，周三里五分，计六百三十丈。"

现存者为明建清修的宁厢城城东门和与之相连的部分城墙，位于今县城临河处，皆为大石条砌就，合缝甚严。门稍凸出于城墙之外，系拱券结构，宽2.8米，高3.6米，深7.1米，入内2米后内凹，中成大槽，用于安置城门。门外侧拱券上部一周有石雕花卉，多已残损。拱上有石刻灰岩大匾，宽1.67米，高0.65米，厚0.13米，上隶书"宾作"二字，右上书"光绪丁酉年仲冬长至重……"下款"知县事江右熊登第……"门内地面不平，是外低内高的坡道，最里则有几级石阶。

门左右为旧城东垣，共长100余米。光绪十一年重修《大宁县志》中有城垣图，上绘有东门，其上原有城楼。今已将城墙顶部改为马路，自东门拱洞上方通过。

其自明代始建，为石砌。清光绪二十二年（1896年），县令熊登第以工代赈，重修北门沟至南门湾二百八十丈临河城墙，高丈八，兼为河堤。1949年后已渐次拆去大部城墙建筑。

（七）凤山悬棺群

此地行政区划隶属于巫溪县城厢镇宝城村。海拔高程约250米。

此次新发现的悬棺群位于巫溪县城宁河东岸公路东侧石壁上，河对岸上游130米左右即为巫溪县城城厢镇老东门。下游300米为巫溪县城索桥。其高于公路15～30米，最高者高于河谷50余米。

其南北分布长约35米，上存二十余处棺槽，排列无序，大多数为横槽。惜石质皆为溶岩

---

〔46〕《天一阁藏明代方志选刊·正德夔州府志》卷二"城郭"，上海古籍书店，1961年影印。

堆积物，多已风化崩落残破，形状不清。上部一槽中尚存有棺板数块。另中上部有两处圆顶平底洞，当为纵室崖墓。其上游30米处即为凤山摩崖石刻。

（八）凤山摩崖石刻

此地行政区划隶属于巫溪县城厢镇宝城村。中心地理坐标为东经109°37′38″，北纬31°23′56″，海拔高程240米。

摩崖石刻位于巫溪县城宁河东岸凤山，刻于公路东侧的石壁上。凤山是巫溪县城隔河的一座小山，公路从其山下通过。摩崖石刻处河西岸上游100米左右即为巫溪县城城厢镇之老东门。

摩崖石刻高于公路15米，高于河谷30余米，部分长3.5米，高1.5米，上刻有大字，惜已风化不清。它打破另一小摩崖石刻，其文字亦风化不存。两崖面皆俯向河谷上游，沿水路行进者仰面可见。石刻南侧30米即为凤山悬棺群。

（九）塔山崖墓

此地行政区划隶属于巫溪县城厢镇宝城村，海拔高程238米。

塔山位于巫溪县城宁河东岸公路东侧，因旧时山顶建有宝塔而得名。明正德《夔州府志》云："凤山，在县东，上有石塔。"[47]今塔已经不存。河对岸即为巫溪县城城厢镇之老东门。

塔山临河一侧有一堵与河谷斜交的灰岩石壁，向上、向东南伸延。石壁高10多米。其近河处的崖壁下部凿有一崖墓。崖墓高于河面35米，其下10多米即为公路。墓口为平底圆顶，底宽约1.2米，顶高约1.4米，深度不详。

（一〇）北门村"牛鼻孔"

此为一处古代开凿的石孔，行政区划隶属于巫溪县城厢镇北门村。中心地理坐标为东经109°37′42″，北纬31°24′18″，海拔高程215米（图64）。

北门村"牛鼻孔"位于县城北门外西侧河岸上，在北门村崖墓南侧20米左右。"牛鼻孔"下部为北门村栈道南端第一孔，北侧30多米为县水文站南测水塔。此处河谷宽约100米，两岸皆为石壁。南河滩多大石，旧名群猪石。

"牛鼻孔"系在河岸石壁上凿出，南北侧开孔，向石壁内侧对凿贯通，中间留一竖直石梁，孔外口竖径长约20厘米，内径约15厘米，中间石梁径11厘米。保存完好。这种石孔一般为古时拴船系缆所用，在码头旁多有发现。此类石孔也有用于其他用途者，如有的渡口两岸系缆相连，渡船上有活索套于缆绳之上，岸上用绳拉船过渡，或船工以手把缆渡河。另瞿塘峡锁江铁链两端也系在此类"牛鼻孔"上。

在县城附近，此处之孔两种用途都可能有，但废弃已久。明清时直至公路桥未建成前，县城北过河的凤凰渡即在这一带。

---

[47]《天一阁藏明代方志选刊·正德夔州府志》卷二"城郭"，上海古籍书店，1961年影印。

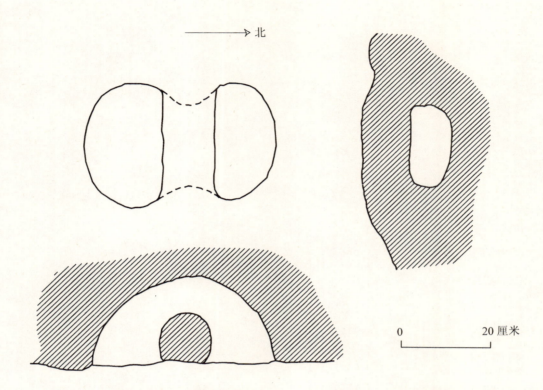

图 64 开凿于石壁上的"牛鼻孔"平、立、剖面图（北门村栈道南端）

（一）北门村崖墓

此地行政区划隶属于巫溪县城厢镇北门村。中心地理坐标为东经 109°37′42″，北纬 31°24′18″，海拔高程 215 米（图 65、66）。

崖墓位于今县城北门沟大宁河右岸的石壁上。此处河谷宽约 100 米。墓北 10 多米即为县水文站，墓下方为北门村古栈道。

墓底高出今平水位河面 3 米，为外有石雕窟檐的纵长单室墓。墓室平面长 3.07 米，宽 1.7 米，弧顶高 1.3 米。后壁中部平列三个小方孔，小方孔高于地表 0.65 米。外有前室，亦可称为檐槽，深 0.46 米，高 19.5 米，宽 2 米。整个崖墓共深 3.5 米。墓门左右各雕有一柱与斗栱，计每柱之上有一斗一栱二升。门上凿有二重横枋，一为穿心枋。门左右之石壁上还凿有两个小方孔，其位置大约在墓门中部。

墓门外临河石壁右下角开凿有一方形孔，与栈孔相类，仅稍浅小而已。左下角稍外处亦凿一方孔，较前孔略大，但亦浅。墓门下部北侧凿有五阶，自北向南，斜至墓室。每阶高度约 0.33 米。

巫溪一带的崖墓与四川地区的崖墓大约同期，年代多为东汉或六朝时期。

（一二）北门村摩崖石刻

此为一处古代摩崖石刻群，行政区划隶属于巫溪县城厢镇北门村。中心地理坐标为东经

图65　北门村崖墓与大宁河栈道的栈孔

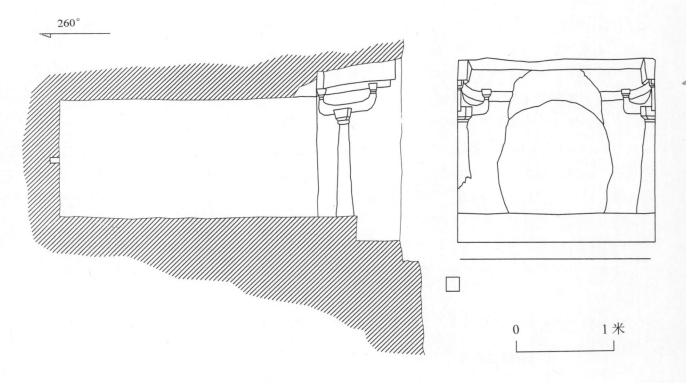

图66　北门村崖墓立、剖面图

109°37′42″，北纬 31°24′18″。上部一方海拔高程 217 米。

在县城北门外的西侧河岸上，与北门村崖墓相邻。此处河谷宽约 100 米，两岸皆为石壁。其北侧 10 多米处为县水文站。

共发现有三处摩崖石刻。一处位于城北北门村崖墓上方，底部高于崖墓顶 0.2 米。石刻高 1.2 米，横长 3 米以上。内容不详。据一当地向姓中年人说，原刻有大字数个。一处位于其南约 15 米处，高度尺寸与前者相近。据说上原有多行大字，内容约为记事。第三处位于两者之间，尺寸与前相当，只是位置偏下，几与地面相平，下缘已被河边石滩掩盖。此摩崖石刻上未涂泥，也未发现文字，大约是未来得及刻字。根据调查经验，此类摩崖一般都是明清时期之物。经清理摩崖上面的涂泥，未发现文字。

（一三）北门修路题刻

此为一路边摩崖题刻，行政区划隶属于巫溪县城厢镇北门村。海拔高程 227 米。

题刻位于北门古道之西侧石崖上，下 10 多米处即大宁河，南距巫溪县水文站北测塔 15 米。题刻四周带边框，边框高宽皆为 0.34 米，框底部距离路面 1.45 米。框内文字风化严重，仅于尾行可识"工匠□"字样，疑为修路所记。时代不详。清代时山坡有水府庙，具体位置不详。

（一四）金银洞

此为一曾辟为庙宇的溶洞，行政区划隶属于巫溪县城厢镇北门村。洞口地面海拔高程 220 米。

金银洞位于大宁河西岸，此处河谷宽约 120 米，两岸比较陡峭。洞北为一小山洞，其上架有金银洞石拱桥。洞前有古道通过，洞下河岸有栈道。洞前古道路高于河岸平水期水面约 8 米。今洞门被人封堵。

金银洞为路旁一小型溶洞，深 13 米，内有两层，中有人工开凿的古石磴相连。下层高约 3 米，上层有一小天窗可采光。旧时在上洞一天然石坛上敬有观音菩萨，实为一小庙宇。传说自宁厂下来的货船，一路滩险水急，常有翻舟之虞，河湾中沉船金银很多，故名金银洞。很多船夫行船至金银洞时，都献上香火，求菩萨保佑，以免厄运。亦有指认洞北数十米近河面处一洞为金银洞者，两说不同。三峡地区因行船处多，沿水多有金银洞、金银湾之称，大部分都说其地船沉，水下多金银之类，凡此类地方皆为行船凶险之处。同时，也在此处或道路起始处设有小庙宇与神龛之类，以供路人祈福。

（一五）九层楼崖墓

崖墓位于九层楼下方偏向下游数十米的临河岸边。此处是二墩崖峡南口，河谷狭窄，右岸尤为陡直。仅发现一穴，高于公路约 8 米，高于河谷约 35 米，是人工在石壁上开凿的洞穴。洞口为方形，高约 1.5 米，宽 1.2 米。洞穴四周地势较为陡峭，内部情况不详。此处原无公路，故其开凿处亦比较险峻。公路开凿时不知是否破坏了相邻的石穴。

（一六）九层楼与悬棺

此地行政区划隶属于巫溪县城厢镇宝城村。中心地理坐标为东经109°38′05″，北纬31°24′29″，海拔高程约470米。

大宁河左岸（东岸）山上距河谷底部约250米处，有一绝壁间的垂直石缝，内有九根柏木梁横穿，故名九层楼。当地曾有人冒险入内，称两侧皆凿以方孔，以穿其梁，不知何代为之。今一梁已落，架于其他梁之上。

九层楼北一溶洞，内有物，似为一朽坏之棺，高于地表300米左右。另山壁有一大溶洞，内置古棺木四具，皆为深褐色。

据光绪十一年重修《大宁县志》卷一记："九层楼，在二墩崖对岸。洞现石梯九级，若岑楼然。其深不可测。昔人据以为寨，与二墩崖相峙，为县城掎角之势，且足以扼上游水陆来路。"今其地未见石梯九级，唯木梁九重，且梁间距离甚远，非一步可越，与记载不同。或其洞内另有石梯亦未可知，乡民有称其洞可通山顶。此地或为古时安置悬棺之所。

（一七）玉皇山悬棺

此地行政区划隶属于巫溪县城厢镇宝城村。中心地理坐标为东经109°38′05″，北纬31°24′41″，海拔高程450～500米（图67）。

悬棺位于县城北大宁河左岸（东岸）玉皇庙山上，南距县城1公里余。此处河谷宽约110米，两岸皆高山。东岸山脚下有公路通过。

临河绝壁上有黄色崩崖区，其上分布有三处悬棺。一处位于南侧一洞穴内，洞口大致圆形，直径约2米。内可见两棺，皆呈深褐色，一棺稍靠外，另一棺在其侧后。另两处悬棺位于其北侧石壁上，上石阶处置一棺，下数十米石阶头尾相连置两棺。棺皆呈深褐色，安置在高于地表200～250米处。悬棺时代不详。

（一八）玉皇山崖墓

此地行政区划隶属于巫溪县城厢镇宝城村。海拔高程约310米。

崖墓位于巫溪县城北大宁河东岸玉皇庙峰临河绝壁上，南距县城约1公里。其下方临河处有公路通过。

临河绝壁上有一道南低北高的天然石槽，中南部经风化内凹形成一洞，洞内可见多处人工开凿的小龛洞，当为一组崖墓。洞高于河面约100米。其上亦有一组类似的小洞窟。

（一九）垒石洞

此地行政区划隶属于巫溪县城厢镇前河乡。

垒石洞位于大宁河右岸（西岸）二墩崖北侧的高山之上，自河谷便可以望到，高达数百

图 67　玉皇山南组
　　　 悬棺

米。石壁之上有一自北向南斜下的大石缝，下部被人工垒砌的石块封堵。其处高峻，难以攀登。

　　传说，垒石洞为仙人修炼处。一说为逃避兵匪时所用，与二墩崖功用相同。

　　此类洞窟在双溪峡和荆竹坝皆有发现。因其处高险，未能攀登，内部情况不详。

　　此地战乱时，有结寨屯粮于险地逃难之风俗。

（二〇）锅底石悬棺

　　此为一处古悬棺，行政区划隶属于巫溪县城厢镇前河乡环林村。中心地理坐标为东经109°37′50″，北纬31°25′10″，海拔高程335米。

　　锅底石悬棺位于宁河西岸九层楼对面上游1公里处，两岸皆陡崖。河西临河绝壁上有一片古代崩岩，高于河谷约180米。其下坡积锥顶部有古道通过，河东有公路通过。

　　崩崖在高空呈黄色陡直石壁，石质破碎。崖面中部有一块圆形的白色巨石，右上方有一洞，内斜向置一民间俗传的深褐色方形木风箱。风箱即悬棺的别名。但在河谷中只能见到其一部分，当地人称上至对面山坡可见悬棺全貌。其高度距离河面约120米。此棺右上方8～10米处，还存有一石槽，与南门湾悬棺所开棺槽相似，似为置棺所开。但其上无物，疑为年久，其下部分石壁崩坏，棺已坠落。其旁还有一些残槽状石洼，疑此处古时为一悬棺群。

悬棺下部山坡有宁厂至县城古道通过。

（二一）剪刀峡南凿路痕

此为一处道路开凿痕，行政区划隶属于巫溪县城厢镇前河乡环林村。

其位于剪刀峡南部的临河悬崖上，下部为剪刀峡南栈的南半部。在高于平水位约10米的石壁上有一段石阶，大致呈水平分布，长三四十米，局部类似浅槽道结构。疑为古人因剪刀峰道路高险，欲打通沿河道路所凿而未能完工者。

（二二）门洞明清墓地

此为一处明清时期山区墓葬群，行政区划隶属于巫溪县城厢镇前河乡环林村。

此地南为剪刀峡，北为牛肝马肺峡，河谷较宽。河谷左右各有一条巨沟，沟两坡稍缓，有耕地与居民点。此地土多，大宁厂土少，故古代宁厂所食菜蔬多由此地种植。其处经济性质与一般山民稍有不同。墓地下方有古道通过，古道临河，建筑依山，墓地即在建筑后的山坡上。近河面处有古栈道。

墓地位于剪刀峡北宁河右岸的门洞村南。此地河谷开阔，两岸山坡相对平缓。山坡发现有明代墓葬，曾遭盗掘。另外，还发现有多方清代墓碑。其中一方铺于古道路面，上有"百世流芳"、"孝男"等字样。此处所见墓碑多为长方形，皆不大，如前碑仅高0.67米。此处当为一明清墓地，面积不详。

据记载，宋时此地曾一度作为县级盐监。

（二三）五溪口古盐卡

古盐卡行政区划隶属于巫溪县宁厂镇衡家涧社区。

五溪口古道为城厢镇至宁厂的一段古道，位于老鹰岩至五溪口索桥间，五溪口索桥下游100米处的大宁河西岸。

古道路沿山坡延伸经此处，至一小山嘴前，有多处小块平地，系当年建筑基址，结构多为垒石墙，高于河面10米，今已荒废。下有石阶道通至水边。

此处为一凸出的山嘴，宁河主流水道从山嘴下通过，可扼水陆两道。

近五溪口索桥处有一小山嘴，其中一段颇宽平，为宁厂通向巫溪巫山方向的南盐卡。旧时建有房舍设有税官于卡上查盐，今其处山石上有立柱圆孔。石壁上也有小方孔分布，似为建筑遗址。下近河岸处有石磴通往临水栈道，与北盐卡相类，也许都是水陆并查之地。

据清代志书称，宁厂有南北盐关。据民间传说，此当为南盐关，也称前卡。盐税是国家一大收入，故自古对于走私食盐者处罚很重，唐代一度曾定走私二石盐者处死刑[48]。所以，盐关设置非常严格。

（二四）接官亭明清墓地

此为一处明清墓葬区，行政区划隶属于巫溪县宁厂镇衡家涧社区。

接官亭是大宁河与后溪河交汇处下游右岸的一处沿河小村落。此段河流北段内凹，南段外凸为滩，海拔高程为 232～234 米。村后山坡灌木杂树丛生，林木茂盛。山势亦平缓，多土，故成墓地。

墓葬多数分布在村后山坡上，历年发现明清墓葬多处。在村中亦发现一些墓碑，多为后山所出。墓葬面积不详，数量不清，多叠石为墓，坟丘今多平毁不存。接官厅村北部中部发现多方青石小墓碑，碑首或书"万古佳城"，或刻"永垂不朽"等字。如清嘉庆年一方，高 0.6 米，宽 0.4 米，厚 0.08 米，上刻有楷书文字，顶部横刻"永垂不朽"，上首文为"系吉（按此字疑为'籍'）湖南衡州府衡阳县生长人氏"，中刻"故盟兄李显秦丕生之墓"，尾署"盟弟彭定周祀"，款署"嘉庆戊午年贰月十九日立"。又有一方墓碑长 0.6 米，宽 0.4 米，厚 0.07 米，上记有死者生卒年干支、籍贯与孝女三人等文字。

这些墓碑反映出此为贫民墓地，死者大约是来自各地的宁厂下层贫苦劳动者，多无家眷，以结义认亲方式形成互相帮助的关系。

（二五）东岳庙石狮

石狮位于宁河右岸，后溪河口南 250 米处的接官厅一户门前。此地行政区划隶属于宁厂镇衡家涧社区。

石狮为灰岩雕成，足下与方座连为一体。通高 0.9 米，胸宽 0.31 米，头至尾长 0.6 米，现已残。传原为一对，另一只位于对面山上。其南原有东岳庙一座，内供东岳大帝，庙基宽 7 米，深 8 米，现存有石门框等。据当地老人回忆，此庙系当地运盐船工帮会所在地，每逢旧历五月五日，帮会在此聚会吃饭，现仅存基础与残墙断垣。疑此石狮原为庙前之物。石狮之旁还有一石臼，高 0.5 米，上径 0.62 米，臼口径 0.31 米，深 0.32 米。另有石础一对，底为正方形，上部为正八棱形，通高 0.36 米，八棱部分 0.25 米，底部边长 0.32 米。以上诸物，大约都与东岳庙有关。宁厂旧时船只很多，清末民初曾达六百只。船工形成帮会，在四川是常见的事。其遗址可以反映一些当年的社会状况。

（二六）万元宫重修残碑

此为民国初年所立万元宫重修碑，现存宁厂镇衡家涧社区接官厅。

碑立于 1917 年，是宁厂力帮帮会为重修万元宫庙而立。碑中提及的锅厂旧址即位于狮子

---

〔48〕《唐会要》卷八十八"盐铁"条下太和四年有关记载。

口西养鸡场处，所造的锅大约是售于盐户熬盐之用。熬盐的锅较大，与一般民间家庭用锅不同。碑发现于接官厅村中临河大路中，作为石条铺于路上，字面向上，因此一些文字磨损过甚，已经难以辨识。其地为旧东岳庙南侧，北为工人街 15 号。碑残高 0.85 米，宽 0.75 米，厚 0.11 米，系砂质岩。碑上部横列阴刻楷书"永垂不朽"四字，其下竖刻楷书二十四行。文中钱字或省作"夕"。万元宫位置不详，疑与东岳庙近。

碑文内容如下：

盖闻

万元宫建设最古，自乾隆初年，吾乡诸君所□而成也。其置业……

日颇称盛耳。然而日久事替，管理他人，而今永久财产，竟归……

人，年年弥补，幸免冷落之虞，而其所存者，唯庙前房舍五间。于……

舍为锅厂，俾足资需，且兼建舞台于殿前，聊增光辉。是年……

锅厂佃户各纳，期以七年，本利殆尽，自兹以往，按事提纳。庶几……

俾众咸知，永垂不朽。又我在丁巳，民国六年春，重修……

殿宇，□王像换金。我帮父老，各界虔诚，力帮赞襄，无论轻重，……

济万年之灯，感慈慈圣之显灵遐迩，咸叨广荫。睹遗像……

吉神，自为之呵护也。各界绅商协同，力帮等幸甚、幸……

总经理　傅永源　捐钱陆千　潘吉泰　捐钱壹千　晏百周　捐钱肆千

萧辅臣十二千　杨兴顺钱十千　扶永□钱六千　黎……

后皆为捐钱人名与钱数，略。

此碑中所说的力帮，疑为当时搬运工人的帮会组织。其有自己的庙产等，也有说力帮是盐工的帮会，供奉火神。通过这些碑石，可以认识旧时宁厂的社会阶层与民间帮会情况，也可以了解旧时与制盐业相关的一些手工业。

（二七）土主庙碑

此碑位于接官厅与养鸡场间的古道狮子包上，行政区划隶属于宁厂镇衡家涧社区。

该地位于宁河右岸，在后溪河口之间的山崖间。碑作为石阶铺于路面上，距离道路最高点狮子包山嘴南约 2 米处。土主庙位置不详，大约与此碑相距不远。传说，狮子包山嘴东北侧的坟地古时即为一庙，其地正处于两河交汇之处南侧的山嘴上方，两地相去仅 10 多米。碑为石灰岩质，方首两角带斜刹，已残断，缺下半部。碑宽 0.66 米，厚 0.11 米，最大残高 0.63 米。碑文文字有磨损。碑面上部有横列减地阳刻楷书四字，末一字残缺，其文为"帝道遐□"，左右有缠枝花卉。碑文竖刻，计有楷书二十一行。其文如下：

盖闻功德覆□□者□曲之人莫最或□□……

土主稽裁□绵道显西陵□□驹于云中□□……

万□物□盖天帝主扫除□气群庶咸被□□……

□黄之人贸易宁厂者创建　土主庙并□……

　　金□□□□岁时报赛仰视心动爱是□□……

　　□□□□用志□□此殆为序……

　　王□□捐钱三千

　　陈长春　钱二千　刘义□……

后皆为人名与捐钱数目，尾行年款文字不清。

此碑反映宁厂庙宇与祭祀赛社情况。宁厂因经济发达，庙宇众多，祭赛也非常热闹，有为更换输盐竹笕而举行的盛大赛事，也有各庙的祭赛。其活动规模，超越县城。

（二八）古道设门处

此为古道上一处建筑遗迹，行政区划隶属于巫溪县宁厂镇衡家涧社区。

其西依绝壁，东临急流，两岸皆为高山（图68）。

遗迹位于后溪河口公路桥之北5米，宁河右岸之古道西山崖上，高于河面约9米。此处为自宁河北上的第一处险峻之地。现存遗迹有道旁被凿去石岩的平台一处。台高0.5米，长宽0.5米，上列有三个长方形石槽。石槽长0.38米，宽0.17米，间距0.38米。路外侧下部岩石上亦发现有对应桩孔，左右配合，大约是用于安装建筑支架。该处颇类设于道路上的一门，很可能为一古关卡。

（二九）民国摩崖石刻

此地行政区划隶属于巫溪县宁厂镇衡家涧社区。

摩崖石刻位于后溪河口公路桥北30米处，宁河右岸山崖上，西依绝壁，东临急流，两岸皆为高山。

此处原为观音阁庙址，摩崖石刻位于其中心南部，高于古道5米，高于水面约13米。石刻向河道，宽约1.5米，高约0.85米。摩崖面凿深于周围岩石10厘米，上有四个楷书大字，凿痕甚浅。因风雨侵蚀，已很难看清，仅第二字较为清晰，经反复辨认，为"保境安民"四个字，后署年款"□国十三年季秋"（1924年）。

（三〇）"璧"字摩崖石刻

此地行政区划隶属于巫溪县宁厂镇衡家涧社区。

摩崖石刻位于后溪河口公路桥之北30米处古道旁，宁河右岸之山崖上，西依绝壁，东临急流，两岸皆为高山。此处为观音阁中心区域。

摩崖石刻高于河水面约11米。其为一山崖上的石凹，下有人工开凿出的石阶。石刻长1.55米，宽0.76米，北高南低。石面风化剥落严重，上仅残存二字，首一字下残，类"戍"，后一字为"璧"。字径约9厘米。

（三一）观音阁遗址

此地行政区划隶属于巫溪县宁厂镇衡家涧社区。

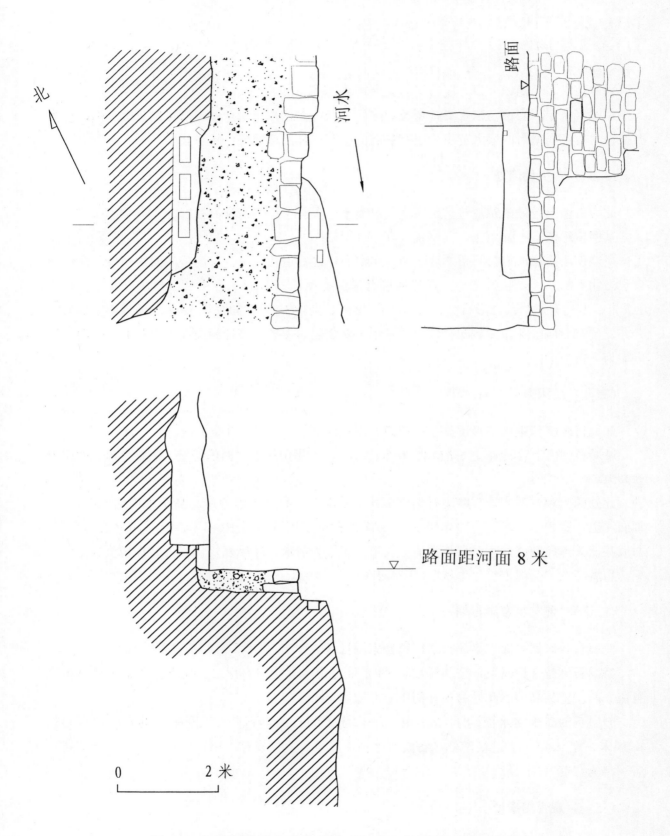

北

河水

路面

路面距河面 8 米

0 2 米

图 68 古道上的门式建筑遗址平、立、剖面图（宁河大桥北）

其西依绝壁，东临急流，两岸皆高山。

遗址位于后溪河口公路桥北 40 米处，长约 20 米，宽 8~9 米，存有石阶、石台及两处摩崖石刻。观音阁在此处依山取势，志书称其"前临溪河，后依绝壁，跨建于古道之上"。此处建筑下通行人，上层为庙。今河岸尚存有凸出古道的巨大石条多根，为旧时凌空建筑的遗迹。观音阁遗址南与古道设门处相距甚近。

观音阁旧时为古道上著名的大庙，始建年代与沿革皆不详。据巫溪一杨姓老人说，旧时盐卡旁有庙宇，和尚常常劝盐贩多行善布施，则神灵保佑，过关通畅，故香火一直很兴盛。

（三二）古道汇水槽

此为古道上的排水设施，行政区划隶属于巫溪县宁厂镇衡家涧社区。

水槽位于后溪河口公路桥北 115 米处，大宁河右岸的山崖上，旁即为古道路。其西依绝壁，东临急流，两岸皆为高山。

道旁发现有人工开凿的汇水槽一处，自路内侧崖壁上开凿小石槽导泉水雨水下流，水流入较路面稍高的一人工石槽中，石槽之水可从其外侧一缺口溢出，溢出之水从路面上所开小沟向河谷一侧排出，以免道路积水影响通行。这也是古道上常常使用的导水排水设施。其水清澈，亦可供行人饮用。石槽长 70 厘米，宽 30 厘米，深 20 厘米。

山区古代道路往往依山开路，山崖上不但有雨水下流，也有因切断岩层而从石隙涌出的渗流。这些水流，轻则浸湿路面，生苔打滑，给行人带来滑跌坠崖等危险；重则浸泡路基，对道路造成冲刷侵蚀与积水等损害。在古道上所见对此类小水流所采用的一般方法，是在靠山一侧路边开凿顺路方向的边沟，引导石壁上的流水入沟，然后在稍低处的路面上横开一道水槽，引边沟水流入路外侧的河谷。这些小沟槽都不大，宽 5~10 厘米，深 2~4 厘米。

（三三）小佛龛

此为古道旁边的小型佛龛，是行人供奉礼拜之处，行政区划隶属于巫溪县宁厂镇衡家涧社区。

小佛龛位于后溪河口公路桥北 120 米处，大宁河右岸的山崖上，龛前即为古道路。其西依绝壁，东临急流，两岸皆为高山（图 69）。

佛龛大致呈拱形顶，上半部凿为一平坛，平坛外凿有两级不宽的石阶。龛后壁正中楷书竖刻"南无阿弥陀佛"六字，内中已被烟炱熏黑。龛顶高于路面约 2 米，宽亦为 2 米左右。其两侧有方形立柱孔，上部有开凿的"人"字形檐槽。据此，当时佛龛外应有建筑遮蔽。其处一侧依山崖，一侧为临河陡崖，路面高于水面 7~9 米。门前为石凿砭道，是行人必经之地。此类路边小佛龛，当系供旧时行路人祈福之用。

这种道旁小佛龛在瞿塘峡下口古道边也有发现，作用相类。

（三四）后溪北盐卡（北盐关）

此地行政区划隶属于巫溪县宁厂镇衡家涧社区。

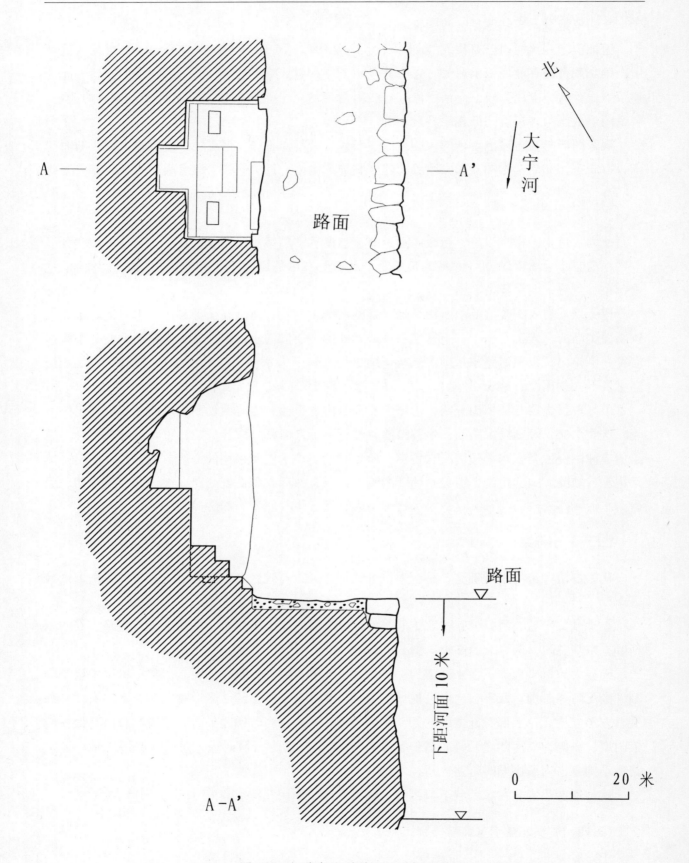

北

大宁河

路面

A —

— A'

路面

下距河面 10 米

0   20 米

A—A'

图 69 古道旁小佛龛平、剖面图

盐卡位于后溪河口公路桥北 180 米处大宁河右岸的山崖上，跨于古道路上。西依绝壁，东侧陡崖下 10 米深即为急流，两岸皆为高山。

今在西石壁上发现一处固定门栓用的石槽，以及下方石面上所存的一安装门框用的方形石窝与门槛石槽等。其门北向，正扼道路。如果在此设门，封门则道路不通。此处所设建筑，当为北盐关，与南盐关南北呼应。据民间传说，北盐关也叫后卡，推测旧时此处设门为关。其下部近水面处还有建筑用的孔窝，当为水关，水陆并用。唐代以后，盐销分区域，允许商人凭"盐引"运销食盐，明代定一"引"为二百斤食盐，过关卡验"引"。明代袁溪（即宁厂）设有巡检司，清代宁厂尚存上下两关，并"准商抽钱一百二十文，以备课项"。

古代对于贩私盐处罚很重，动辄处死，如明初定处绞刑[49]，但依然有冒险贩盐者。

据光绪十一年《巫溪县志》记，光绪六年盐关被撤销。也许此处即为被撤销的北盐关。

（三五）古道栏柱遗迹

此为古道路旁所设护栏立柱石孔，行政区划隶属于巫溪县宁厂镇衡家涧社区。

遗迹位于后溪河口公路桥北 210 米处大宁河右岸的古道路上。西依绝壁，东侧崖下 10 米即为急流，两岸皆高山。

此为古道全线所发现保存最完好的栏柱遗迹。道路临河一侧垒石为道，间有端部凸出路外侧 15～20 厘米的大石条，上凿有圆形栏柱孔。孔中心多与路外侧边缘一线，一般孔径 15 厘米，孔深 15 厘米，间距自 2.8～4 米不等。其上立柱加栏，以利行人安全。这种带孔石条在古道沿线多有发现，现存者有宁厂、双溪峡、谭家墩等处，对于复原古道结构颇具参考价值。

杜甫诗中有许多栈道资料。他的《飞仙阁》诗云："栈云阑干峻，梯石结构牢。"说明唐代的栈道就已经设有栏干。

（三六）观音阁北栈

此为宁厂北部大宁河谷的一段古栈道，行政区划隶属于巫溪县宁厂镇衡家涧社区。中心地理坐标为东经 109°37′59″，北纬 31°27′58″，海拔高程 238 米（图 70）。

道路南端距宁厂宁河大桥约 500 米，南北皆为古道路。

栈道分布总长度约 10 米，发现方形栈孔两处，高于河水面 5 米左右。栈孔大致呈水平排列。孔口为正方形，边长约 15 厘米，深 20 厘米。孔中心距离 2～3 米。两孔下面 1.3 米处石壁上有方形斜撑石槽各一，槽长 20～23 厘米，宽 8～10 厘米。上两方形孔南侧接一段数米长的石砭道。

栈道遗存位于宁厂北大宁河谷右岸（西岸）一块高约数米的陡峭石壁上。河谷宽约 100 米，两岸皆为高山，但不甚陡峭。河东岸有公路沿河通过。

栈道旁的北侧上方有一陡谷，有小石阶向谷内分布，长 10 多米。据当地老乡说，上边有

---

[49]《明会典》卷三十六"户部·盐法"二。

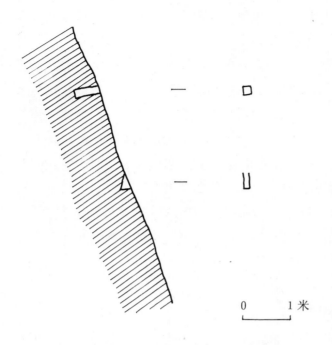

图 70 观音阁北栈结构立、剖面图

路，但行人稀少。

（三七）输水槽码头

此地行政区划隶属于巫溪县宁厂镇衡家涧社区。

码头位于后溪河口桥上游数百米处，大宁河右岸的山崖。西依绝壁，东侧崖下 10 米即为急流，两岸皆为高山。

此处为一古码头，位于宁河右岸向河中凸出的一块巨石上。巨石近岸处高于水面约 4 米，河边处高约 2 米，上凿有石阶与岸相接。同时，还凿有输水石槽。从上部下流，槽至下流分为两路，一南一北，流向河岸。巨石临河侧还凿有圆形桩孔，径 18 厘米，大约为系船用，风化严重。

码头上原为一现代烧碱场，今已荒废。传说此处更早时期亦为一盐厂，槽道即上接盐场。盐厂的盐水不知来自何处，也许此处亦有小盐泉。

（三八）古码头

此为一古码头遗址，行政区划隶属于巫溪县宁厂镇衡家涧社区。

其两岸皆山，西岸稍为平缓，河流主流在西岸。东岸有公路通过。

码头位于水湾建筑遗址南侧 50 米，有一顺岸石坡道自古道路面向南延伸至河边，上有石阶，已经严重风化。坡道南部近水面处甚为平坦，周围凿有圆形桩窝数处，可能为系船桩孔。根据以上情况分析，此处当为一古老的码头。

码头北侧石岸上有一些建筑遗迹。

（三九）水湾建筑遗址

此地行政区划隶属于巫溪县宁厂镇衡家涧社区。

其两岸皆为中山，西岸为一小水湾，古道从此处高于水面 7 米高处通过。河流主流在西岸，水深数米。河东岸有公路通过。

遗址位于双溪公路桥南 1300 米一水湾处，南距古码头 50 米。水湾两边石岸向河中凸出，南北石嘴上皆有在石壁上开凿出的一两间大方槽形建筑遗址。北侧道路上侧石崖上凿有导水槽，燕尾形槽，下有平行导水槽与立柱圆形桩窝。道路下侧临河处亦有长石阶与众多的圆形桩孔。在南石嘴上，路上部有开凿出的建筑基础遗址，路下部临河处有许多石阶分布，旁有方形孔，内插大石条。石条多为青砂岩质，大约内含铁质，日久变为褐色。近水面处亦有石窝，内插一排石条，内三石已断，两石尚存。两石嘴间，各有人工开凿的方形石阶多级深入水下，遥相对应，用途不详。疑此段水下尚存建筑遗址。此处建筑遗址历史沿革不详。

（四○）佛号题刻

此地行政区划隶属于巫溪县宁厂镇衡家涧社区。

题刻位于后溪河口公路桥北约 1100 米处大宁河右岸的山崖路旁，西依绝壁，东侧崖下 10 米即为急流，两岸皆高山。

佛号题刻凿刻于宁厂至双溪峡间古道旁的岩壁上。外有一方框，框高 0.43 米，宽 0.32 米，底部距路面高 1.1 米。内刻"南无阿弥陀佛"六个字，其中"南无"两字在上横列，其余竖刻。同类题刻在西溪河古道的屏风崖峡古道石壁及瞿塘峡古道旁也有发现。

（四一）万寿宫遗址

此遗址行政区划隶属于巫溪县宁厂区双溪乡。

此地两岸皆为高山，只是西岸山坡较缓，建筑即位于临河的西岸。古道从庙前临河处通过，庙前道路也用石条铺砌，平整开阔。

万寿宫为光绪年间所建，系宁厂至双溪峡间的古庙遗址。原庙为此段道路上最大的建筑，传说殿宇巍峨，旧时有戏台。建筑毁于 1967 年，今仅存大块石条砌就的两重高台。石块巨大整齐，甚是壮观。原有建筑已经不存，今开辟为耕地。清代皇家曾向天下各地下诏，要求修建万寿宫，供奉当朝皇帝的牌位，相当于皇帝的生庙。此类建筑当时在全国曾一度泛滥，劳民伤财。清末民初，多被拆除改用。

（四二）双溪峡修路摩崖碑刻

此地行政区划隶属于巫溪县宁厂区双溪乡（图 71）。

此处为一峡谷，两岸皆高山。河谷宽约 70 米，峡谷长 150 米。公路自东岸通过，峡北口有现代桥梁一座。巫溪水泥厂建于峡北口右岸。

双溪峡谷西岸中央近大宁河水面处，发现一摩崖碑刻。摩崖下部已经接近平水位水面，经测量其处水深 4 米。摩崖上部开凿有"人"字形导水槽，槽下部横刻三小框，内镌刻有大字楷书，当是碑名或吉语类，然经浪激风化，文字已模糊不清。其下为一大横长石框，深凿入石面 10～15 厘米，底面甚平。框宽 2.36 米，高 1.14 米，上有楷书五十一行，多模糊难辨，文字内容基本为道路败陷、集资修路之意，后为官员、商号人名与捐钱数目。钱字或书为乙字上加一竖状。文曰：

> 盖闻王政，徒杠舆梁之设，□民有……
> 于前人开□矣□为宁厂通□南连于……
> 患遂……
> 地陷乎坎路止乎艮来往行人……

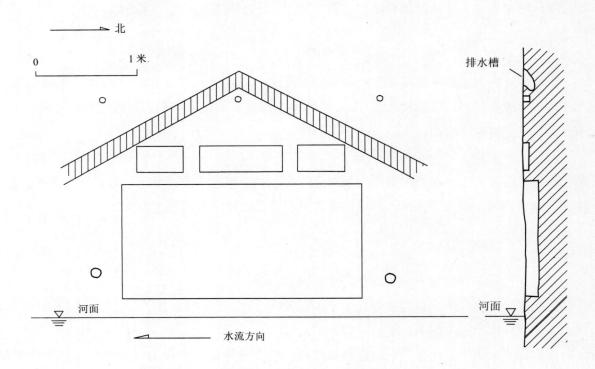

图 71　双溪峡修路摩崖碑刻立、剖面图

不……其间者见之必□然神……

之……爰□□同四道□鸠□以……

□□□□仁人君子大……

而乃后则培德植福□其……矣……

署夔州府大宁县正堂加五□纪录十次□捐钱拾千文

署□□四川□□盐……三次纪录五次马捐钱二千文

□□四川□□大宁厂……五级纪录□王捐钱六千文

时授四川盐厂□□□城中部厅雷捐钱二千文

署四川盐厂□□□城中部厅姚捐钱乙千文合营马步兵共捐银六两一钱二分

陈才栋捐钱二十千文□恒兴三千文雷光□……

□王洪□□拾六千文新顺号三千文□怡□……

首亘利号捐□千文宋天锡□□□何鸣……

……

大清道光二年岁在壬午季夏月谷旦刊

此碑为道光二年（1822 年）修路铭记功德碑。

（四三）双溪峡栈道

此栈道行政区划隶属于巫溪县宁厂镇谭家墩。中心地理坐标为东经 109°38′17″，北纬 31°

28′36″，海拔高程 242 米。

栈道北为双溪宁河水泥桥，桥墩下似还有遭到破坏的栈孔。

栈道长约 30 米，仅在双溪峡西岸北部发现。自双溪水泥桥下始向南侧沿石壁分布，有十余孔，高于大宁河平水位 7 米左右。栈道孔大致呈水平排列。孔口为正方形，边长 20~23 厘米，深 30~40 厘米。孔中心距离 2~3.2 米。栈孔之南接人工开凿的石径，石径可分为南北两段，北段长约 5 米，南段长约 13 米，中有两三米似未连接。南段向南，石壁上的遗迹不清。

双溪峡位于双溪乡谭家墩村南。栈道建于峡谷中的大宁河右岸，峡北口有一现代水泥拱桥。此处两岸山峰夹峙，民间传其东山曰金牛山，西山曰白象山。中间河谷仅阔 50 米，峡长约 200 米，西岸崖壁尤为陡直，其下流水湍急。石壁上有栈孔水平排列，栈孔上方高约 15 米处有古道通过。河东岸有公路沿河穿越。

此路有四处向下通往水滨的石阶，近水面一尺而止，用途不详。路间有两个方形石孔，不类栈道正线形制。北一阶底近水面处，向下凿有一大方形石窝，用途不详。根据以上情况推测，其下部旧时可能是一码头，故道路、栈道都与其相连。

（四四）双溪峡古道摩崖石刻

此地行政区划隶属于巫溪县宁厂区双溪乡谭家墩。

此处为一峡谷，两岸皆高峻之大山。河谷宽约 70 米，峡谷长 150 米。公路自东岸通过，峡北口有桥梁一座。

摩崖石刻位于双溪峡古槽道南端不远处，石槽内壁有一石凿方框，高 0.38 米，宽 0.34 米。石框下缘高于路面 1.3 米。框内刻有竖刻小楷文字七行，惜被人凿坏，今仅大致可识"……嘉……来……"等字。其字体纤细秀丽，内容当与修路有关。

（四五）风洞子

此地行政区划隶属于巫溪县宁厂区双溪乡。

此处为一峡谷，两岸皆高山。河谷宽约 70 米，峡谷长 150 米。公路自东岸通过，峡北口有桥梁一座。下有古栈道、古槽道、摩崖碑刻等。

此洞位于双溪峡谷左岸山崖，高于水面 110 余米，为一自然形成的灰岩溶洞。洞甚大，多石钟乳。传其洞内有明张献忠题诗一首，为巫溪古来名胜之一。旧时曾于其前建寺，名风洞寺。寺早已不存。其峡西侧亦有溶洞，与东洞相对。峡西高峰背后尚有三洞，高于河谷约 250 米，洞口有垒石。其处颇险，村人传为旧时当地居民用来躲避兵匪，或曰此处峡间旧时为一关卡。

（四六）谭家墩古渡

此地行政区划隶属于巫溪县宁厂区双溪乡。

古渡自谭家墩中部河西可至河东。渡口西岸为谭家墩，东岸南部有一小河，自东来注入大宁河，小河北岸即为通湖北的大官山古道。

谭家墩地处双溪峡北口，为旧时一大交通要地，清代称其地为盐场营。诸多交易由此进行，亦有于此批发食盐者。其地旧有仓库店肆，尤其是民国时期，甚是繁华。镇上有津渡，过河连接通往湖北的大道。今因建有水泥桥梁，旧渡已废，村中临河处存有渡口石阶。

此处河谷较宽，两岸有居民房舍。古渡南为双溪峡谷。

（四七）得禄坝南崖墓群

此系古道旁一组古墓葬，行政区划隶属于巫溪县宁厂区双溪乡得禄坝村，海拔高程270～340米。

崖墓位于得禄坝村中部与北部西侧的山崖上。山崖为沙砾岩，高约80米，东北为大宁河。山的北坡与东坡陡峭，崖墓多分布在这两面坡的陡壁之上。崖墓为人工开凿，分为南北两组，南组面河，存十多孔，有道路可达。崖墓分横室与纵室两种。横室一般深1.3米，长2.5米，墓门深0.5米，外侧留有一道高不足1米的低栏，旁凿一口为门。纵室墓门多为上圆下方形，状如拱门，高约1.3米，宽1.1米，深2.5米，也有方形门者。个别墓口存有人工开凿的桩孔，似乎还存有窟檐建筑。有的窟口则用乱石封堵，但上半部已经崩塌，大约也有后人进入。这些算是较少遭到破坏的洞窟。此类墓葬，如果便于攀上，多已被破坏。此处分布高度在280～300米间的一些路旁崖墓为当地村民所利用，圈羊于内，或用来储放干草杂物。这种崖墓与大宁河流域的悬棺不同，当是另一类型。崖墓时代不易判定，据其他资料，大约为汉代至南北朝时期（图72）。

（四八）得禄坝北崖墓群

此系古道旁的一组古墓葬，行政区划隶属于巫溪县宁厂区双溪乡，北组海拔高程280～340米。

崖墓位于得禄坝村北部西侧的陡峭山崖上。山崖为沙砾岩，高约80米。崖墓分为南北两组，北组对面大宁河上游，存二十多孔，分横室与纵室两种。横室一般深1.3米，长2.5米，墓门深0.5米。纵室墓门多为上圆下方形，高约1.3米，宽1.1米，深2.5米。墓葬多已空旷无物。此组崖墓因距离村子中的房屋稍远，故尚未被村民利用。其与大宁河流域的悬棺不同，当是另一类型。崖墓时代不易判定，据其他资料，当为汉代至南北朝时期。

得禄坝东侧隔河有一山，山上有一巨石，呈长方柱状，高约数十米，号为令牌石。旧时系行道者记里程标志之一。

（四九）大河镇（下风坝、下方坝）

大河镇行政区划隶属于巫溪县宁厂区大河乡，为乡政府所在地。中心地理坐标为东经109°37′，北纬31°30′，海拔高程267米。

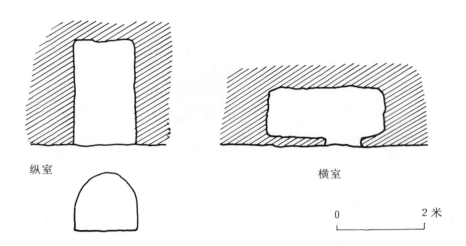

纵室　　　　　　　　　横室

0　　　　　2 米

图 72　得禄坝崖墓平、立面图

大河镇又称下风坝，也叫下方坝，其名来历不详，今为大河乡政府所在地。其为巫溪北古道上一小镇，位于宁河右岸（西岸）。宝源山主峰在其西南，镇北有一东西向大沟，有一道小溪自西向东注入宁河。小河北为蛇头山，上为学校，传说旧时为一庙。蛇头山在清代县志图上名曰龟头山。下风坝旧有渡口与东岸相通，今因建有索桥而渡口遂废，或传古道即由此处渡河改行河东，盐贩骡马，络绎不绝，故地位特别重要。

旧道南沿宁河右岸山坡穿过街道，其南通往谭家墩道路清晰。唯镇北道路出街后分上下两途，上路由蛇头山腰盘上半坡，顺高于河谷数十米至百米之路北行；下道从蛇头山前经过，沿河岸而行，时断时续，废弃已久，老年人已经记不得下路通行之事。

镇中街道为旧南北故道，街道原铺有大石板，两侧房檐下皆为石阶。主街长约 200 米，街道最窄处约 1.7 米。街道店铺林立，较之谭家墩更为热闹。今因河东公路通车而其商业地位渐衰，街道路面也有改为水泥处。

临河旧有码头，货运甚发达。

街上有为数不少的老建筑，下部过去多为商店。建筑皆为木构穿斗结构，带有当地特色。街中路西，北有黄家一楼，保存完好，面阔三间，二层左右各出有小挑台，建筑精致。街南路西有一家六间木楼，皆为二层，下部过去是店铺。楼后为山坡，依坡建一高屋，前装石门，可以防洪。

（五〇）大河镇古民居

此地行政区划隶属于巫溪县宁厂区大河乡，海拔高程 267 米。

古民居处于街道间，周皆房舍。

大河镇街旁旧建筑多被改建，然至今尚存百年以上老式木构建筑十多处。其中典型者如北街中部路西黄家宅，为木构穿斗式建筑。面阔三间，分上下两层，下层为店。上层左右两间外挑出挑台，上有圆节扶栏，当地人称彩楼，云为旧时女子闺居之处。南街（荣华街）西侧28

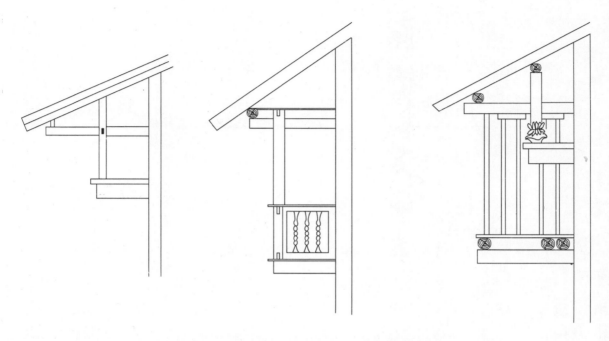

图 73　大宁河地区木构房屋出檐与挑台剖面图

图 74　龙驹沱砭道

号黄宅为木构穿斗式建筑，分上下两层，面阔六间，三间一套，一阔两窄，下旧为店铺。其屋后坡上有旧磨坊，为石雕门。黄宅对门为何宅、余宅，皆是木构两层三间老房。此三处建筑檐下皆两出挑，门上设有方形木框，可供书写店号。何宅二层中间内凹，设有栏杆，可以倚栏观看街道（图 73）。

下风坝近河而建，但一些人家却建有防水高屋，说明当地也知道洪水的威胁，但依然居于此地，是因其地处要道，生意兴隆之故。

（五一）龙驹沱崖墓

崖墓行政区划隶属于巫溪县宁厂区大河乡。海拔高程 340 米。

河谷两岸皆为中山。此处河谷颇宽，河谷底部海拔 270 米。

崖墓位于西溪河口南 900 米处的大宁河西岸，平面距离河岸约有百米，仅发现一窟。此处西岸有高出河面约 100 米的一小山头，异常醒目。其面河一侧有高约 20 米的陡崖，崖上不生草木。南侧下部开凿一窟，为当地流行的崖墓形式。窟口大致呈方形，上部微圆，洞口上下稍长。窟高约 1.4 米，宽约 1.2 米，内部情况不详。洞窟前有一不宽的平阶，有踩踏之痕。再下为斜向河谷的山坡，周围多生杂草与小灌木。根据调查经验，此类较低的崖墓内部多空旷无物。其开凿时代，上限约为汉代。

（五二）龙驹沱古砭道

此为一处古代砭道遗迹，行政区划隶属于巫溪县宁厂区大河乡。海拔高程约 275 米（图 74）。

古砭道南自龙驹沱村始，北至两河口，长约 600 米。

古砭道位于大宁河西岸临水的陡崖上。此一线临河皆为易于风化破碎的青灰色页岩，但也易于凿刻。道路遗迹主要是人工在临水石壁上开凿出的一些小石阶，一般分布在向水面凸出的石面上，高于水面 1.2 米左右，也有高仅 1 米者。

根据古道路考古调查经验，此类遗迹主要是垒石道结构，即用当地石块沿岸边垒筑道路。为了石块的稳定，时常在石面上开凿小台。有些地段，则用斧凿直接在石上开出道路。洪水过后，这些垒石道往往崩散，时间短者，其下尚存乱石，时间稍长或洪水过大，即乱石的踪迹亦很难发现。此处大约就是残存的一点遗迹。

此次调查共发现石阶三四处，断续分布长度数百米，间有一处砭道，长 5 米，宽约 1.3 米，中为一宽 1 米之石槽隔断。另有垒石道所用的小石阶。此段河谷西岸之上为高约数十米的陡崖，无居住遗迹，也没有上下连接的道路。这些道路遗迹当为南北顺河谷通行的古道路。结合草鞋铺栈道等看，自大河至此，这一段当有一条沿河古道。但因年深日久，遗迹大半已经湮灭。

与今存于其上另一条古道相比，此段古道距离水面甚低。结合上下游古道情况看，在大宁河上游，比较低的古道应当是年代最古老的道路。

（五三）草鞋铺南栈

此为大河镇北一段古栈道，行政区划隶属于巫溪县宁厂镇大河乡分泉村。中心地理坐标为东经109°37′10″，北纬31°30′51″，海拔高程261米。

栈道长约4米，为开凿于大石上的一排石阶，南高北低，有十五阶，总长4米，宽约0.3米。石阶高于平时河水面1.5米左右。当地人说，上下游还有类似的石阶，且有石孔，但不易寻找。

栈道位于下风坝上游1.2公里处大宁河谷右岸（西岸）陡峭的石壁旁。草鞋铺村位于河东，实仅二三户人家散居于公路旁，其中公路西侧梁家旧时祖上即打草鞋出售，推测其地近代亦为大道。隔岸河西临河处石壁较陡，下为河流，灰红色岩石上存有一段小栈。其北端为上部坠石所压，南端道路亦不易分辨。其北120米处为草鞋铺北栈。栈道上方高约40米处有一古道穿越。此处河谷宽约120米，两岸皆为坡度缓和的高山，东岸有公路沿河通过。

（五四）草鞋铺北栈

此系大河镇北一段古栈道，行政区划隶属于巫溪县宁厂镇大河乡分泉村。中心地理坐标为东经109°37′10″，北纬31°30′54″，海拔高程265米。

全段路长50～60米。隔岸河西偏北临河处石壁较陡，灰红色岩石上存有两段小栈。最南侧为一排小方栈孔，可见者十一二孔。每孔边长约13厘米，大致呈水平分布。栈孔间距0.15～3米不等，高出河面3～4米。其北7米外有垒石遗迹，再北3米石壁上凿有一段长2～3米的石阶道路，其宽度亦不甚大。再往北8米左右，又出现石阶道路，路下还有六七孔相连的小方栈孔。道路沿一山阶向北向上延伸30余米后即不清晰。

根据经验，此种小方栈孔系架石所为。道路中断处，疑当年垒石为道，后年久路毁，仅存栈孔。但栈孔高度与其北道路水平，又不类垒石支撑孔。

此处河谷宽约120米，两岸皆为比较缓和的高山，东岸有公路沿河通过。栈道的上方生长有一些灌木，下方多为裸岩。栈道上方高约60米处有一条古道通过。

（五五）西溪河渡

此地行政区划隶属于巫溪县大河乡两河口村与紫花村。

西溪河渡位于西溪河口上游200米处，亦称两河口渡。自河南向北渡过西溪河，可达营盘包。南北河岸皆有数间房屋，南侧河岸有石阶与半山古道连接。渡口今亦有小船往来。

此处为东溪、西溪两河交汇处，二水相会后，下游始称大宁河。西溪自西来，水量较大，河谷亦宽，干流长于东溪，为大宁河正源。东溪自北来，其徐家坪上亦源出于西，古道主要沿东溪而行，故人们对东溪往往比西溪熟悉，且误东溪为正源。三处河谷皆宽百米左右。河两岸皆为比较和缓的山丘。

西溪河南岸有古道西行，道甚宽，通向亦远。东溪河东岸有古道北行，是大宁河正道。此处的水路和陆路皆是枢纽之地。其渡口北有一小山包，名为营盘包，可能古时曾有驻军。

（五六）风大窿东关卡（卡门）

此地行政区划隶属于巫溪县宁厂镇大河乡紫花村。中心地理坐标东经109°37′32″，北纬31°32′30″，海拔高程340米。

东溪河东侧石壁上50米处有古道从南北通过，从山上一直通向荆竹坝。其峡东古道上有地名曰"卡门"，系旧时设于此处的关卡。原为石垒关门，今已倾圮。也许此处左右两栈皆与古关隘有关。

西溪河口上一峡，名风大窿，亦有称之为荆竹峡者。此一峡谷长约300米，峡北口右岸石壁高陡，左岸亦险峻。据《大宁县志》所引《蜀水考》云："巫溪，源出陕西平利县南山中，南过大宁县，北受胡歧水。又南，受泥溪；又南，过骑马峡；又西南，受白露溪；又西南，过香墩山下；又西南，过乌龟峡；又西南，受西溪为巫溪。又西南，后溪自北来入；又西南，过大宁县城东；又南，马连溪自西北来入之。"[50] 此峡或名"乌龟峡"。

（五七）风大窿西栈（鲁班眼）

此系西溪河口北一段古栈道，行政区划隶属于巫溪县下堡镇西宁乡广安村。中心地理坐标为东经109°37′30″，北纬31°32′31″。海拔高程275～300米（图75）。

北侧为一狭窄石沟槽，沟口有冲积扇状堆积。沟中有垒石道，与峡北石关相通。栈道的南侧依然为绝壁，但除下层栈孔有可能通过外，上两层均中断于石壁，未向南延伸。

峡北口右岸石壁高陡，平面呈弧形，上发现栈道，共三层。最下一层栈道计十二孔，除最北两孔为直径18厘米的圆孔外，余皆为方孔。孔口边长20～23厘米。其中部夹有一段长约4米的石矼道，栈孔与矼道栈孔与矼道皆高距平日水面1米，栈孔距2米左右。北侧有两组并孔。南侧一孔与其北孔相距甚远，间距约13米。其南石壁被炸药炸去，也许原有栈孔已毁。

上部分布的两层栈孔较高，最高的上层约距离平日水面有25米。栈孔大致呈水平分布，计二十一孔。孔口甚大，边长在25厘米左右。孔距2.3～2.5米。

中层栈道位于上下层栈道之间，高出平水位约7米，大致呈水平分布，计十七孔。孔口皆为方形，孔口边长约22厘米。孔距约2～2.5米。最南一孔南侧相邻有一方形凿痕，似为一未完成的孔。上两层的两端依然为绝壁，无栈孔相连。

峡口北侧的一堵石壁壁面开凿有两处方形栈孔，水平排列，只是尺寸稍小。

栈道位于西溪河口上游1公里处的风大窿峡谷中。峡谷长约300米，河谷狭窄，最窄处约40米，峡中水流湍急。现代公路从左岸经过。

---

〔50〕《中国地方志集成·光绪大宁县志》卷一"地理"，巴蜀书社、江苏古籍出版社、上海书店，1992年据光绪十二年（1886年）刻本影印。

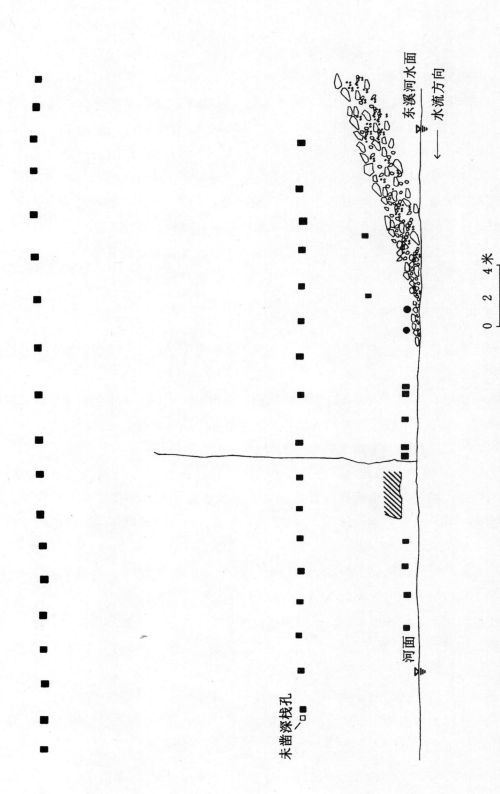

未凿深栈孔

河面

东溪河水面

水流方向

0　2　4 米

图 75　风大磴西栈三层栈孔立面展开图

此处亦有称之为荆竹峡者。据《大宁县志》所引《蜀水考》云："巫溪，源出陕西平利县南山中，南过大宁县。北受胡歧水。又南，受泥溪，又南，过骑马峡，又西南，受白露溪；又西南，过香墩山下；又西南，过乌龟峡；又西南，受西溪为巫溪，又西南，后溪自北来入；又西南，过大宁县城东；又南，马连溪自西北来入之。"〔51〕文中的白露溪即白鹿溪，香墩山即荆竹坝谷口一峰，在此峡上游不远处。西溪今名西溪河。此峡位于香墩山下游，西溪河的上游，当为所谓的乌龟峡。疑当地人以乌龟峡名不雅而改称风大窿峡。

（五八）风大窿东栈

此系两河口北一段古栈道，行政区划隶属于巫溪县宁厂镇大河乡紫花村。中心地理坐标为东经 109°37′31″，北纬 31°32′31″，海拔高程 285 米。

公路东侧石壁上发现的栈孔，现存六孔。除两小孔稍有高下，孔略小外，大致呈水平排列。栈孔皆为方形，大者边长 15 厘米左右，深 22 厘米。孔中心距离 2～2.5 米。最南接一段长约 4 米的石砭道，栈道与砭道两端道路中断不清。北侧有修公路时的炸崖痕迹，栈孔或有缺失。栈砭道分布总长度约 20 米，高于河水面 10 米左右（图 76）。

两河口上一峡，名风大窿，亦有人称之为荆竹峡。此峡谷长约 300 米，河谷狭窄，最窄处约 30 米，水流湍急。峡北口右岸石壁高陡，左岸亦险峻。栈道位于大宁河谷左岸（东岸）陡峭的石壁上。河东岸有公路沿河通过。古道一直从山上通向荆竹坝，亦有可能分一支道下接此段栈道。从地形看，也许此处左右两栈皆与古关隘有关。

其上 50 米处有古道自南北通过。古道上曾设关。

（五九）风大窿西关卡

此地行政区划隶属于巫溪县下堡镇西宁乡广安村。海拔高程 350 米。

风大窿峡谷长约 300 米，河谷狭窄，最窄处约 30 米，水流湍急。两河口之上至白鹿段皆为峡谷地貌，唯此处最险。东岸古道下方有公路通过。

峡北口右岸有一小山，与其南栈道间隔一石槽沟，山临河处高出水面约 65 米（海拔 350 米）。其北侧存有垒石建筑遗址，扼险守要，当为与河东卡门对应的关卡。自山头向南有一垒石道向石槽沟下坡，沟中存有垒石道一段，过沟再南的陡峭石壁上即为风大窿三层西栈。两河口的西北有一小山，高约百米，山头平缓。此山名为营盘，当为旧时驻兵之地，其地正扼两河口水陆要道，旧时当为军事重地。对于此山头，未进行调查，但可与此处关隘遥相呼应。

据《大宁县志》所引《蜀水考》，白露溪即白鹿溪，香墩山即荆竹坝悬棺所对之山，如此则乌龟峡应当是风大窿峡谷的古名〔52〕。

---

〔51〕《中国地方志集成·光绪大宁县志》卷一 "地理"，巴蜀书社、江苏古籍出版社、上海书店，1992 年据光绪十二年（1886 年）刻本影印。

〔52〕《中国地方志集成·光绪大宁县志》卷一 "地理"，巴蜀书社、江苏古籍出版社、上海书店，1992 年据光绪十二年（1886 年）刻本影印。

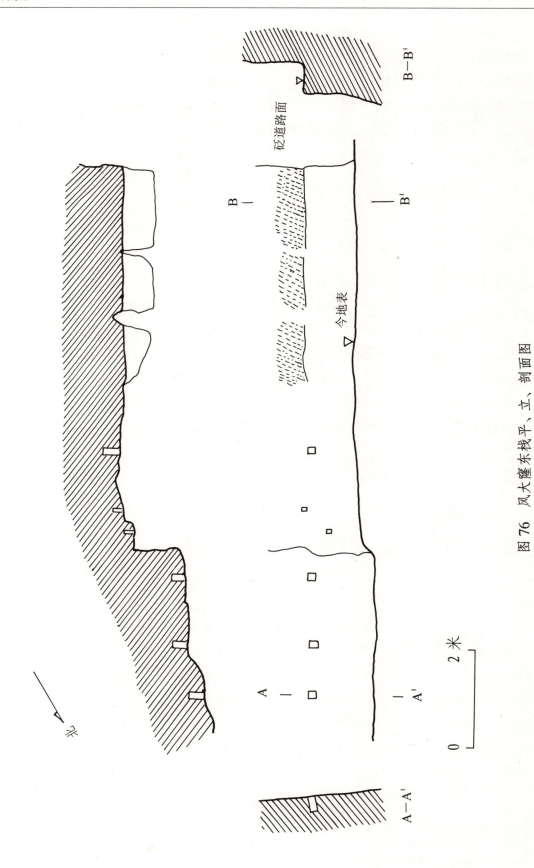

图 76　凤大隆东栈平、立、剖面图

北

砭道路面

今地表

B

B'

A

A'

B—B'

A—A'

0　　　　2 米

图 77　荆竹坝悬棺群的一组悬棺

（六〇）荆竹坝悬棺（荆竹峡岩棺）

此为一古代悬棺群，行政区划隶属于巫溪县白鹿区檀木坪乡荆竹坝村（图 77）。

悬棺位于宁河支流东溪河右岸，荆竹坝发电站街道位于左岸。悬棺分布在街道南 100 米，位于高出河面 100 多米处的绝壁上，皆安置在水平崖缝之中，首尾相连成组分布。据《巫溪县志·文物古迹》云：此处有悬棺二十四具。1980 年 8 月，荆竹峡 18 号棺曾取下清理。棺为长方体，系整段楠木制成，盖底以子母榫相扣而合，内有十岁女性尸骨一具，男性十四五岁尸骨一具，系二次葬。随葬品有二铜带钩、一铜镯。推测时代大约为西汉晚期。

现尚可见者存有两层三组，皆利用水平层天然软岩石缝经修整而厝棺，上层存两组，北存六具，南存七具，下层一组两具。从公路上仰视可见十五具，皆为带盖之棺，有的可见榫卯结构。南侧较棺低处有一天然石洞，洞口有垒石堆积。北侧百米与棺同高处亦有一天然石洞，洞口有垒石堆积。

据《大宁县志》所引《蜀水考》云："巫溪，源出陕西平利县南山中，南过大宁县，北受胡歧水。又南，受泥溪；又南，过骑马峡；又西南，受白露溪；又西南，过香墩山下。"[53] 文中有香墩山。据此文，悬棺所对之大宁河左岸小谷口之北一山应即香墩山。今其旁有地名为三

---

〔53〕《中国地方志集成·光绪大宁县志》卷一"地理"，巴蜀书社、江苏古籍出版社、上海书店，1992 年据光绪十二年（1886 年）刻本影印。

墩坡。三墩大约是香墩的讹音。

（六一）荆竹坝崖壁垒石洞

荆竹峡悬棺所在石壁左下方有一石洞，洞口有人工垒砌石块。其处绝高，周为悬崖，无路可通。不知何时所为，也许与悬棺有关。

（六二）荆竹坝崖壁栈孔

此为一处特殊的栈道遗址，行政区划隶属于巫溪县白鹿区檀木坪乡荆竹坝村。中心地理坐标为东经 109°38′23″，北纬 31°33′02″。海拔高程 360 米。

栈孔位于东溪河右岸（西岸）荆竹坝悬棺遗址北 200 米处的同一面石壁上，系在距河面之上高 70～90 米处石壁上凿出的不规则石孔与方形石孔，共两组。南侧一组较高，共六孔两排，上四下二，皆从北向南斜上分布。北侧一组较低，最下者与石壁下的坡积物顶部相接，亦为两排，上三下二，共计五孔，皆从南向北斜上分布。孔口形状不太规范，一般边长约 15 厘米。孔中心距离 3～5 米。时代与用途不详。栈道上方生长有一些灌木，下方多为裸岩。

此处栈道非大宁河栈道体系，可能是与悬棺有关的另一组历史遗迹。

此处河谷宽约百米，两岸皆为高山，水流湍急，但平日水量不大。河东岸有公路沿河通过。

（六三）荆竹坝北砭道

此为一处小型砭道，行政区划隶属于巫溪县白鹿区檀木坪乡。海拔高程 298 米。

北砭道位于荆竹峡悬棺遗址北 1 公里处的东溪河右岸（西岸），系在近水面之上的石壁上凿出的小石阶与方形石孔，但规模甚小，全长约 8 米。石阶高出水面约 1.3 米，上部分布方形石孔四个，大小不一，最高者距水面 2 米。两端石壁上未发现有其他遗迹。

北砭道位于峡谷中，公路在东岸古道的下方。

（六四）九道拐南砭道

此为一处古砭道，行政区划隶属于巫溪县白鹿区檀木坪乡。海拔高程 301 米。

南砭道位于檀木坪南 1.2 公里处的东溪河右岸（西岸）。此处为九道拐峡谷（荆竹坝峡谷的一部分），两岸山崖壁立，河谷宽 60 米。其北 30 余米有一道大沟注入东溪河中，沟口宽 17 米左右。砭道自石壁上凿出，残长 10 米以上，道路高出水面 0.5 米，最宽处约 1.5 米。凿崖高度近 5 米，皆为小凿细痕。石壁上有两处小方孔。砭道下临河水，南北皆绝壁，亦不存道路遗迹，疑被水冲毁。其用途不详，疑与九道拐砭道为同一道路的残存部分。

道路南北皆在峡谷中，山高谷深。公路位于东岸古道的下方。

（六五）九道拐砭道

此为一段古砭道，行政区划隶属于巫溪县白鹿区檀木坪乡。海拔高程 300 米。

道路位于檀木坪南 1.3 公里处的东溪河右岸（西岸）。此处为九道拐峡谷（荆竹坝峡谷的一部分），两岸山崖壁立，河谷宽 60 米。其西侧有一瀑布注入东溪河中，沟口宽 7 米左右。沟口南侧约 15 米及 50 米处的右岸，发现两处砭道。北砭道长约 5 米，下有圆形小石栈孔。南砭道为一自然巨石，上凿有数级石阶。此段道路也许与九道拐南砭道为同一古道的残存部分。

（六六）檀木坪北栈孔

此地行政区划隶属于巫溪县白鹿区檀木坪乡。中心地理坐标为东经 109°39′10″，北纬 31°34′38″。海拔高程 315 米。

其两端都是较陡的乱石坡，未见相连接的道路痕迹。

栈孔位于檀木坪北 50 米处的东溪河西岸，共发现六孔，皆地处高于河面 5 米的岩石上，大致呈水平排列。栈孔为方形孔，边长约 8 厘米。孔距约 0.8 米。此处栈孔尺寸甚小，与大宁河下游沿线大孔栈道完全不同，同时也不似建筑用孔。用途不详。

此处东溪河河谷宽约 5 米，两岸皆为大块乱石，水流湍急。河东岸有公路沿河通过。

（六七）长蹇子古砭道（长仟子老路）

此地行政区划巫溪县白鹿区神机坪。中心地理坐标海拔高程 328 米。

此为东溪河右岸的一段石砭道，南距檀木坪约 600 米。此地西岸山嘴凸出，山势颇为陡峭。山脚近河，高于河面 5 米处，开凿有砭道一段。道路长约 100 米，最宽处约有 1.5 米。由于石质破碎，经流水冲击与自然风化，有些地段道路已经不存。砭道向南似还有延伸。道路时代不详，当地老年人已经不知其地为路。

此处河谷宽 20 多米，右岸山崖尤为陡直。左岸公路从古道下方通过。

（六八）神机坪老街（神基坪、神麂坪）

此为大宁河古道间的一处村镇，行政区划隶属于巫溪县白鹿区神机坪。中心海拔高程 340 米。

此地为东溪河左岸古道上的一重要集镇。此处镇子的形成，一是因山上有煤矿，居住大量外来人口；二是此处为水陆码头，由船运煤至宁厂，带盐与百货归来，也是批发盐与百货之地。当年所营百货多是汉口货，非常时髦，以鄂陕两地人为经营对象。其最盛时为清末至民国，一时号称巫溪县中仅次于宁厂的繁华街镇。其地街道高于西侧公路 9 米左右，高于河谷约 15 米。街呈长条形，沿河谷分布，长约 300 米，两侧皆为民居，中间为一条曲折石铺道路，路宽约 1.4～1.55 米。此街亦系古代盐路，两侧过去多店铺，今仅存四五家小店。民居多已改建，但其中存有数座百年以上的老式建筑，如街中王家宅。其东侧小山上还存有石建小寨一处，为旧时躲避兵匪所用。向东有古道可通至湖北，但道路不宽。

此处山势较平缓，河流两岸皆分布有房舍，以左岸为主，中建有一座新索桥连接两岸。老街地处檀木坪乡神机坪村的山坡上，下有公路通过，今居民渐渐将房屋迁建于公路两旁。街道两端与古道相接，但不远即中断不能通行。

河谷中多大石，石上有几处人工开凿之孔，或曰筑房支脚孔，或曰拴船立桩孔，其中也有栈桥孔。河对面高山上有古煤矿，通往煤矿的道路险峻，有石槽道。

据当地老人称，过去此处往来于宁厂的大船有 15 米长。一般都说大宁河只能通航至此处，其实水大时节，小船还可沿河上溯，直达乌龙。

（六九）神机坪南栈桥柱孔

此地行政区划隶属于巫溪县白鹿区神机坪。起点、终点沟通东溪河东西两岸。

此为东溪河上一处古栈桥遗址，地处神机坪索桥下游 80 米处的河面巨石上。东岸水边两块大石上各存一大圆柱孔，直径约 22 厘米。西岸水边有对应两块大石，但仅南侧一石上存有一圆孔，孔径 18～20 厘米。当地老者皆不知为何时所凿，亦不知其用途。同时，此处上下游百米内，还有许多河中巨石。上有大小柱孔，但多无规律。神机坪旧时多船，处处有船泊停位，或系用来立柱拴船。

此处山势较平缓，河流水面宽 10～20 米。两岸山坡平缓，皆分布有房舍。老街地处其北河东之山坡上，下有公路通过。

（七〇）神机坪北栈桥柱孔

此地行政区划隶属于巫溪县白鹿区神机坪。海拔高程 330 米。

在神机坪村北，索桥上游 200 米的河道中，东侧河滩分布有巨石，上存一对立桩大孔，间距 4 米，孔径约 22 厘米。柱孔被沙石淤塞，深度不详。河对岸下游巨石上亦开凿有大孔，间距与孔径同东岸，但两组石孔相距约有 20 米，疑其间还有一组石孔，已在清理河道时被毁。

此处为山势开阔的河谷，北为峡谷，东岸古道下方有公路通过。

（七一）神机坪崖墓

此为一处古代崖墓，行政区划隶属于巫溪县白鹿区神机坪。高程海拔 485 米。

崖墓位于神机坪村北 200 米的东溪河西岸，距离索桥上游约 400 米处，仅存一孔，高出河谷 200 米，距离河谷约 130 米。崖墓凿于高 10 多米的石壁处，墓口前为缓坡，长满草木。墓口为平底圆顶，底宽约 1 米，顶高约 1.3 米。内部情况不详。根据调查经验，此类易于接近为崖墓，内部一般都空无一物。据当地老乡说，清代和民国时期神机坪煤矿生意兴隆，川陕及两湖的贫民都来这里找活儿干，无处安身者，有的就在古墓中居住。

（七二）神机坪古煤矿

此为一处古代采煤遗址，行政区划隶属于巫溪县白鹿区神机坪。

矿区皆大山峻岭，河谷西侧 3 公里处黑包山头海拔达 2121 米，而河谷处海拔仅 340 米，山势坡降极大。

此为东溪河右岸古煤矿址，旧时称煤窿，主要供大宁厂制盐使用，后亦供居民生活之用。其主产地有两处，一处于神机坪西北 2 公里的高山之后的橙子岩一带，海拔在 1300 米以上。有一条运煤古道自神机坪南的东溪河右岸（西岸）河边盘旋上山，曲折通往矿区。此矿一直沿用至 1949 年以后，古道亦被加宽改造，但山上尚存有旧时专用运煤车所留两道石车辙，甚深。此次未能深入调查。对面山上高处，亦凿有一石槽道，但村人说为近代所开，是拉煤用的道路。另一处位于橙子岩北茅青湾的大沟南坡，海拔约 850 米，旁有现代建筑。

民间皆传说煤矿已经有五百年的开采史。据新《巫溪县志》称，煤矿始采于清嘉庆年间（1796～1820 年），道光元年（1821 年）开始用于煎盐，"岁值巨万"。抗日战争时期，厂商有三十多家。至 1949 年前，年产量已减少，但尚有 1.6 万吨。1949 年以后，易溪发电厂和巫溪县城都曾用其处所产之煤。近年因设备落后而关闭。

（七三）白鹿溪镇

此为古道上一大古镇，也称白鹿镇，行政区划隶属于巫溪县白鹿区白鹿镇，区政府不设在此，而设在其北的徐家坪。中心地海拔高程 378 米（图 78）。

白鹿镇为宁河古道上一处重要市镇，此地盛产腊肉。民间传说，古时一白鹿在此被猎人发现，追至宁厂而发现盐泉，故名其地为白鹿。白鹿镇河西山陡，少人居住。河东山缓，建筑大部分位于东溪河左岸（东岸），古道亦从东岸通过。旧时镇中店铺民居皆夹道而建。古道与街道共用，这也是山区常见的现象。古道后扩为公路，无复旧时道路面貌。店子河是东溪河左岸的一条小河，在镇中部注入东溪河。从大道沿店子河可通往湖北，是古道的支道之一。据当地老人回忆，旧时街道一般宽约 3 米，用石板铺砌。

此处为交通要道，过往客商甚多。20 世纪二三十年代，镇上有旅栈三十家。此外，还有大量的店铺、饭馆、货栈等，做生意的较当时的县城城厢镇还多。今镇南北各架有小桥通往西岸，北部为索桥，南部为简易水泥桥。

两岸山势稍平缓，东溪河河谷一般宽 80 米。北部河谷较窄，镇北白鹿索桥长 60 米。古道原自街道通过，今拓宽为公路。镇中道路一般高于河谷底 6～10 米。

（七四）白鹿溪崖墓

此为道旁的一群古代墓葬，行政区划隶属于巫溪县白鹿区白鹿镇。海拔高程 400 米。

崖墓位于白鹿镇北端的东溪河西岸，河东即为公路。河谷宽约 70 米，海拔 376 米。崖墓分布于海拔 386～425 米间。此处为岩层破碎带，崖墓即开凿于乱石壁上。

图 78 白鹿溪镇

崖墓共两组，北侧一组位于一小山崖上。小山崖高出河面约 50 米。其绝壁高约 30 米，向河壁面上存有七八窟，有分布在崖底部者，亦有分布在壁中部者。崖墓低者高于河面 10 多米，墓口平底圆顶，较一般崖墓要大，底宽约 1.2 米，顶高约 1.4~1.8 米。崖下有居民建筑数座。南侧一组与北组相距 60 米左右，共发现三窟，分布在比北组高一些的石壁底部。墓口亦为平底圆顶，底宽约 1 米，顶高约 1.3 米。

此批崖窟形式与一般所见不尽相同，开口较大。根据多次调查，也有人说是旧时用来躲避土匪的，也许后说更可信一些。旧时大镇中多富家大户，常为匪患所苦。为了逃避土匪，多在村镇旁高山险地建筑堡寨，一有警讯，立即携家人细软入寨自保。这里的石洞，如不是古崖墓，可能也具备此类功能。但南侧一组，洞口距离地面不高，洞前地势平缓，实无险可守，所以还是应将其定为崖墓。

(七五) 徐家坪镇

此镇为巫溪县北一大行政中心，白鹿区政府驻地，行政区划隶属于巫溪县白鹿区徐家坝社区。镇中心海拔高程 410 米。

徐家坪为巫溪北境山谷中一大镇，也叫徐家坝。其实为一山间小盆地，南有东溪河七蟒峡孔道通往下游。自渝、陕、鄂三省市交界处的鸡心岭，南入铜罐沟，下至谷底，即达大宁河上游东溪河岸边。徐家坪位于铜罐沟口东南 8 公里处，今街道很长，约有 1800 米，古道旧从街中通过。今公路自街道通过，街道比河谷高出不多。街道多新建筑，颇为繁华，是巫溪北部最重要的集镇。向南出镇后 200 米河右岸水边巨石上存有两石窝，口为圆形，但是其呈上下排列，不像栈道。

其南侧即是七蟒峡，周环群山，为一山间盆地。镇建于东溪河左岸（东岸），东溪河自镇西南流，入七蟒峡。镇上游河谷较宽，一般在 200 米左右。据《大宁县志》所引《蜀水考》云："巫溪，源出陕西平利县南山中，南过大宁县，北受胡歧水。又南，受泥溪；又南，过骑马峡；又西南，受白露溪。"[54] 其中骑马峡即今七蟒峡，白露溪即今白鹿溪，故此中所说泥溪，当指徐家坪北自东所来注入东溪河之一水，其上今建有一桥，可能今地名易溪者就是古人所说的"泥溪"。

徐家坪旧时亦有古道通往湖北竹山，因地处路口，故日渐兴旺。

（七六）猫子峡南栈（猫儿峡）

此为在大宁河上游东溪河猫子峡发现的一段古栈道，行政区划隶属于巫溪县白鹿区徐家坪。中心地理坐标为东经 109°35′23″，北纬 31°40′02″，海拔高程 472 米。

栈道孔位于猫子峡下游 100 米处的东溪河右岸的石壁上，仅发现三孔，皆为小型方栈孔。其中保存最好者口部边长约 10 厘米。孔距约 1.5 米，呈水平排列，高于地表 1.5 米。此处栈孔尺寸甚小，用途不详。其上部似乎还存有稍大孔口的栈孔两孔。与之同处河谷右岸的猫子峡南口一带有道路遗迹。

东溪河中游多小峡谷。此栈道位于猫儿峡谷南口，河谷在此展宽，约有 80 米。栈道对岸有公路通过。

（七七）铜罐沟口（观音峡）

此为一小峡谷，大宁河古道行经其间，行政区划隶属于巫溪县白鹿区龙泉乡塘垭村。中心地理坐标为东经 109°35′23″，北纬 31°40′00″。

铜罐沟口外有一小村，名曰塘垭。自此而北，沿铜罐沟入山上坡，可直达渝、鄂、陕三省市交界处的鸡心岭。自此向南，沿宁河支流东溪河岸而行，道路较为平缓。故沟口成为行人休息整顿之处。旧多店铺，尤其是饭店与脚店为多。沟口内有 300 米一段为峡谷，名观音峡。峡谷狭窄幽深，水急石滑，谷底最窄处仅 5 米，宽者亦不过 10 多米。两岸绝壁直上，仰视仅见一线天。入峡一里路间，路险难行，故有时行人避行此道，改从谷口内下梁桥村（今学校处）南折，翻越猫儿山从峡口南下至东溪河谷。猫儿山旧道至今犹存。

其南为东溪河，两岸皆山。北有一狭窄谷口，为通往陕西、湖北必经之道铜罐沟入口处。

---

〔54〕《中国地方志集成·光绪大宁县志》卷一"地理"，巴蜀书社、江苏古籍出版社、上海书店，1992 年据光绪十二年（1886 年）刻本影印。

今其处有民营小煤矿一，尚在生产，污染严重。谷中有小溪流流出。峡谷内为一小盆地，有稻田数亩，竹林民居，环绕其旁。铜罐沟谷口内数公里间修有简易公路。

（七八）猫儿山间道

此为一段与正道并行的道路，行政区划隶属于巫溪县白鹿区龙泉乡金坪村。最高点海拔高程 775 米。

道路起自谷口内 1 公里的下梁桥村今学校处，终于猫子峡下口。

猫儿山间道是铜罐沟口处的一条小道。旧时因铜罐沟口道路险峻，水急路滑。同时，从铜罐沟出沟后向下游方向还要经过一处名为猫子峡的险道，故古时又于铜罐谷口内峡谷上口的南侧，别开一山道，向东南方越翻上高出路面约 300 米高的猫儿山，从山上折下，抄到猫子峡下游归于正路，避开了铜罐沟口与猫子峡两处峡谷。一说旧时沟口有征税关卡，人们从猫儿山逃税，故别开一道。此道自铜罐沟内上山至从山坡下至东溪河谷的猫子峡下口，长约 1.8 公里，皆为土石路。今猫儿山旧道犹存，尚可通行。

猫儿山为一山势较缓的小山，道路翻越一海拔 775 米的小山垭。

（七九）川心店

川心店，也有称穿心店者，是川渝古道上最有特色的民间客栈。旧时道路旁边分布甚多，即便深山野沟，也有此种店的踪迹。故有川心店名者，多位于古代道路上。但现在因古道行人稀少，多已关闭。此次调查的川心店位于铜罐沟中，行政区划隶属于巫溪县徐家坝金坪村。海拔高程 535 米。

此店距铜罐沟口约 2.5 公里，俗称七里。此地为山区溪边一处小坪，周围地势较平缓，店房后有一棵枝叶浓密的古树。店房为木构，面阔四间，有百十年历史。房屋宽阔高大，屋檐很宽，人多时檐下也可住人。雨雪天气，路人可在此暂避。此建筑主人姓夏，旧时生意很好，收入颇丰。主人家也居于其内，店临大路，前有小窗，亦可开窗卖货。

铜罐沟内的古道昔时行人往来不断，有时夜晚也有成群结队的行人，商贩背夫沿线食宿，皆赖路边此类店铺，随时可以住宿吃饭。一般是食宿皆管，有的店还兼作货栈与交易场地，经营山货盐巴。川心店价格比较便宜，近在路旁，其性质如同现代公路旁发展起的"司机之家"，故此深受过路客人欢迎。有些常常光顾的老客，与店家关系可长达几十年。此类途中小店一般通称为川心店。大宁河古道沿途川心店甚多，沿铜罐沟大路许多人家都曾是店，大多数客人都是穷苦背盐者。

其上游不远古道旁还有一家，主人也开过店，旧店石柱础雕有花纹，很考究。据说，房舍当年也很高大。

（八〇）铜罐沟栈道（石窝窝）

此地行政区划隶属于巫溪县徐家镇金坪村。中心为东经 109°35′10″，北纬 31°42′47″。海拔高程 1100 米。

峡谷两端皆为石砭道或土石道。

在峡左岸（南岸）石壁上发现三栈孔，皆为中型方栈孔，其中东西两孔已经残破。保存最好者为中孔，孔口部边长约 18 厘米，深 20 厘米。孔距 1.1~1.4 米，高距今通行道路地表 1.2 米，排列情况向上游稍升高。

铜罐沟中有四五道小峡谷。从三岔起，自上向下第二道峡谷中存有栈道遗址，其地上距三岔约 1.5 公里，距铜罐沟山口约 14 公里。此峡谷长约 20 米，最窄处宽 8~10 米。谷底多乱石，乱石间溪流不绝。谷底道路上游高、下游低，有一定的坡度。

（八一）三岔

三岔是一路口的名字，也兼作地名，行政区划隶属于巫溪县徐家镇金坪村。中心海拔高程 1250 米。

三岔为铜罐沟中一处两水交汇处，有民房数座，旧时多为供路人食宿的店铺。沟中道路沿沟溪行走，故道路在此亦沿两条溪水一分为二，形成三岔。此地向南出铜罐沟至川渝，向北沿右沟上行至鸡心岭南垭翻山至湖北，向左沿沟上行至三省交界梁垭翻山可通陕西，故名三岔。道路多为土石路，少数地段为人工开凿的石砭道或石阶。旧路据说宽一些，今路一般宽 0.5~1 米。

此地四周皆大山，林木茂密。三岔地处山谷最底部，天窄地小，沟中为小溪，流水不断，道路从溪水中通过。溪水平日不大，三五步即可通过，水中设有跳石，供行人落脚，以免涉水之苦。

（八二）鸡心岭南垭（牛车垭子）

此为一古路所经山口，巫溪县徐家镇金坪村与湖北省竹溪县罗家坪村交界于此。中心地理坐标为东经 109°35′11″，北纬 31°43′29″，海拔高程 1552 米。

鸡心岭是大巴山的一段，主峰海拔 1763.2 米，为此地最高峰。主峰东侧有山垭数处。此垭名牛车垭子，位于其东南 1 公里处，海拔高程为 1552.2 米。山垭为当地人称呼，实为现代地理学中所说山脊的鞍部。因鞍部在山脊上处于低洼处，古道往往选择此种地形穿越。从考察情况看，今公路与古道均从此穿越。山垭两侧为下坡道路，此处向北古道犹存。古道在今公路的北侧，经野猪峡达陕西。向南古道顺一山谷左侧下山，至三岔，出铜罐沟，至徐家坪，南至巫山巴渝。

此地向北东行可入湖北，实为三省交界，系古道咽喉之地。山岭北侧道路稍缓，南侧则较陡。发现的古道多为土石路，因多年荒废，一般仅宽 0.5~1 米。此山大多无林木，唯有乱草、荆棘与灌木。

沿山梁向北还有一山垭，为鸡心岭北垭，有三省交界碑，亦有古道通过，当与此并行。古道在梁顶部分已经开辟为公路。公路未开通前，垭上有数户人家卖茶、卖饭。这也是一自古通行的大道。

山梁上今建有标志性水泥牌坊一座，上有修建公路记事碑。公路从牌坊下通过。

（八三）鸡心岭北垭

此为一越岭山口。行政区划隶属于巫溪县徐家镇金坪村，与陕西省镇坪县瓦子坪村交界。中心地理坐标为东经 109°34′44″，北纬 31°43′36″，海拔高程 1650 米。

道路通过山梁，自梁脊向南下沟至巫溪县徐家镇金坪村的三岔，向北下观音沟可至镇坪县瓦子坪村观音桥。此处山梁平缓，今有小民房一间，两坡皆为草坪并有小树林。道路已经荒废，今道宽约 0.5 米，皆为土石道。此处有 1949 年后新立的三省交界碑。

此为古代镇坪通往巫溪的道路，后改道由南侧的牛车垭子越梁行走。

第四节　宁厂

（一）宁厂镇（大宁厂）

此为当地一生产泉盐的古镇，古书多称作大宁场，行政区划隶属于巫溪县宁厂镇。镇中心海拔高程 235 米。

街道一般宽 2 米左右，南北岸道路皆沿河岸分布，一半为店铺房舍，一半临河，亦路亦堤，号为半边街（图 79）。

河的南北皆为高山，山坡陡峻，河谷宽 80～100 米，两岸几乎没有平地可耕。居民所建房屋，一般都是凿山取平及筑建石堤挤占河道而为。

宁厂镇位于后溪河口内南北两岸，以南岸为主街，分为衡家涧、张家涧等几段，河北近后溪河口处有陕西街。今镇全长约 1.5 公里，两岸房屋密布，有盐泉、残破庙宇、大量旧民居及旧式盐厂和众多古码头。后溪河口北岸为陕西街，南岸为麻柳树，南岸衡家涧、张家涧一带建筑较密集，是古镇的中心。

此地至少在汉时已经开采盐水。据史料记载，此处一直盐业发达，并形成一大山区市镇。唐代元和年间（公元 806～820 年），三峡一带生产的盐称为峡内盐，时峡内有煎盐五监，此处当为一监[55]。宋为江禹镇，明为袁溪镇，设有大宁县大宁监盐课司[56]，清中叶后改为大宁厂，制盐、运输、商业均极兴盛。清初盐业达到巅峰，有盐灶三百三十六处，皆燃以柴。清代至民国最盛时有运输船只六百艘，河汉泊满，泊位十分紧张。河面上架有许多道引盐水的竹笕，清

---

〔55〕《唐会要》卷八十七"转运盐铁总叙"。
〔56〕《明会典》卷三十五"户部·盐法一"。

图 79　宁厂镇老建筑

人诗称："千竿匀溜竹成涧，万灶勤烧水作田。"[57] 此地外来人口众多，仅客栈就有六十余处。此外，还有庙宇多处，戏楼茶馆、百业帮会、赌场妓院等繁华超过县城。山上则有罗汉洞、宝源古寺等。1949 年后，盐业稍衰。近年因制盐停止，已经衰败，渐渐向旅游城镇发展。

　　盐业自古是官方控制的财源。《明会典》曰："国朝盐课……其利甚博，然必私盐禁严而后官盐流通。"[58] 故此地也有设官署，对盐业生产买卖进行监管。

（二）宁厂盐泉

　　此为一著名天然盐泉，是古代当地最重要的矿产资源，有两千年以上开发历史，年溢出泉盐 1.6 万吨，行政区划隶属于巫溪县宁厂镇盐源社区。其位于后溪河口以上 2.5 公里处的北岸，宝源山南麓。地理坐标为东经 109°36′29″，北纬 31°27′56″。泉口海拔 240 米，泉下盐池海拔 235 米（图 80）。

　　泉北皆为高山，山坡陡峻。河谷宽约 80 米，两岸几乎没有耕地。今泉前建有公路，由东向西通过。

　　今泉出自一高出路面约 5 米的岩洞中，古或称白鹿泉。出泉洞口1949年后经盐厂人工扩

〔57〕《中国地方志集成·光绪大宁县志》卷八"艺文"闵文钊诗，巴蜀书社、江苏古籍出版社、上海书店，1992 年据光绪十二年（1886 年）刻本影印。
〔58〕《明会典》卷三十五"户部·盐法一"。

图 80　宁厂盐池外泻的盐泉

大，径约 1.4 米，深 50 米以上。泉水流量甚大，涌流不绝，水带咸味，随季节有浓淡变化。盐泉出洞后，落入水源下的三角形小池中，池边长约 2 米。池下有一石雕龙头，龙头向南，张口含珠，高约 0.5 米，长 0.5 米，宽 0.43 米。旧时盐泉落入三角池后，再由龙口喷出，流至下池。龙口所含石珠会随流水转动，故此池在清时也称龙池。现龙头已坏，不复由口中喷水。泉源与上下池及分水装置上建有木屋三间，但已是断壁残垣。

　　下池较大，水面稍平静，池外横有带孔长栏以分盐水，上有分水孔六十九孔，昔时用竹笕由此引盐水入各户煎盐。据文献记载，此种分水方式始创于宋代。清道光《夔州府志》云："《朝野杂金》：大宁之开咸泉，出于山窦间，有如飞瀑，民间分而引之。《方舆胜览》：雷说，淳化中知大宁监，见人户汲泉，强弱相凌，多抵于讼，乃于穴旁建为石池以潴之。外设横板，三十窍，承以修竹为之笕筒。"[59]

　　亦有说原分水木栏，上有三十八眼，历代相沿。至清雍正初年，改为六十八孔铁板。后至 1925 年专门从汉口加工分水铁板运回，板长 10.1 米，增为六十九孔，多一孔之收入为管理等支出。每孔皆可出水，孔中套有铁管，管内径 1.5 厘米，尺度精密，分水公正。今板上孔中内亦有无铁管者，其孔 3 厘米，疑为铁管已失。此系历史上因各盐户争水聚讼，公平分配盐水资

〔59〕《中国地方志集成·道光夔州府志》卷六"山水志"，巴蜀书社、江苏古籍出版社、上海书店，1992 年据道光七年（1827 年）刻本影印。

源而设的分水装置。现铁板之上还平行置有一木板，板上凿有多处半圆形槽，系 1949 年后盐厂各车间仿古人分水所建。

明正德《夔州府志》云："宝山，在县北二十五里，半山石穴出泉如瀑，即咸泉。"又"白鹿井，在县北二十五里宝山下，即盐井。"[60] 清道光《夔州府志》云："宝源山，在县北三十五里，旧名宝山，《府志》作宝泉山。气象盘蔚，大宁诸山，此独雄峻。上有牡丹、芍药、兰蕙。山有石穴，出泉如瀑，即盐泉也。"[61] 清道光《夔州府志》云："白鹿盐泉，在县北三十五里宝源山麓。相传有袁氏逐白鹿，至此得盐泉，故名。"[62] 鹿与盐的传说，并非空穴来风。据《辽史·营卫志》记："每岁车驾至，皇族而下分布泺水侧。伺夜将半，鹿饮盐水，令猎人吹角效鹿鸣，既集而射之，谓之'舐碱鹿'，又名'呼鹿'。"宁河发现盐泉亦可能因动物而起。宁厂明代称为袁溪镇，大约也与传说中的袁姓猎人有关。

光绪《大宁县志》卷一"古迹"记泉旁前人题刻："白鹿咸泉，镌'龙池'，石崖上纪'嘉靖乙卯年'。右边石上镌曰'黄金玉洞'；左边石上镌'宝源天产，崇祯甲辰关中张惟在题'"[63]。

池旁原建有龙君庙，已毁。今存有一庙碑，置于县文化馆。另泉上东侧宝源山坡有古宝源寺遗址，其地未能探寻。

此泉传说已经开发三千年，至少在汉代已经开采盐水。据史料记载，此处一直盐业发达，并形成一大山区市镇。古人称，宁厂生产盛时，火光冲天，烟雾弥漫，所谓"黄昏失候白昼晦，天地失色神鬼惊"。

晋人左思《蜀都赋》中曾提到该地区。其文曰："于东则左绵巴中，百濮所充。……滨以盐池……潜龙盘于沮泽，应鸣鼓而兴雨。"李善注曰："盐池，出巴东北井县，水出地，如泉涌，可煮以为盐。"[64]《太平寰宇记》云："土人以竹引泉，置锅煮盐。"[65] 宋时年产量"一百九十五万余斤。"[66] 此处的盐业一直受官府控制。《四川通志·盐法》云：崇宁"四年，梓遂夔绵汉大宁等盐，仍旧鬻于蜀。唯禁侵解池盐"[67]。宋代还在其南门洞一带设大宁监，专门管理盐业。清初，李自成残部曾占领此地，以盐为经济力量，坚持抗清多年。据说，宁厂现存的女儿寨、桃花寨两处山寨都是清初其部所建。

1949 年后，盐厂尚进行生产，直至 90 年代各制盐车间才停工。今盐水无用，排入河中。

〔60〕《天一阁藏明代方志选刊·正德夔州府志》卷三"山川"，上海古籍书店，1961 年影印。

〔61〕《中国地方志集成·道光夔州府志》卷六"山水志"，巴蜀书社、江苏古籍出版社、上海书店，1992 年据道光七年（1827 年）刻本影印。

〔62〕《中国地方志集成·道光夔州府志》卷六"山水志"，巴蜀书社、江苏古籍出版社、上海书店，1992 年据道光七年（1827 年）刻本影印。

〔63〕《中国地方志集成·光绪大宁县志》卷一"古迹"，巴蜀书社、江苏古籍出版社、上海书店，1992 年据光绪十二年（1886 年）刻本影印。

〔64〕《文选》第五卷，岳麓书社，1995 年，上册，15 页。

〔65〕《太平寰宇记》卷一百四十八"夔州"条下。

〔66〕《中国地方志集成·光绪大宁县志》卷八"轶事"引《文献通考》，巴蜀书社、江苏古籍出版社、上海书店，1992 年据光绪十二年（1886 年）刻本影印。

〔67〕《四川通志》卷十八"盐法"。

其址现为县级文物保护单位。

（三）盐泉引水石槽

涌出盐泉的洞口左右两侧石壁开凿有引水石槽，石槽高于公路路面 5 米，显然所引是分水前的泉水。向东者为 1949 年后引往东侧北岸制盐车间所开，向西者疑为古水槽，引盐水过河所用。两侧石槽现均已废弃不用。今泉水洞口西侧不远的石壁上尚存有石孔，也许是架设管道所用。

据史料记载，宋代已在泉下设分水栏板分水，历代相沿，故此处分水板上游的引水石槽，有可能是宋代之前的引水遗址。

（四）龙君庙碑

龙君庙原建于盐泉之旁，位于上游方向，原建筑有山门、正殿。庙中供奉龙君、火神、财神、观音，每年六月十三日为龙君会。庙已毁。今存有一庙碑，碑文为明人毛寿奇撰。现将碑文抄录如下：

> 大宁场龙君庙碑记。龙君庙，创自汉代，相传猎者见一白鹿而逐之，遂得盐泉，始庙祀焉。所谓龙君者凡五，位号襃懿，不可得而稽考。大概国家财赋之所出，民生食用之所利，自有为之主宰者在。昔井灶殷繁，商贾辐辏，春秋粢盛，丰洁倍恒。盖木猴之会，渊滨邱夷，泉源虚掷，祀典废弛。自岐侯贺公建节兹土，招徕抚集，百堵皆作。籍什一之赋而民租减，革盐法之弊而税课蠲。诸如虑民之病涉也，则造梁以济之；怯神之匮祀也，则捐赀以享之。出则以勤王灭虏为事，入则以课农练兵为本。犹谓盐泉为储备所基，庙祀不丰而傍多秽杂，乃远其居民，焕建牌坊。越辛丑岁，复增其旧制，创阁于前，俾湮祀馨香，为宁场游览之盛。宜神之降福遐远，开异时恢廓之地也。盖公之心，视天下如一家，视朝廷如一身，故保黔首如赤子，奉神明如父母，所谓成民而致力于神者，公之谓也。昔管子治齐，谨盐策之数而致富强。攘夷尊周，桓公用霸。公效而则之，扩而充之，旦暮遇之矣。予嘉公之行事，遂镌石以传不朽。

此碑叙述了盐泉与龙君庙的历史和明代盐厂的生产情况。碑中记明建有牌坊与庙阁。

（五）输盐栈孔

此为传统的输盐水栈道遗址，行政区划隶属于宁厂镇盐源社区。

传为运输盐水安装管道专门架设栈道时所凿。存有两处，一处其地在盐泉下游 100 米处的后溪河北岸临河石壁上，分布长度 35～40 米。栈孔繁密，无规律，高孔距水面 8 米，低孔近于水面，共计六十余孔。孔有方圆两种，大小也差异较大，大约各家所凿自有规格。据宁厂老人黄沐德说，旧时各家架竹筧引盐水，即在孔中插入杉木棒，上架竹管，引入各灶煮盐。

另外，在盐泉西侧的石砌堤岸上，保存有水平分布的石栈一排。这些石栈系建石堤时砌入内部的方形石条，一半出露于外，上边也是旧时架设盐水竹筧处。民国时期的一些照片上尚存其架管的情形。

（六）其他输盐栈孔

另在盐泉下游 600 米处北岸，也发现有此类栈孔。此地行政区划隶属宁厂镇盐源社区。

北岸一处高约 5 米的石壁上存有八孔，八孔中含有一方孔正下方与之配合的圆形立孔。这些石孔亦有方有圆，大小不等，排列无序。如一小方孔深 12 厘米，边长 15 厘米；一大方孔深 14 厘米，边长 19～20 厘米。另外，还有一扁圆孔，横径 20 厘米，竖径 17 厘米，深 19 厘米。更有呈马蹄形口者，内部收为圆底，且小于孔口，孔径 10 厘米左右。这些石孔都是为架设输盐水竹笕而凿。过去北岸石壁上尽是此类孔洞，各家管道交错。1985 年修公路时大部分都被破坏，只留存下来一小部分。

此类栈孔一般甚浅，孔形亦无统一规范，与大宁河栈道之栈孔相比，承重能力较小。

（七）古盐井池

此地行政区划隶属于巫溪县宁厂镇盐源社区，井池底部海拔高程约 225 米。

古盐井池发现两处，皆位于宁厂镇盐泉下游 35 米处的石堤下部河岸。一处系人工依河岸岩石上开凿的圆形石井。石井今残破，临河一侧的井壁已经不存，仅存有北侧部分井壁。井直径约 3 米，深约 4.5 米，直壁平底，底部较河面略高。据当地老人称，盐泉分水后，尚有渗漏。旧时于河边开井，井口有石槽与盐泉外池相通，将盐泉六十九孔引盐水管之外的渗漏盐水导入此井，用桶汲取出售，收益归公。此井旁上游相邻处还存一圆形井底，亦为在河边岩石上凿出，直径约有 4 米。北侧为石堤覆压，井壁亦残破，仅高 0.3 米。内底有一圆阶，宽约 0.5 米。阶下为一圆坑，有河卵石覆盖，深度不详，当在 0.3 米之上。此井北侧为河岸石堤所压，时代当亦不晚。此二井用途相同而时代不同，足见当年盐泉资源之珍贵与盐泉水源利用率之高。一说原井壁向河面有孔，其井底高于河面，可以将盐水引到船上，其说亦有可能。

盐井池东侧石岸上分布有桩孔群，皆为立桩孔，呈圆形，直径 20 厘米左右。孔的排列看不出规律，也许是历代开凿形成。这些桩孔当与竹笕引盐水过河工程相关。旧时河南许多盐户都从河北岸引水过河。

（八）盐池

此地行政区划隶属宁厂镇盐源社区。

旧时盐户都设有盐池，以蓄盐水，今多废弃。后溪河北岸发现两处。一处盐池位于后溪河北岸秦兴文宅东，在盐泉上游 400 米处，今公路从河谷与盐池间穿过。盐池系在山脚岩石中凿出的大方坑，东西长近 10 米，南北宽约 5 米。近河一面残破，深度在 3～4 米。池底部尚存垃圾，深度可能还要大于上面的数字。该池上口与公路平齐，高于河面 4～5 米。另一处位于宁厂东侧索桥北岸，也是在山前路旁凿出，尺寸与前池相比略小。

另外，还有两池位于盐泉对岸，即后溪河南岸，系 1949 年后为存储盐水而建的巨型水池。

这两池在改建前，其地也有古盐池，用竹笕引盐水过河。河上架有专用桥梁。1949年后这些引水桥梁尚存。

旧时引盐水过河用竹筒相接，名曰竹笕，许多人都说是用竹木架高桥通过。但据清大宁县志所附图看，沿江两岸石上开凿石孔，以索相连，索下吊悬竹筒引泉过河。图上绘有五道这种结构的竹笕桥。这是向南岸输水的竹笕，北岸也有许多盐厂，均以竹笕沿河岸向东西输送。索又名篾，一笕用一篾，一年一换，以每年十月一日为准，当地居民歌舞相庆，名曰"绞篾节"。

现南岸所建有上下二池，两池间即为现代行人索桥。池依山傍河，靠山处在石上开凿，外侧池壁用石条与灰浆混合修筑。下池东西长47米，南北宽20余米，深12米之上，池壁厚4米之上。上池与下池相距约12米，面积与下池相近，只是长度略短，但甚宽。今二池均已废弃，上池空闲，下池被改为养鱼池。

（九）宁厂古码头

此为当地一传统码头，行政区划隶属于巫溪县宁厂镇衡家涧社区。

河的南北皆为高山，山坡陡峻。河谷宽约50米，几乎没有耕地。

宁厂镇位于后溪河口内南北两岸，旧时全长约3公里。两岸房屋密布，有盐泉、残破庙宇、大量旧民居及旧式盐厂和众多古码头。此码头位于南岸，年代甚早。上游有系船桩孔多个，下游有货台，中部为通岸石阶，是一标准旧式码头。

此码头历史沿革不详。但据多次改制推测，当是宁厂一年代较古老的码头（图81）。

（一〇）张家涧东码头与盐仓

此处多有码头，总数现存十处以上，主要分布在南岸，并有许多码头与盐仓相连。盖其地最盛时，有船六百余只往来，运输繁忙。河水有大小，水小则船难载重，须用仓囤，待水大时用船运输。典型的一处位于张家涧桥下游（东）250米处的后溪河南岸。此处岸高约6米，码头货台连同石阶共长30米，码头上隔路即为盐仓。此处盐仓大约建于清末民初。

（一一）衡家涧石桥

石桥行政区划隶属于巫溪县宁厂镇衡家涧社区。地理坐标为东经109°37′02″，北纬31°27′44″。

宁厂地处大山之中，沟溪众多。数里长街，经沟谷处皆架有桥梁。其中既有石拱桥，亦有石板桥。板桥中，除张家涧桥因石条断裂改为水泥板外，目前以衡家涧桥保存较好。衡家涧是后溪河南岸的一条大谷，上游河谷高陡，悬泉飞瀑层层而下，常年流水。入河口处不但是宁厂主街道所经，而且楼舍密集，往来人众，故其桥结构坚固。桥两岸以大石条砌长壁，架桥处宽2.6米。两岸各以三层大石条层层出挑，上铺架大石四条。桥面宽2米，桥高2.8米（图82）。

河南岸还有数座跨沟之桥，中有两座为拱桥，皆一跨。因疑其用水泥改砌过，故未进行深入调查。

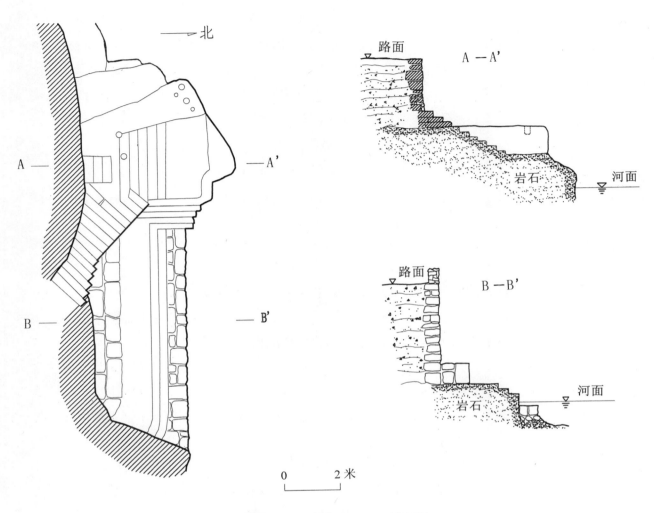

图 81　宁厂古码头平、剖面图

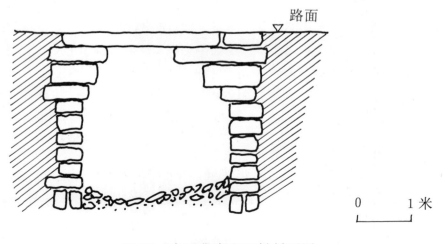

图 82　宁厂衡家涧石桥剖面图

（一二）张家涧石桥

此石桥行政区划隶属于巫溪县宁厂镇盐源社区。地理坐标为东经 109°36′34″，北纬 31°27′53″。

宁厂地处大山之中，沟溪众多。其街数里，经诸多沟谷处，上皆架有桥梁。既有石拱桥，亦有石板桥。板桥以张家涧石桥规模稍大。张家涧是后溪河南岸的一条大谷，桥两岸以大石条砌长壁，架桥处宽 3.8 米。两岸各以三层大石条层层出挑，上铺架大石四条，皆宽 2 米，高 3.3 米。十多年前，因石条断裂，桥面改为水泥板，但其余结构如旧。

（一三）鹞山崖石槽道

此为一段石槽道，又名尧山崖。此道不在大宁河古道上，为古道转至宁厂古道中的一段，位于宁厂东，后溪河口西南，行政区划隶属于巫溪县宁厂镇衡家涧社区。

道路为在临河陡崖上开凿出的一段长 40 余米的平面弯曲的石槽。石槽断面近于三角形，底高于河谷水面 5 米，路面宽 1.4～1.5 米。石壁一侧凿痕高 2 米左右，皆为细凿之痕。槽底各段不是同高，中转折处凿为石阶。此处石质为青白色沉积岩，容易开凿，也极易风化，崖下便有风化的岩屑。崖面中间内凹部分，显系崖面风化，不得不向内一步步扩凿形成。东侧道路石壁风化较轻，槽道的外侧有垒砌石块，石块的下方有一排石桩插于石壁上作为支撑。依其结构，最初应当为砭栈结合道路，因崖面不断风化而改为纯砭道。今西段槽道下部石壁所存一批栈孔状的石孔，大约就是当年的插桩石孔。

以石为栈，似以唐人所记为多，李白在《蜀道难》中就有"天梯石栈相钩连"的句子。杜甫诗中也有许多栈道资料。他的《飞仙阁》诗云："栈云阑干峻，梯石结构牢。"其中便提到石结构的栈道，推测这种以石为栈的做法，在唐以前就已经产生了。

（一四）衡家涧西码头

此码头行政区划隶属于巫溪县宁厂镇衡家涧社区，位于后溪河南岸衡家涧桥西 120 米处。此为一石阶码头，东侧为一平坦的石砌货台，宽 1～1.5 米，长约 7 米。石货台共四阶，水面以上常见两阶，另两阶淹没于水面之下。码头西侧为在一巨石上凿出的多级石阶。石阶上游处的石台上凿有桩孔多个，以备立桩系船。

（一五）宁厂输水桥

此地行政区划隶属于巫溪县宁厂镇盐源社区。

输水桥位于宁厂后溪河盐泉处的上游 40 米处。今桥跨河两岸，桥长约 55 米，高距河床 14 米左右。桥两端建有石条砌筑的桥台，下部铁双索径 25～30 毫米，由桥台中部向河外侧穿过桥，然后下折，再折向河谷穿过桥台，由一横向铁棒穿越固定。上部铁双索径 25～30 毫米，从桥台顶部穿过，固定于两岸高处，上下索间以垂直的铁索相连。两下索间则有铁棒固定支撑，以保持距离。桥面宽约 0.8 米，主要用于架设竹笕由北岸盐泉向南岸输送盐水。初建于民国，后经改建，至今沿用，引盐水入南岸盐池。宁厂古来即有架竹笕引盐水过河的习俗。据当地老人说，宁厂生产盐有千年以上历史，故引盐水过河也应有千年以上的历史。

此地亦有南岸本无盐厂之说。引盐水过河之术系宋代盐监孔嗣宗所创，自其而后，南岸亦开灶煮盐，分三十孔盐水为河北十七、河南十三之制。南岸盐灶最盛时堪与北岸抗衡。

今北岸盐泉下游二三十米处石岸尚存有一批石桩孔，均是立桩孔，孔径大小不等，分布位置亦乱，当为一处多次架设笕桥的立桩遗址。盐泉西侧石壁旧有大"牛鼻孔"，引悬索至南岸，下吊竹笕引水。这种结构的笕桥有多处。

（一六）行人索桥

此索桥行政区划隶属于巫溪县宁厂镇盐源社区。

索桥位于宁厂后溪河盐泉上游 45 米处。桥长约 55 米，宽约 1.2 米，高距河床 14 米左右。初建于 1921 年，名龙君庙铁索桥，为县境内第一座铁索桥。其地原为一处渡口，河北岸民国时设有女子学校。桥今已改建，两端建有石条砌筑的双桥台，上有吊索，下为桥索，下索径 20～25 毫米。上下索间以垂直的铁索相连，两下索间则有铁棒相固定，以保持距离。桥主要用于通行行人，至今还在使用。1919 年，于宁厂建麻柳树铁索桥。该桥 1929 年被冲毁。1931 年，复建马奔沱铁索桥，后于 1985 年修宁（厂）正（溪）路时被拆毁。南岸存有民国建桥时用于绞铁索的石滚。

宁石旧时有渡口桥梁。这里的桥梁都是季节性的木桥，冬春架高桥，春夏用低桥。低桥结构简便，洪水来临前便于拆除。即使被洪水冲走，成本也不是很大。建立索桥后，一劳永逸，不必反复拆建，给当地的生产生活带来很大便利。这座索桥曾是巫溪最先进的桥梁。

（一七）宁厂旧街道

宁厂盐业开发已有 2000 年以上的历史，与此相应，围绕其旁形成了经久不衰的繁荣市镇，号称巫溪第一热闹去处，连县城与之相比也大为不如。其主要街道位于后溪河南岸。沿河一条长街，旧时长约 3 公里，号为七里半边街，店铺林立，常年人流不绝，盐贩脚夫，船工商贾，摩肩接踵，熙熙攘攘。原皆为青石板路面，道宽一般在 1.7～2 米。多数地段内侧为居室商肆，外侧临河处设有坚固木栏。局部路段两侧皆为民居，临河一侧建有吊脚楼。河道中船只首尾相连，沿岸有许多码头上下货物。民国时期，镇上饭馆客栈、酒楼赌场应有尽有。四时八节，也有庙会赛社。1949 年后，制盐稍衰。近年盐业停歇。

河北岸近后溪河口处有陕西街。传说旧时此处盐商有陕西帮，在宁厂较有实力。陕西街对岸有麻柳树，亦为一街。麻柳树西街名盐大使署，为清乾隆二年（1737 年）所设。

现镇行政辖有东部的宁厂镇衡家涧与西部的宁厂镇盐源两个社区，主要街道尚存，有些地段还有骑楼。

（一八）宁厂方家老屋

此为当地一传统民居，行政区划隶属于巫溪县宁厂镇盐源社区。

河的南北两岸皆为高山，山坡陡峻，河谷内几乎没有耕地。北岸有公路通过。

老屋位于镇中后溪河南岸，距后溪河口约 1.8 公里，今为生产街 87 号。老屋坐南向北临河而建，向上游距离盐泉约 160 米。楼建于一石阶上，为穿斗式木构建筑，面阔三间，宽度为 13.5 米。进深四间，楼高三层，最上还有小阁楼，顶覆小青瓦。此建筑已有百余年的历史。

（一九）宁厂秦宅（秦兴文宅）

此为当地一传统民居，行政区划隶属于巫溪县宁厂镇盐源社区。中心地理坐标为东经 109° 36′13″，北纬 31°27′56″。

河的南北两岸皆为高山，山坡陡峻。河谷内几乎没有耕地。

位于镇西后溪河北岸公路边，距后溪河口约 2.4 公里，其下游 400 米为盐泉，原属六段所辖。房基高于河面约 7 米。旧时房主开有盐灶，故其房屋建筑精致。今房屋无人居住。此宅建于民国初年，为晚清流行式样。建筑系木构穿斗式结构，山墙以土石加固。房屋面阔三间，总长 13.8 米，高两层，下层高 3.2 米，顶覆小青瓦。上层左右间向前建有挑台，挑台的栏干呈圆节状。上层中间下部为一木匾，正当下层门上。匾上设六扇小窗，因雕花精美，被人购去，今已不存。下层正中间设门，左右设有花棱窗四处。

（二〇）某某庙石础

今置于后溪河口西南方养鸡场墙外临河处，行政区划隶属于巫溪县宁厂镇衡家涧社区。石础系红色岩石雕成，下为方座，边长 0.78 米，上为鼓形础，径亦为 0.78 米，连座高 0.4 米，鼓形部分高 0.25 米。底座比较粗糙，鼓形部分浮雕有一周龙纹。当地人传说此为庙中物。庙的位置即在养鸡场上方的台地。

石础原有八件，多流落在民间。另有一石础上部作八棱形，尺寸稍小，亦传为庙中物。庙早已平毁，其名不详。庙前原有戏台，今亦不存。宁厂旧时庙宇不少，当地许多帮会都依庙为基，一些庙的庙会也很热闹。从这些石础看，此处庙宇的建筑规模较大。

（二一）宁厂古堤

宁厂盐业开发已有 2000 年以上的历史，与此相应，在其上下游成了市镇。宁厂建于河谷，两岸尽为高山，一般都是利用山坡与河岸，削坡填河建成房基。河岸两侧建有大石块垒砌的长堤，是历代相沿下来的一项大工程。

这些石堤曾多次被洪水冲毁，但又多次重建。宁厂所在后溪的洪水十分暴虐，据光绪《大宁县志》记载，清代一次洪水曾高于岸上房顶，大部分建筑都被摧毁。"前水平楼后崖逼，竞无可走走屋脊"[68]。洪水过后，大部分房屋都要重建，河堤也需再次重修加高。从后溪的河堤结构看，当有数次维修。

今存南北两岸石堤长度约为 5 公里，一般高 3～5 米，堤下为河，堤上为路。其中以北岸盐泉旁的石堤最具代表性，高达 10 米，而且皆用巨大而整齐的石条砌筑，坚固异常。根据南岸一些老堤用材与打破叠压关系分析，现存石堤修筑至少可分为四期。其中第二期规模最大，沿堤桥梁也多数建于二、三期。因沿岸人家取水洗衣，故多在石堤上建有小阶通往河边。同时，此处历代皆沿堤设置许多码头与运货阶道，水路与陆路联系密切。有些石堤与岸上的人家有关，各家前的石堤结构各不相同，这又是另一种情况。

宁厂古堤一方面尽量拓展河流两岸的建筑利用面积，一方面又要为河谷保留安全的行洪通道，还要设置码头等，这其中蕴含了丰富的历史经验。

（二二）宁厂桃花寨

此为一建在山顶的古山寨遗址，行政区划隶属于巫溪县宁厂镇盐源社区。

其位于后溪河北岸一小沟的东侧，周围皆山，北侧山峰尤为高大。

桃花寨位于后溪河北岸宁厂镇西 1.5 公里处的小山峰顶，南距河岸约 250 米，东西与北侧皆高峰。中一小山孤耸，上设石寨，高于河面约 260 米。其东有一山谷。寨墙皆用当地所出的大小石块垒砌，山峻墙高，易守难攻，极为险要。寨平面大致呈长方形，分内外两重，内寨东西宽 20 米，南北长 30 米；外寨东西宽 40 米，南北长约 50 米。四面开设有寨门。此寨已有数百年历史，寨墙保存尚好，传为明末农民义军将领所筑。

（二三）宁厂女儿寨（女王寨）

此为一建在小山峰顶的古山寨，行政区划隶属于巫溪县宁厂镇盐源社区。中心地理坐标海拔高程 400 余米。

女儿寨所处地理环境为面河背山。它位于后溪河南岸宁厂镇衡家涧东 200 米处的小山峰顶，北距河岸约 280 米，高于河面约 250 米。寨是用石块垒砌，山峻墙高，易守难攻，极为险要。平面大致呈三角形，边长约 35 米，面积近千平方米。寨分内外两重，最上还设有哨台。北侧开设有两重寨门，房三间。此寨已有数百年历史，墙体保存尚好，传为明末农民义军将领贺珍所筑。

（二四）鹞山崖崖墓

此为一处墓葬结构遗迹。其位于鹞山崖槽道的西段，槽道上方的石壁上，共存两处，均为马蹄形口，底平上拱。西侧一处崖墓底部高于槽道路面 5 米，高于下部河滩 10 米，断面底宽

---

〔68〕《中国地方志集成·光绪大宁县志》卷八"艺文"所收关于癸酉年七月大水的《大水行》诗，巴蜀书社、江苏古籍出版社、上海书店，1992 年据光绪十二年（1886 年）刻本影印。

1.5 米，高与底等宽。因风化等原因，已残。仅存后壁部分，残深 0.6 米。另一处崖墓位于前述崖墓东侧 7 米处，底部高于西墓 1 米，高 1.4 米，宽 1.3 米，残深 0.4 米。其时代不详。

（二五）衡家涧崖墓群

墓群位于后溪河南岸宁厂镇衡家涧东 200 米处的河岸，高于河面约 11 米，共三窟，间距约 4 米左右，内皆空空无物。墓前建有河堤道路。崖墓口距离河堤约 10 米。最东一墓高于路面 1.7 米，平面呈长方形，深 5.5 米，宽 1.1 米，弧形顶高 1.4 米；中间一墓墓口高于路面约 2.3 米，平面呈长方形，深 4 米，宽 1.5 米，顶高 1.2 米；最西一墓为三室相并，室间壁厚 0.3~0.5 米，墓底高于路面 0.2 米。其东室最浅，深约 2.5 米，宽 1 米，弧顶高 1.8 米。中室与西室大小相近，皆宽 1.4 米，深 5 米，高 1.8 米。中室与西室在近后壁处开隧道相通，中室与东室在近口处开隧道相通。中室与东室由于内有渗流，年深日久，已在部分墓壁上生成一层钙质泉华，如同石钟乳。

据当地人说，此系人工开凿的石洞。但据其形制，应当都是崖墓。

另外，衡家涧东有一向北凸出的山嘴，其上也有类似崖墓的洞窟。这一带山体石质结构疏松，有巨石崩落，滚入河中。在河中一巨石上，有人工开凿的方槽。方槽尺度如同崖墓，应当是一处破裂后随大石滚入河中的崖墓。

第七章　栈道的相关研究

大宁河栈道规模如此宏大，又长期藏匿于深山，本身就令人称奇。关于大宁河栈道的时代和用途，历来有许多猜测，但均未得到证实。

考古调查主要是通过搜寻实物证据，结合文献与分析研究，以最大可能去认识调查对象的现状和历史。在调查过程中我们发现，大宁河栈道还有很多难以解决的问题。可以说，大宁河栈道的深入研究依然是摆在我们面前的一个重要课题。

古道路，简而言之，不过是一条道路而已，其实所涉甚多。道路所处的地理环境、沿线村镇、人流物流、道路结构、交通工具，以及历史沿革和与经济、政治、军事、文化、工程技术的关系等等，都值得研究探讨。本章仅浅涉其中一些问题，以期引起有关学者的关注，推动大宁河古道的研究深入下去。

第一节　栈道的体系梳理

由于数千年间，人类活动不断。经考古调查，发现大宁河谷的道路体系，远比此次初期设想的复杂。一段河谷中常常有两三条并行的古道遗迹，如果将其混为一体，显然不妥。但要对这些道路的时代与系统进行梳理，搞清其来龙去脉，则是一件十分繁难的工作。

经过初步研究，我们将其分为以下四类道路，即沿大宁河谷自巫山至宁厂的栈道，沿大宁河谷与其支流东溪河谷的巫溪县城至鸡心岭段古道，与巫溪县城至鸡心岭段古道平行的其他古道，以及巫溪县城至鸡心岭段古道沿线的支道。

这样的划分，只是一种初步的认识。随着研究的深入和资料的增加，上述分类也可能会发生变化。

一　巫山至宁厂的栈道

此段栈道，即人们熟知的大宁河栈道。栈道南端始自大宁河龙门峡口，沿宁河右岸至宁厂的后溪河口，总长80公里。其间凡河边陡壁，基本都分布有栈孔。栈孔的形制大致相同，间距相近。各段栈道相互呼应，可以视为同一条古道路遗存。从这一点看，这条栈道是比较单纯的，是大宁河古道中体系最清晰的一条道路。

虽然如此，这条道路还是存在一些难解之处。如其栈孔大部分为单排，但有些地段出现双排现象，这种情况出现在龙门峡、滴翠峡北部等处。这就带来一个问题，即这两排栈孔是否与前者同属一个体系呢？

多排栈孔的产生原因，一般有以下两种：一是不同时代开凿形成，二是同期修造的支撑孔或栈阁孔与栈梁孔并存形成。在调查中我们发现，大宁河下排栈孔分布最长，数量最多，应当作为主体栈道看待。出现两排栈孔时，都是在其上部出现。

带有立柱和带有斜撑的栈道遗址与平梁式结构的栈道很容易区分，立柱孔孔口应当向上，斜撑孔由于斜度大，其孔口往往呈箕形，两者都分布在栈梁孔的下部。大宁河栈道下部很少发现立柱孔遗迹，也未发现斜撑柱孔。这些都说明大宁河栈道是平梁式结构。

南部小三峡至巫溪南的庙峡一段，虽不少地段存有上下两层栈孔，但这两层栈孔，上下孔口并不对应，极有可能是两次开凿。但如是两次开凿，为什么第二次不利用第一次开凿的栈孔？同时下层栈孔是一直延续，而上层栈孔却有不少地方中断，这其中的关系，尚待深入研究。

而自巫溪县城至铜罐沟口，大宁河沿线古道的情况更为复杂。自巫山大宁河口延续过来的栈道行至宁厂突然消失，似乎与前人所说，此条栈道是专门沟通巫山至宁厂的运盐道路说法相合。然而向北数里，类似结构的栈孔再次在双溪峡右岸出现，再向北十多里，又出现于风大窿峡谷。这些栈孔忽隐忽现，令人捉摸不透。

关于南段栈道与北段古道的关系，也是一个微妙的问题。从巫溪到宁厂，上部为古道，下部为栈道，两者并行。宁厂向北，基本不见同样形式的连续分布的栈道。而从巫溪向南，也基本不见同样形式的连续分布的古道。

在本书开始，曾对此干线、支线问题先行界定，暂以大宁河沿线古道为主干道，其他道路为支线，唯有如此，才能讲清楚道路的条理脉络。但这绝非古来如是的定论，因为大宁河的上游正源，一般是以西溪河为准的。西溪河谷中也有一条大道，其间也有栈道。西溪河大道同样可以北达陕西汉水流域。今是依据明清以来认定的东溪河谷的古道为主干道，其间的分岔处就是两河口。所认定的主道，北行至东溪河的小支流铜罐沟口，即离开东溪河谷转入铜罐沟，越鸡心岭入汉水流域。东溪河谷铜罐沟口，与西溪河谷一样，还有一条古道，向上游延伸，可达陕西。这条道路也发现有栈道结构。

一条道路，其中一段可能是早期古道，另一段则是后来所改之道，个中变化，令今人难以把握。特别因宁厂是一盐业中心，四周盐贩云集，为逃税等原因，往往不循主道，另开辟出不少新路。据记载："大宁监一井，一百九十五万余斤，以给本路监。则官掌井，则土民斡鬻如故。输课听往旁境贩卖，唯不得出川峡。"[69] 仅这些盐贩踏出的道路就有不少。这些复杂的研究工作，只有留待后人来做了。

---

〔69〕《中国地方志集成·光绪大宁县志》卷八"佚事"，巴蜀书社、江苏古籍出版社、上海书店，1992年据光绪十二年（1886年）刻本影印。

二　大宁河古道

大宁河古道南自巫溪县城也可以说自庙峡北口沿大宁河谷向北，至两河口，沿宁河上游东溪河谷而行，至猫子峡北，转入铜罐沟，沿沟通至鸡心岭大梁，全长约 75 公里。由鸡心岭大梁向北，则出大宁河流域。

这条道路基本不采用栈道结构，而是大量运用垒石道、砭道或者石槽道结构。其南部巫溪至宁厂段与大宁河古栈道并行，且高于古栈道。至宁厂北，古栈道基本消失，这条道路却沿右岸继续向北延伸。

按清代地图，这条道路南段自巫溪至两河口间，行于大宁河右岸，即西岸。北段行于河谷左岸，即东岸。调查时，据当地老人称，道路向北不到两河口，从大河即渡河至后刀子村，改行东岸。但西岸还有一条道路，只是没东岸好走。所以，从大河至两河口间存有两条并行的道路。

我们推测，西岸可能为古道，后刀子村名可能是后道子之讹，后道子即新道。

大宁河古道是南北向的一条古道，不仅现公路沿其行走，其在古时也是沟通川陕的要道。沿途的城镇最古老者为巫溪与宁厂，这两处城镇可能都有两千年以上的历史。大宁河谷两岸的悬棺群，时代更能上推至春秋、战国时期。如果确认悬棺群是在大聚落存在的基础上才能产生的这一假设，则大宁河谷中这些大聚落产生的年代可以上推至春秋、战国时期。对大宁河谷一段的古遗址，此次未进行深入调查，但在庙峡南口，发现有商周时代的文化遗址，徐家坪北则出土过先秦青铜器[70]。这些都说明大宁河谷很早就有人类活动。沿河谷居民的交往，必然会形成沟通这些地点的沿河早期道路。因此，大宁河古道的历史，应当比古栈道的历史更早。

大宁河古道自古相沿至今，其间应进行过多次改建与整修。

我们仅知清代晚期曾对大宁河古道进行维修。

此道谭家墩北至猫子滩一段，行于高山坡上。据说，其下沿河是古道，因石质破碎，改道山上。而最北部的铜罐沟口，猫儿山间道则是一处并行道路，铜罐沟中，从三岔向北亦分二途，一行于南山垭越梁至陕西，一行于北山垭越梁至陕西，也算是一处并行的道路。

清人严如熤《三省山内风土杂识》说：平利县东女娲山有途经今镇坪通大宁监，又曰任河有古道[71]。早期的古道繁多，经过历史长期选择，人们从中发现了最便近的路径，从而形成主道，沿线的繁荣加之历代开凿整修，终于成为通衢要道。大宁河古道便向我们展示出一些这方面的历史踪迹。

三　大宁河谷其他古道遗迹

在大宁河古道沿线时时可以发现与之平行的其他古道遗迹。这些道路遗迹虽然长度很短，

〔70〕 此条消息由巫溪县文物管理所黎明相告。
〔71〕《陕西古代道路交通史》，人民交通出版社，1989 年，307 页所引。

但它们的出现，表明大宁河谷绝不仅有此一条古道。

如前述大河镇北的右岸，有一条与东岸古道并行的大道。但在这条大道之下，还发现有第三条道路的遗址。河谷西岸大道，高出河谷甚多，高者可达 100 米。而下部发现的道路遗迹则接近河面，其中有草鞋铺南栈与草鞋铺北栈，还有其北龙驹沱的残存石砭道。这些都说明，自大河向北，经蛇头山（古称龟头山，其上今建有大河学校），沿河谷水面之上的西岸，曾经有过一条古道。但访问当地老人，均不知此道，说明废弃已久。

在荆竹坝北至檀木坪的河谷西岸，也发现三四处古栈孔与砭道，虽然都不长，但高度相当，距离水面仅有数米。而大宁河古道却与其隔河相对，开辟于东岸的高坡，显系两条不同的道路。关于此古道，也无人能说出其时代。

古道繁杂，最典型者为风大窿峡谷。大宁河古道行经风大窿峡谷，其道路开凿于东岸半山，多以垒石道与砭道为路。而其下部则发现有栈孔与石砭道相接的另一条古道遗存。隔河的石壁，更是存有上、中、下三层栈道。这三层栈孔间隔甚远，绝非同期。一处峡谷竟然存有五条古道遗存，如果加上现代公路，则历史上至少已经产生了六条不同位置、不同高度的道路。这还不算河谷中的航道，如果加上航道，则有七途。我们还不知道数千年间，这些道路经过了多少次修复与互相变换。大宁河谷道路更替变化之复杂，由此可见一斑。

四　大宁河古道的支道

大宁河古道有众多支道，古道与支道以及宁河航道，共同构成了此地域的交通网络架。

宁河上游的支道最为发达，前边已经说过，这一区域的水系有垂直相交的特点，北部的主流河谷是南北向，支流多为东西向。大宁河干道是沿大宁河谷延伸，宁河支道则沿这些支流谷道分布。也就是说，大宁河上游的古道基本上都是行于河谷中的谷道，主要道路分布与主要河谷分布大体一致。

支道的道路结构也与干道相类，陡坡处大部分以垒石道与石砭道为主，最险峻的地方则出现栈道或槽道，平坦宽谷区域则为土石道路。道路的规模，较主道略小。

支道中也有一些盲道，即仅与主道相连而不能通往其他道路的短道。这些道路，一般都是主干道旁小沟、小河间的道路，道路也多为简易的小道。

古道沿途还有许多支线岔道。但在不同时代，干道与支道的关系也会发生变化。这些问题不是轻易便能认识的。

一般来说，大道沿线应当有一些大的城镇驿站，只要对沿线的地下遗址情况有一个大概的了解，根据两者之间的关系，这些问题或许会迎刃而解。如果机缘巧合，碰到良好的地层关系，一些道路的时代也会渐渐浮出水面。但此次只是针对现代沿线城镇展开简单调查，对于古代沿线村镇遗址的情况未能涉及。

支道中最重要的道路为西溪河古道，这条道路沿途分布着较为密集的镇子，道路的宽度也不亚于主道，在屏风崖峡与中梁都发现有较大的栈道。西溪河是大宁河上游最大的河流，也是最长的河流，应当是大宁河的主流。其向西北通向城口县，由城口县可以通至陕西汉水流域，北上可与著名的子午道相接，进入关中。因此，这条道路的重要性很值得注意，今后应当对沿线的古遗迹进行深入的考古调查。

东溪河古道也不容忽视，其向西北，也可以通至城口县，北入汉江流域。这条古道上也发现有数处栈道遗址。

白杨河古道西通开县，同时可南达奉节。其向南一路，可以说是大宁河古道的南延部分。

鱼洞溪支道东通湖北，同时可南下大昌。

前述两条道路，都起于巫溪县城，同时巫溪县城也是大宁河古道的南起点，是大宁河航道上的一大码头，处于这些道路的交汇处。这一点也奠定了巫溪在这一地域的交通枢纽地位。能长期作为县城，交通四通八达是其主要优势。

宁厂是此区域第二大交通枢纽，是盐业生产的流通中心，许多道路的发达都与此地的盐业有关。在盐业兴旺时期，谭家墩、白鹿溪、徐家坝甚至巫溪，都只能算是周边的盐业批发城镇。

主干道与支道的交汇处往往发展为小镇。

从鸡心岭至牛头店的古道，属于大宁河古道向北延伸的道路。

五　关于津渡关梁

在古道路中，津渡关梁是最重要的地方。道路通行于陆，平者可以为道，险者可以造栈，但如逢水，深不可涉，则必有津梁渡口。大水如江，难以造桥，故都是设渡。便于造桥之处，往往建有桥梁。在小沟、小溪处，可以徒涉者一般是在水中摆列石块，作为踏步。道路穿越山涧河沟，在大宁河古道上也是区别对待。小山涧用垒石道横置，有的垒石道下部设有涵洞，有的则利用垒石间和沟底的缝隙，使上游的水流渗过。有财力处则造平桥，如架设木桥，但木桥不耐久，需常常维修，更高级的是造石板桥或者石拱桥。有些河流的季节性很强，冬春水小，夏秋则水涨。这种地方就有枯水期架桥、丰水期设渡船的风俗。洪水时节，如果危险，还会停止摆渡。在巫溪一带，过去习俗是农历三月初一开渡，十月初一搭桥。

古代的渡口分私渡、官渡、义渡。所谓私渡，即与官渡相对而言。官渡为政府所设，大多设在大道渡河之处。《唐会要》记："诸津，其在京兆府河南府界者，隶都水监，外州者，隶当界州县。"[72] 官船渡人，管理严格，设施完好，修整及时。今巫山县境之南尚有官渡镇地名。私渡则不然，是私人所设，今陕西南部汉中还有一处地名叫私渡河。私渡一般是收费的渡口，当地或称此种渡口为卖渡。如清代的两河口渡就是私渡[73]。义渡由私人或民间组织出资设渡，往来不收费。我国自古以来将设义渡、修路补桥视为义举善行，大力提倡。所以，有许多桥梁、渡口都是私人所修。像奉节至白帝城间的抚军桥，便是由一当地抚军所捐。巫山至奉节间

---

〔72〕《唐会要》卷六十六"都水监"。

〔73〕《中国地方志集成·道光夔州府志》卷十二"关梁"，巴蜀书社、江苏古籍出版社、上海书店，1992 年据道光七年（1827 年）刻本影印。

的鲍公桥,传说是鲍超捐造。巫溪"相源溪石桥,龚家溪木桥,二桥相去数里,在(大宁)县北二百六十里,与万春河相连,系通城口太平之大路。嘉庆十年,刘明楚捐修"[74]。大宁河古道上的潭家墩渡也是义渡。又大宁河古道上的后溪河口"盐厂溪口渡,系盐关捐置义渡"[75]。此渡是由盐税部门所捐,这样的例子不胜枚举。

义渡的捐资者如果停止出资,则义渡还可以变为收费的私渡。所以,我们在翻阅方志时会看到某渡口,清前期为义渡,至清中期又有某官捐为义渡,就是因为中间发生了变化。

我国古代在道路要隘津渡往往设关置卡,对商旅进行管理。其中对国家门户处的关卡尤为重视,如战国时秦有函谷关,扼秦出入关大道,夜闭昼开,权贵出关也会受到检查[76]。在关口处还有收税的官吏。据《九章算术·均输》记:"今有人持米出三关,外关三而取一,中关五而取一,内关七而取一,余米五斗,问本持米几何?"[77]此人原持米十斗九升多,过了三关,仅余米五斗。《九章算术·衰分》云:"今有甲持钱五百六十,乙持钱三百五十,丙持钱一百八十,凡三人俱出关,关税百钱。"[78]带钱至关也要抽税。《九章算术》的内容主要是反映秦汉时涉及计算的社会内容,道路关卡的作用,在这里也得到反映。边防上的关卡对于战略物资的控制也发挥作用,如汉初赵佗在南越称帝,汉王朝出于军事考虑,即对其进行铁器封锁。这些措施都要通过关禁实行。

津渡与桥梁可以说是特殊的道路,而关卡则是人为设置的。

《史记·货殖列传》云:"汉兴,海内为一,开关梁,弛山泽之禁,是以富商大贾周流天下,交易之物莫不通,得其所欲。"[79]关卡管理的宽松与关税的减少,对于商业交通的发展有较大的促进作用。

关在古代也分等级,如唐时即有上、中、下三等关制。这些重要地方往往有管理的官吏和士兵等人把守,以盘查行人货物,勘验过所过照(古或名棨、传,即通行证之类)。大宁河古道上东西溪交汇处的两河口有营盘遗址,大约就是古时驻兵之所。关卡也具有维护道路安全,管理交通,疏导行旅等职责。同时有的也是征税之处,并缉拿走私逃犯等,如长江瞿塘关即是著名的水关,一般过往船只都要受到盘查和征收关税。宋设大宁盐监,在宁厂一带不仅收生产税,也收盐税。

大者曰关,小者为卡,卡也称卡子。清代大宁河古道上设有多处卡子,在后溪河口,有南北两卡。东溪河口(即风大窿),有东西两卡。其主要是用来征收盐税,打击道路上的私盐贩。

关卡设置处一般是道路必经之路,如峡口、津渡、山隘。为了防止商旅逃税与私自越关,往往破坏关卡附近的其他通道,以维护关卡的唯一通行性能。而逃税者与私渡关者则千方百计另开新途,甚至铤而走险。关禁越严,走私盐的利润也越高,走私的人越多,越是不顾一切地

〔74〕《中国地方志集成·道光夔州府志》卷十二"关梁",巴蜀书社、江苏古籍出版社、上海书店,1992年据道光七年(1827年)刻本影印。

〔75〕《中国地方志集成·道光夔州府志》卷十二"关梁",巴蜀书社、江苏古籍出版社、上海书店,1992年据道光七年(1827年)刻本影印。

〔76〕《史记·范雎蔡泽列传》所记,穰侯出关,车牛人徒,千乘有余。到关,关阅其宝器,宝器珍怪多于王室。

〔77〕《算经十书·九章算术》,辽宁教育出版社,1998年,71页。

〔78〕《算经十书·九章算术》,辽宁教育出版社,1998年,25页。

〔79〕《史记·货殖列传》,中华书局,1985年。

探寻开辟新道。如宁厂的宝源山顶，就有一条私盐小道。这条道路初为少数人夜间偷行，渐渐白天也有人走，络绎不绝，官府只好在山上增设新卡，并加强巡逻。

关卡在平时如此，在战争时期更是军事要地，为敌对双方必争之处。

在军事上往往扼关守险，断绝四周通道，以防敌军入境。这种为了军事政治目的，专门阻断破坏道路，是古今常见之事。如战国时范睢说秦昭王曰："王下兵而攻荥阳，则巩、成皋之道不通；北断太行之道，则上党之师不下。"[80]刘邦入汉中后，在谋士张良建议下，烧毁了通往汉中的栈道。三国时，魏蜀相攻，刘备派兵切断了咽喉要地马鸣阁道[81]。唐时为增收关税，"障塞天下山谷径路，禁止行人，以收商税征算"，并规定不许偷渡关津。"越度者，谓关不由门，津不由济而度者，徒一年半"[82]。同样，为了突破对方的防御，避实就虚，军事家也在战争行动中另觅小道，以迂为直，出兵奇袭。瞿塘关天险防御森严，明军曾从山路小道出兵，攻击守军而大获成功[83]。

从这一角度看来，我国古代关卡的设置，对于新道路的探索与开辟，无形中也起到了促进作用。

据当地人朱守贵记述，1949年前宁厂大河一带居民为防兵匪，保境安民，于古道险仄处设置有堆卡和卡门[84]。后溪河口北古道设门处，大约就是这种卡门。该处石崖上刻有"保境安民"四个大字。

关卡既是古代道路上的重要设施，在古道路的考古调查中应当给予重视，但此次调查重点是考察道路，对许多重要的关卡遗迹未能深入调查。

第二节　栈道的尺度

在调查栈道过程中，我们对大宁河古栈道的一些结构尺度进行了测量，获得了一些基本数据。这些尺度包括大宁河栈道的孔形、孔距和上下排栈道的间距等。

一　栈孔尺度

大宁河栈道延伸达80公里之长，栈孔皆为方形，其中以正方形最多（表一）。其次有少数窄长方形，数量甚少，也发现有横扁方形者，后一种比较罕见（图83、84）。

---

〔80〕《史记·范睢蔡泽列传》，中华书局，1985年，2401页。

〔81〕《魏书·徐晃传》，中华书局，1984年。

〔82〕《白孔六帖》八，转引自《陕西古代道路交通史》，人民交通出版社，1989年，241页。

〔83〕《明史·廖永忠传》卷一百二十九云："明年，以征西副将军从汤和帅舟师伐蜀。和驻大溪口，永忠先发。及旧夔府，破守将邹兴等兵。进至瞿塘关，山峻水急，蜀人设铁锁桥，横断关口，舟不得进。永忠密遣数百人持粮糗水筒，舁小舟逾山渡关，出其上流。蜀山多草木，令将士皆衣青蓑衣，鱼贯走崖石间。度已至，帅精锐出墨叶渡，夜五鼓，分两军攻其水陆寨。水军皆以铁裹船头，置火器而前。黎明，蜀人始觉，尽锐来拒。永忠已破其陆寨，会将士异舟出江者，一时并发，上下夹攻，大破之。"

〔84〕朱守贵《大宁河栈道之谜》传说之六"修关卡防兵匪保境安民"。

表一   **大宁河部分栈孔尺寸统计表**   （长度单位：厘米）

栈道名称	孔号	口高	口宽	最大深度	斜度	备注
龙门峡口栈道	1	22	22	42	1:10	龙门峡口所存第一孔
	2	22	22			龙门峡口所存第二孔，孔内为水泥填充，深度无法测量
庙峡南口栈道		19	20	31		庙峡南口王爷庙北某孔
		19	23	44		庙峡南口王爷庙北某孔
白龙过江北栈	南1	21	21	38		南侧任意选择二孔之一
	南2	21	22	32		南侧任意选择二孔之一
	北下	22	21.5	36		北侧选择二孔之下孔
	北上	20.5	20.5	30		北侧选择二孔之上孔
南门湾栈道	22	23	23	40		选择易测量之五孔
	23	28	24	38		
	26	27	34	36		
	27	22	23	38		
	33	18	21	35		为最北一孔
大湾南栈	1	24	25	34		选择此段栈道全部存孔
	2	24	27	27		
	3	21	23	35		
	4	22	20	43		
	5	23	25	39		
	6	23	24	39		
	7	25	23	32		
	8		25	20		外部残缺
	9	22	23	34		
大湾栈	1	23	22	50		选择此段栈道全部存孔，此孔下部壁长
	2	23	23	39		
大湾北栈	1	24	22.5	35		选择此段栈道全部存孔
	2	22	23	32		
	3	22	19	40		
	4	23	27	40		
	5	22.5	22.5	30		
	6	23	23	44		
	7	22	26	32		
	8	25	24	42		
	9	22	21	38		
	10	23	23	42		

栈道名称	孔 号	口 高	口 宽	最大深度	斜 度	备 注
	11	23	24	40		
	12	24	25	31		
	13	25	25	42		
	14	23	21	39		
	15	23	21	35		
	16	20		45		
	17	22.5	18	42		
二墩崖南栈	1		23	42		选择此段栈道南侧栈孔
	2	25	21	35		
	3	25	24	27		残
	4	23	23	45		
	5	21	21	30		
	6	24	24	34		
	7	24	24	42		
	8	22.5	24	40		
	9	23	19	35		
	10	24	22	36		
	11	22		30?		残
	12	22	23	33		
	13	24	24	39		
	14	23	24	32		
	15	24	24	38		
	16	20	20	42		
五溪口北栈	7	24	23	44		任意选择二孔
	8	26	25	41		
平均值		22.8	22.8	36.6		深度残者不计

* 表中资料为 2004 年 10 月复查时现场手测，其中龙门峡口栈道为 2002 年经巫山时所手测。表中所有栈孔编号均自下游向上游顺序编号，中间有缺孔，或因岩石崩落风化，人工破坏不存者不计。个别栈孔缺少某项尺寸，是因悬崖过险，难以测得所致。

  大宁河栈道尺寸并不一致，大致可以分为大小两种。一种为下排栈道，孔口较大，边长多为 22～23 厘米。一种为上排栈孔，孔口稍小，在 18 厘米左右。但情况并不是那么一致，有时也可以发现下排栈孔有个别尺寸稍小者，也有个别上层栈孔孔口较大者。

  栈孔的空间形状基本为一长方体，口部微高，内低，斜度约为 1:10 或稍大，深度为 35～45 厘米。

图 83　形状规范的栈孔（此种栈孔数量最多）

图 84　比较少见的梯形宽底栈孔

　　大宁河栈道绝大部分栈孔孔口为正方形，其上下边呈水平状，左右边与其垂直的。但在一些岩层倾斜的地段，也会发现个别斜孔口，其左右边不是与水平线垂直，而是与岩层垂直，形成正方形孔口。这种情况是由于栈孔如果开正了，与岩层不平行，孔周部分岩层会崩落，栈孔形状便达不到规范要求。

　　大宁河栈道如此整齐，开凿时应制定有一定的标准。通过对上表数据的统计可以看出，大宁河栈道大部分栈孔口部一般高与宽相近，属于正方形一类。而大部分栈孔孔口的边长平均值在22~23厘米之间，接近秦汉时的尺度一尺，即23厘米。孔的深度除去残坏者平均为36.6厘米，最大孔深，其较规范尺度可能是36厘米或42厘米，近于秦汉尺度的尺六或尺八。

　　调查中也发现有特别大的孔，如边长有达到28厘米者，怀疑是因石质不佳而凿大了。另外，也曾发现个别栈孔方向凿偏而进行修正的，造成一侧内壁不直。许多孔的内部微大于孔口，如上表中白龙过江南北栈二孔口部边长为21~22厘米，而内底边长达25厘米。

　　调查时还发现一些高度大于宽度的窄长方形孔。此类孔主要是边长在18厘米左右的中型栈孔。栈孔中还有一种孔口纵横边长都在18厘米左右者，往往不与正栈相同。也许近于18厘米尺度者，是唐代前后所凿之孔。

　　绝大多数栈孔均有斜度，即口高内低。因洪水上涨或雨水入侵，许多栈孔中都有积水，并在栈孔内壁上形成白色或黑色的水平线痕。利用这些明显的积水痕迹，栈孔斜度易于测量。在

图 85　倾斜的栈孔

工作中测量其孔底水面线至底部高度，对比孔深即可算出倾斜角度。一般孔底低于孔口下缘3～6厘米，孔内坡度近于1∶10。这样的栈孔，插入其中的木梁就会向上部微翘，栈道路面会向靠山一侧微斜。这样设计，既符合栈梁承重后产生变形的要求，使栈梁不易脱落，同时人行其上，也有安全感（图85）。

由此可见，大宁河栈孔是有一定标准和规格的。栈孔如果有统一标准，则其中的木梁也应当有一定标准。有了标准，就可以对木梁大规模预制，这对于加快工程施工进度非常有利。

一般人也许对于边长22厘米的方木没有直观的感受，其实边长18厘米的方木已经是很粗大的材料，22厘米的方木完全可以称材料巨大。设其插入栈孔深度二尺，出挑六尺（汉尺，六尺为一步，约合1.38米），栈梁全长八尺左右。栈孔的水平距离是以两孔间的中心距测量记录的，间距只要减去一个栈孔宽度即可，一般每间跨距2～3米。这种材料和如此结构构筑的栈道，其强度该是相当坚固。

二　水平孔距

大宁河栈道的水平孔距比较复杂，原因有二：第一，上排栈孔往往密于下层孔距，两者有所不同；第二，同一排栈道孔距也有大小，并不一致。在调查时，偶尔还会发现因石质不佳而移动孔位的现象[85]，也有因地形变化而加大或减小孔距的做法（表二，图86、87）。

2002年，在调查瞿塘峡栈道时经小三峡，至龙门峡口时，攀上崖壁对峡口第一栈孔与第二栈孔进行了测量。此二孔应当属于大宁河栈道的下排栈孔，两孔水平分布，孔中心距为2.3米。同时，这里的栈孔也比较规范，边长为22厘米，其边长与孔距之比近于1∶10。由此推测，2.3米孔距可能也是一种标准的孔距。

在二墩崖南栈测得的最大孔距为3.8米，其他地方还有4米或者4米以上的孔距，但小的孔距也发现有1米左右的，不过数量极少。这些过大或过小的孔距数量不是很多，有的大孔距间，可以发现有小型崩岩的痕迹。也就是说，其中一孔可能已经随岩石坠落不存。

我们对巫溪之北的剪刀峡段栈道进行了实测，其最大栈孔间距为4.4米，最小者为1米。需要说明的是，剪刀峡段栈道属于下排栈道的体系。

剪刀峡段所测栈道选择的是石壁较为平直、栈孔连续分布的区域，应当具有一定的代表性。经过统计，六十间栈道，平均每相邻两孔中心间距为2.7米。另外，对巫溪城北二墩崖南栈也曾进行栈孔测算。此段栈道全长175米，有六十孔，平均孔距近3米。因此可以说，大宁河下排栈孔孔距在2.7米左右，一般孔距变化范围在1.5～3.8米间。

大宁河上排栈孔的水平孔距要小一些。根据拍摄的资料照片分析，滴翠峡某段下排栈道孔九孔距离间，上孔与之同长的范围内有十三孔。假设下排平均孔距为2.7米，九孔八间，则

---

〔85〕　如二墩崖北栈发现一处未凿完之孔，仅在石壁上刻有一方框，其旁凿有栈孔，这种情况当是改动栈孔位置所致。

表二 　　　　　　　　　　　**大宁河部分栈道孔距统计表**　　　　　　　　（长度单位：厘米）

栈道名称	栈孔数	相邻孔号	两孔中心间距	备　注
剪刀峡南栈	38	6～7	185	自下游向上游编排孔号
		7～8	280	七孔下有一现代标语"决"字
		8～9	320	
		9～10	180	
		10～11	310	
		11～12	230	
		12～13	320	
		13～14	210	
		14～15	245	
		15～16	270	
		16～17	160	两孔间书有现代标语"富"字
		17～18	270	
		18～19	260	
		19～20	300	
		20～21	225	
		21～22	325	
		22～23	190	
		23～24	255	
		24～25	100	二十五孔位于石嘴转角处
		25～26	155	二十五孔位于石嘴转角处
		26～27	275	
		27～28	265	
		28～29	350	
		29～30	270	
		30～31	310	
		31～32	245	
		32～33	240	
		33～34	150	
		37～38	220	为沟口一巨石上所凿两孔
剪刀峡中栈	37	1～2	360	
		2～3	220	
		3～4	275	

栈道名称	栈孔数	相邻孔号	两孔中心间距	备 注
		4～5	325	
		5～6	280	
		6～7	420	七孔下书有现代标语"苦"字
		7～8	310	
		8～9	330	
		9～10	350	
		10～11	350	十一孔右下书有现代标语"务"字
		11～12	345	
		12～13	260	
		13～14	300	十四孔右下书有现代标语"战"字
		14～15	440	
		15～16	350	
		16～17	220	
		17～18	370	十八孔在洼处
		18～19	280	此孔不甚清晰
		19～20	255	此孔不甚清晰
		20～21	320	
		21～22	220	二十二孔处为一纵向大石缝，疑上孔缺失
		22～23	270	
剪刀峡北栈	17	8～9	230	
		9～10	295	
		10～11	245	
		11～12	245	
		12～13	265	
		13～14	295	
		14～15	160	
		15～16	265	
		16～17	270	
平均间距	共六十间		平均间距约270	系本表所有间距平均值

其总长为21.6米。据此推算，上排十三孔十二间，平均孔距在1.8米左右。这一数值大致接近实际情况（图88、89）。

在此发现一很有意思的对比，孔距1.8米，与孔口边长为18厘米的孔似乎也有一种1:10的关系。

图 86　大宁河栈道下层栈孔内很难看到的凿痕

图 87　栈孔位置改移后形成的凿痕

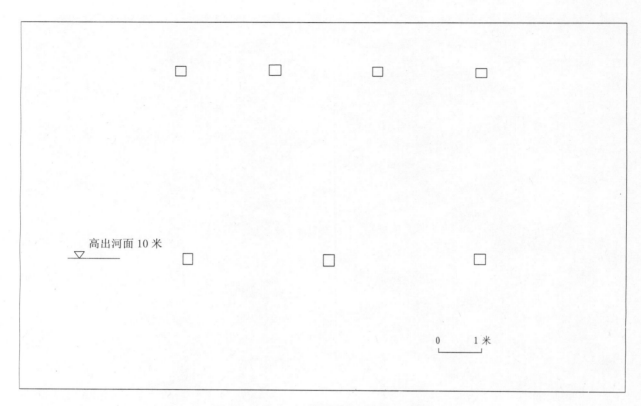

高出河面 10 米

0   1 米

图 88　莲台峰南侧双层栈孔立面图

图 89　巴雾峡中的一段栈道（右侧为二层栈孔）

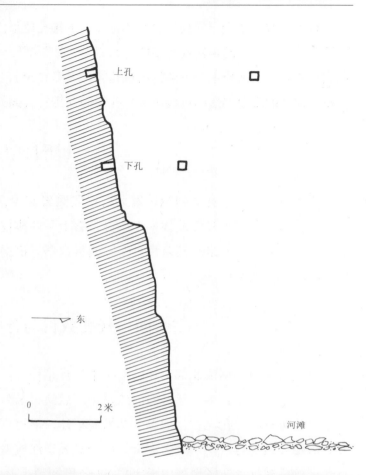

上孔

下孔

东

0　　　　　2米

河滩

图90　白龙过江北栈北部一处上下
　　　栈孔立、剖面图

图91　二墩崖南栈相邻的一组栈孔

根据一些介绍大宁河栈道的文章称，上下排孔位呈"品"字形排列。这是因大宁河栈孔下排孔稀，上排孔密，两排栈孔有错位，看似为"品"字形。但严格地讲，这种说法是错误的。根据此次调查，大宁河栈道上下两排的栈孔间，大多并无上下对应关系，也很少专门将栈孔安排在另一排空缺处的现象。这两排栈道水平孔距的安排，大部分情况下是各行其道，互不相涉。

三　上下排间距

大宁河上下排栈孔的间距，攀上石壁实测者甚少，所以数据多不可靠。2004 年在对庙峡进行调查时，在白龙过江北栈攀上一段带有上下两排栈孔的石壁，测量得上孔中心与下孔中心间的垂直距离为 2.6 米。其余没有实际测量数据。根据拍摄照片推算，这个尺寸在小三峡部分也基本符合（图 90）。

四　栈孔数目与分布密度

大宁河栈道群巫溪北部一线，沿河举目皆是栈孔。在小三峡中，栈道亦连绵不绝。

据调查，其中自巫溪县城南门湾至宁厂后河口 8 公里间，共存栈道孔七百二十五孔，平均每公里分布有九十孔左右，如以 2.7 米间距计，平均每公里河谷分布有长 243 米的栈道。非常可贵的是，当地有一位老人朱守贵，出于对大宁河栈道的热爱，多年前曾对大宁河栈道全线的石孔进行目视统计，发现巫山至宁厂 83 公里河道上共有栈道孔 6938 个[86]。其数字接近每公里八十四孔的比例，平均每公里河谷分布有 227 米栈道。综合两组数据，可以说，此段大宁河谷将近四分之一的线路为栈道结构。这种比例在长距离的古道路中算是相当密集了（图 91）。

当然，真正将栈道孔的数量统计清楚并非易事，以上这些孔数只能视为概略数字。在此次考古调查时发现，许多栈孔内皆灌入淤土、长满青草或为灌木掩遮，一些则隐于石侧，从正面难以看到，必须近距离才能发现，如二墩崖南栈一些栈孔。被掩埋于沙土中的栈道孔在大湾栈道区也有发现，甚至可能还有被水面淹没的栈孔和因崖壁崩落而已经不复存在的栈道孔，以上这些，都会使我们在统计栈孔数量时发生错误。

同时，朱守贵在对全线栈道进行统计时，也有可能是将上排栈孔与下排栈孔一并计算的，以这种计算方法所得数字，就不能通过平均孔距计算真正的栈道长度。

第三节　栈道开凿的时代

大宁河栈道开凿的时代，一直是考古历史界关注的一个热点。关于大宁河栈道的记载甚

---

〔86〕 朱守贵《大宁河栈道之谜》，内部资料，1998 年。

少,《巫山县志》有东汉永平年间引盐泉至巫山的文字与唐时刘晏开凿栈道的说法,但无从判断其正确与否。自宋以来,地方文献渐多,但却没有更多关于此处栈道的记载,可见这一巨大工程必在宋代之前即已经存在,是一条古老的道路。由此,可以将此条栈道开凿时代的下限定为宋代。

经过此次调查初步推断,大宁河栈道下层有可能开凿于秦汉时期。

一　栈道断代的困难

我国古栈道分布虽然广泛,但对于栈道断代的研究却困难重重。因栈道一般都位于深山绝壁之上,环境险恶,人烟稀少,其他具有时代特征的遗物、遗迹很难在其周围出现和保存,本身如果再没有时代特征,就很难对其进行考古断代。另外,栈道也有反复沿用的,如秦岭山区的褒斜道,自先秦一直到明清,都在开辟和维修。这些地区的栈道时代也难以判定。历史上记载的大批栈道,在许多地段都难以发现踪迹,大约是在后代的道路改造中被破坏了。唐人在修建四川广元千佛崖时,就曾将古栈道凿去。清大司马修栈记碑文中也有将大段褒斜栈道改为砭道之语。

按理说,绵延80公里的栈道,沿线应当存留一些与时代相关的痕迹,但大宁河栈道所处的环境自古人烟稀少,小三峡中至今没有居民。调查之初,我们很希望发现一处类似"石门铭"的有关栈道的古代题刻,所以对此类题刻分布的特点也进行了分析,龙门峡口是最有希望发现题刻的地区。然而,调查的结果令人失望,并未发现一处有相关内容的题刻。

巫溪一带多短峡,即有山峡栈道分布。峡外不远的宽谷,也有人类活动。沿河谷道旁的摩崖石刻与碑刻是调查时非常关注的内容,但时代多为清代,年代甚晚,且多数已经风化或被人为破坏。谭家墩南双溪峡槽道中的摩崖石刻文字,在"文化大革命"中被人凿去,仅存一二字。北门村古栈道上下的三处摩崖石刻,经搭架清理,其上也都未发现文字痕迹。其余摩崖石刻中,也只有个别与古道有关,如谭家墩南双溪峡摩崖,就是一处清代修路捐资题刻,但与古栈道并无关联。

与之相关的古栈道如果有时代标志,也可以对大宁河栈道的开凿年代进行校正。此次调查,对于各支流古道,都细心搜求,但收获不大。陕西境内古道历史同样甚长,但民间均不知其所起,只说是自古有之。

与栈道相连的古道,发现不多。大宁河栈道在历史上频受洪水冲击,许多栈孔中都有洪水带来的卵石,就是一证。像龙门峡栈道即便高于平水位15~20米,在长江洪水倒灌时,也会被完全淹没。所以,相关的道路及其他遗迹,已经荡然无存。

二　北门村崖墓与大宁河栈道的时代

北门村崖墓的发现是解决大宁河栈道年代的一把钥匙(图92)。

北门村崖墓是此次调查时发现的一处古代墓葬,开凿于巫溪县城北门外的临河石壁上。崖

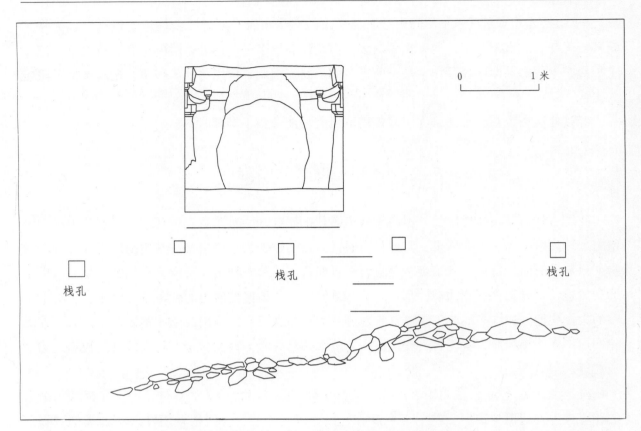

图 92　北门村崖墓与栈孔位置关系立面图

图 93　三峡地区汉墓中出土带斗栱的陶屋模型（现藏奉节白帝城）

墓为纵室结构，面东临河。该墓自外向内可以分为两部分，外有前室，内为墓室。前室甚浅，两侧雕凿有双柱斗栱，斗栱上雕有象征性的枋木。这座墓葬开凿于大宁河古栈道北门村段的上方，与栈道有一定的早晚关系，对确定大宁河古栈道的开凿年代具有重要意义。

北门村栈道是大宁河栈道群的一段，仅有一层。此段栈孔形制与分布高度和其他沿河栈道相同，可以断定属于大宁河栈道中的下层栈道。

北门村崖墓墓口高、宽均在 2 米左右，正下方有一栈孔，墓口下沿高于栈道栈孔上沿 0.4 米。在墓口下方的左右两侧，还各开凿出一个方孔。孔形不甚方整，孔口小于栈孔，深度也小于栈孔。这两处石孔推测是开凿崖墓时搭架所用，故与崖墓应为同一时间开凿。北门村崖墓内部已经没有任何遗物。经清理后发现，内室后壁凿有一小方孔，内室壁面上存留有细凿痕。与此相应，墓口外下部的双孔内也存有细凿痕。

北门村崖墓前室雕凿有双柱与斗栱，斗栱式样与汉画像石上的斗栱相类，也与奉节汉墓出土汉代陶屋模型上的斗栱相近[87]（图 93）。结合四川等地相关崖墓资料，这座崖墓的时代大致可以定在东汉时期[88]。

但这座崖墓并未直接打破栈孔，只是占据了栈孔上方道路空间旁的石壁。

栈道在使用的过程中，绝不会准许在其道旁开凿墓葬，而墓葬的开凿者也不会将墓葬开辟在行人通行的栈道旁。同时，栈道上方架木为路，遮蔽了开凿崖墓搭架石孔壁面，所以，崖墓应当开凿于栈道废弃之后，或者栈道开凿之前，两者不会处于同一时代。

经仔细观察后发现，此处崖墓正下方大宁河栈道一栈孔与左右栈孔内壁风化严重，根本看不清凿痕，而与其高度相近的崖墓下石孔内壁却保留有凿痕。大宁河栈道下层的栈孔很少发现凿痕，可能因风化严重，致使凿痕不存。风化主要有两种原因，即自然风化与水流侵蚀和冲刷。此次在大宁河北段接近观察的一二百个栈孔，很少发现带有凿痕者，其中不少存有洪水带来的小卵石与泥沙。那么大宁河栈道的栈孔与崖墓下的石孔，既处于同一高度，同一壁面，石质也相同，那么风化环境和风化速率也应当一致。现在栈孔风化程度大于石孔，只能说明栈孔的开凿时代早于石孔。

崖墓中有渗水流出，向北斜向流入正下方栈孔左上角，因年深日久，流水已经侵蚀出一道沟槽。这一迹象似乎也说明，崖墓开凿时栈孔已经存在，否则其水流不会斜向北侧。

在崖墓口的下方北侧，开凿有数级入墓石阶，石阶打破了栈孔的边缘[89]。

总之，依据此处崖墓，基本可以将栈道的年代推到墓葬之前。

由此看来，大宁河谷分布的下层栈道，开凿时代应早于此处东汉崖墓。也就是说，大宁河栈道（下层）开凿时代大约在两汉，甚至更早的秦时期。

----

〔87〕 奉节白帝城文物管理所陈列室有数件汉代墓葬中出土的陶屋模型，其上有斗栱。

〔88〕 时代也有可能晚至魏晋，目前此类汉墓的断代本身就有一定的误差。

〔89〕 此石阶时代比较难以断定，当地也有人说像是近年开凿的。他们推测是过去渡口船工为进入墓内躲避风雨时所开，故本条论述仅作为旁证。

三　从尺度上看栈道的时代

中国古代对于建筑与生产的管理，都有一定的程式，即管理标准。工作量有标准，每人每日每月进度如何，是为程；工作的对象也有标准，定出什么样式，什么尺寸，是为式。我们可以用这种方法来审视一下大宁河古栈道的尺度。

大宁河栈道下层栈孔延续最长，其栈孔形制也最规范，栈孔口部一般高与宽相近，是正方形的。大宁河栈道如此整齐，开凿时应制定有一定的标准。

我们对其部分栈孔进行了测量，其孔口平均高 22.8 厘米，接近秦汉时的一尺，即 23 厘米。除去残坏者，栈孔的深度平均为 36.6 厘米，其中较深的孔，尺寸可达 42 厘米左右。由此看来，栈孔较理想尺度，可能是 36 厘米或 42 厘米，近于秦汉尺度的尺六或尺八[90]。

龙门峡口的栈孔位于栈道的南端，推测与标准最为相近。我们测量峡口第一孔与第二孔，孔口边长 22 厘米，孔深 42 厘米，与邻孔中心距为 2.3 米。孔口边长与孔距之比约为 1∶10。由此推测，这一栈孔的标准边长应当是 23 厘米，也就是古秦汉尺值的一尺，而孔距则是孔口边长的十倍，即一丈。

但通过对巫溪县城北剪刀峡栈道孔距的测量，孔距平均为 2.7 米。如果要说大宁河栈道有一定的标准，那么以 2.7 米为孔距的可能性也存在，甚或其可能性更大，因为 2.7 米也正好近于秦汉尺度的一丈二尺。

这两种尺度并不矛盾，都说明大宁河栈道开凿时有一定的标准程式。更重要的是，它显示出栈道含有秦汉的尺度特点。

当然，大宁河栈道的栈孔有深有浅，孔口也有大有小，尤其是孔距，变化较大。这些都可以用其他原因解释，比如地形复杂、石质影响等。

联系到北门村崖墓的年代晚于栈道，而此处又发现栈道含有秦汉的尺度特点，大宁河下层栈道开凿的时代，定在秦汉时期应是比较适合的。

四　大宁河栈道（下层）可能是开凿于秦汉时期的南夷道

秦汉时期是我国古代道路建设史上的一次高峰，也是大规模开凿西南地区栈道的历史时期。其道路的规划多以首都所在的关中为中心。秦汉时期，自关中通西南，有三条主道，即东道、中道和西道。

东道取道邓襄，至今宜昌过江，通往西南。宜昌古名夷道，或即此道名称。此道南下，避开了三峡之险。西道取路褒斜，经广元入蜀，可名蜀道。自蜀再南入滇，名西南夷道。中道自子午谷南下，经安康入巴，再南下至贵州一带，名南夷道。

---

〔90〕 见前文的大宁河栈道栈孔尺寸统计表。

《史记·平准书》说汉武帝时，"唐蒙、司马相如开路西南夷，凿山通道千余里，以广巴蜀，巴蜀之民罢焉。……当是时，汉通西南夷道，作者数万人，千里负担馈粮，率十余钟致一石，散币于邛僰以集之。数岁道不通，蛮夷因以数攻，吏发兵诛之。悉巴蜀租赋不足以更之，乃募豪民田南夷，入粟县官，而内受钱于都内，东至沧海之郡，人徒之费拟于南夷。"[91]

西南夷道开辟之前，秦代晚期与汉初时已经开辟出了南夷道。南夷道是秦汉帝国规划的一条由首都所在地今陕西关中直通南夷的大道。《汉书·司马相如传》记："相如还报。唐蒙已略通夜郎，因通西南夷道，发巴蜀广汉卒，作者数万人。治道二岁，道不成，士卒多物故，费以亿万计。蜀民及汉用事者多言其不便。是时邛、筰之君长闻南夷与汉通，得赏赐多，多欲愿为内臣妾，请吏，比南夷。"

这条大道，其途应当经过巴地。大宁河栈道结构规范，气势宏大，一直沿大宁河右岸开凿，不避险阻，不取左右地形之便而频频渡河[92]。这条道路直通目的地，并不照顾地方小城、小邑，为地方经济与利益服务，显系一具有国道性质、高规格的规划道路。与地方、民间所修道路相比，其用材硕大，不计工本。在我国历史上，这样气势的工程，唯秦汉有之。

据此推测，大宁河栈道可能是秦汉南夷道的一段。

大宁河栈道有些地段出现上下两层，前已说明下层栈道是一系统，大约为秦汉时期开凿。那么上层栈道又是什么时代开凿的？

上层栈道与下层栈道不像同时代的产物。其一，上层栈道栈孔一般小于下层，孔距大多也小于下层。其二，上层栈孔分布的长度远不若下层，其栈孔亦时常中断于绝壁之上，而这些地段的下层栈孔往往是连续分布。在这些地段，上层栈道可能要借用下层栈道。

另据我们在秦岭调查数条古栈道的经验，大孔栈道开凿的时代一般早于小孔，方孔的时代一般早于圆孔[93]。其原因，大约是早期山区森林丰富，大材易得，后代森林渐稀，大料难求，不得已而改为小栈孔，而方孔用料要比圆孔为费。所以，大宁河谷上层栈道孔小，孔距也短，开凿时代应当晚于下层。其上限在秦汉之后，下限推测在宋代以前。

对于此期栈道的研究，尚待深入。关于唐代刘晏修筑栈道的传说或与此有关。

第四节　栈道的性质

大宁河古道是栈道，这一定性是没有什么疑问的，但修筑这条栈道是用来当作道路使用，还是作为架设输盐管道，却一直存在不同的看法。

一种观点认为，这是为输送盐水而架设的管道。

如果说大宁河栈道是输送盐水的栈道，有诸多难以成立的证据。

---

〔91〕《史记·平准书》，中华书局，1985年。

〔92〕我们调查陕西秦岭几条古道时发现，道路都惯借河谷中的平易地形，因此有许多桥梁多次渡河，以避险取平。

〔93〕调查报告尚未发表。

首先，没有必要将盐水引至 80 公里外的巫山加工，完全可以在宁厂加工为成品盐后，再用船运至下游。这其中，不但有盐水运输的难题，同时，宁河上游柴草的丰富与人工成本低廉的优点，也使运输盐水至下游加工成为无益之举。经调查得知，大宁河栈道近孔距、大栈孔的构筑特征，栈道沿途发现多处砭道结构道路，以及石积道路结构痕迹等，都不符合管道运输的特点，而为架设管道而建设这样大的工程也极不合情理。

大宁河栈道栈孔粗大，孔洞较深，要使用很大的木梁。同时，孔距较近，说明其承重要求很高，而输水管道根本不需要这么大强度的工程支撑。此次调查在宁厂至巫溪的栈道间，发现数处栈道与砭道同高或相接的现象，而砭道是比栈道更坚固、工程量更大的道路。同时，在栈道中断处，也发现有构筑垒石道的迹象，这些都说明这条道路的承重要求很高。相比之下，宁厂一带发现的真正输水栈孔规模都小，栈孔也很浅，这是插入木桩不深、出桩也不长的标志，但对于架设管道来说，已经足以达到要求。从这些情况看来，大宁河栈道应不是为引水而架。

其次，是管道坡度即比降设计不合理。宁厂盐泉出水处高度高于后溪河面在 15 米以上，其至后溪河口栈道开始处，栈道孔口仅高于常水位 1 米，在一二公里间，落差一下就起伏这么大，使下游管道几乎成为水平状态，不利于盐水的输送。如果是输送盐水，必然不会牺牲这一段的高程，而应充分利用珍贵的高差。

管道距水面高度，有常水位与洪水位之分。以常水位而论，大宁河上游栈孔距离水面近可达 1 米，而下游则可达 20 米，且自上游向下游一步步升高。但上游后溪河口的栈道太低，洪水来临，极易冲毁竹管。从这一角度分析，引水之说也难以成立。

输水管道如果不是完全封密，管道不能有大的起伏，否则管道中的水流将难以通过高点。大宁河栈道虽然大多数栈孔都比较平直，但也不是完全没有起伏。剪刀峡南栈道南段所经石壁上有一自然方形洼槽，深 80～90 厘米，正好位于栈孔所经之处，故此处一栈孔升高开凿于槽上石壁，较左右相邻两孔高出约 30 厘米。如果是输盐水管道，这种起伏对于输水极为不利。在这里，管道完全可以加大跨度，越过这一洼槽，但却采用了升高栈孔的方式，令人颇为不解（图 94）。

再次，其沿线沟涧众多，沟涧水量变化较大。洪水时节，常常断路。行人是间断通行，可以绕行或下沟通过，也可待洪水过后通行。而管道则是连续运输，管道跨越沟涧，保证长时间运输不中断也有诸多困难。

最后，管道输送盐水在宁厂确实早已产生，1949 年后尚在沿用。其管道是用大竹打空中节，连接为长管道，称为竹笕，输送距离可达 1～2 公里。后溪河岸至今尚存有架设输盐水管道的栈孔，也有架桥将盐水输送到河对岸者。但这种管道易于渗漏，平时要不断维护，盐水对竹筒的腐蚀也非常严重。据记载，旧时竹筒每年都需更换一次。盐水长途运输，根本无法解决途中的渗漏与管道腐蚀问题。

但输水说也有其理由。

其一，大宁河栈道自巫山龙门峡口始，向北只通至宁厂，而宁厂是生产盐的重地，说明其与盐业有密切的关系；

图 94　栈孔自北向南突然升高

其二，古籍中有输送盐水至巫山的记载，而民间传说中有引盐水的故事；

其三，有些栈孔开凿于凸出的悬崖下，如为架设道路，则行人无法通行，只能以架设管道解释；

其四，宁厂自古有用竹筒输送盐水的管道，且采用栈道形式。

尽管如此，我们还是倾向于大宁河栈道是以运输通行为目的的道路性栈道。

栈道自宁厂通至巫山，与通过道路运输食盐并不矛盾。而民间传说只可参考，并不能作为证据。古籍中关于输送盐水至巫山的记载也具有明显的传说性质，同样不足以为据。但说是行人道路，其中最难解释之处即碰头栈。

一　碰头栈、吊栈与多排栈孔

虽然对于栈道进行了多年的考古调查，但大宁河古栈道依然有许多难以理解的现象，碰头栈、吊栈与多排栈孔就是其中几种。

1. 碰头栈

碰头栈是指栈道孔开凿处，上部很低处有向外凸出的岩石，人在栈道上，难以直立。典型者如庙峡油坊滩栈道，中部一些栈孔开凿在几乎水平伸出的石檐下。这些石檐伸出甚长，最长者可达六七米。而栈孔开凿于其底部的直壁上，栈梁插入后，其上空间很小，有的地方行人需弯腰通过，有的地方甚至爬行也难以通过。此类栈孔环境，在小三峡中还有数处。

这样的栈道，行人难以通行。这也是认为大宁河栈道即为输盐管道而架说法的最重要的证据。

不过，我们在调查秦岭中子午古道时，也发现有类似此种开凿于伸出石檐下的栈孔，子午道并无输水的可能。所以，此类栈道的用途还是一大疑问，不能据此就判定必然是输水的栈道。

2. 吊栈

吊栈是这次发现的一种很特殊的栈道结构，即一排栈道中间突然缺少一孔，而在该孔位置的上部却出现一孔，形成一种"品"字形结构。巫溪县城上游的牛肝马肺峡栈道，二墩崖北栈、鸡冠石北栈、咋嘴崖栈道、木滩栈道等处都发现夹有这样的栈孔。我们测量了三处吊孔的高度，分别高于栈孔2.3、2.5、2.8米，其下两栈孔的孔距也分别是5.9、8、7.3米。其中8米间距者疑中缺一孔。从测量情况看，尺度并不是很统一（图95～97）。

这种结构的作用也是一个谜。

此类栈孔所在的区域多为陡壁，也许在这里所设栈道的路面是活动的，可以用设在吊孔中悬梁上的绳索将其抽走，以达到隔断道路、封锁行人的目的。民间传说中敌人追来时抽梁去梯的方法，在栈道上也可能实施。在古代道路管理中，也有此类封关断路的措施。当然，这只是一种推测，关于吊栈的作用还有待深入研究。

3. 多排栈孔

所谓多排栈孔，就是指石壁上开凿两排或三排平行的栈孔。在大宁河小三峡段，这种情况出现最多。另外，在我国其他古栈道分布区域，也经常可以看到，两排或两排以上栈孔的出现。此种情况的产生，一般有两种原因：第一，也是最常见者，系不同时期开凿的栈道；第二种是下排为栈孔，上排为栈棚支木孔。或者上排为栈孔，下部有一排相应的栈梁支撑孔。也就是说一排为栈孔，一排为辅孔。

大宁河栈道所发现的上排栈孔口部微微上翘，与下排栈孔结构相同，也是一种安装栈梁的石孔，显然不是由上述第二种情况形成的。那么，它很有可能是另一期栈道。

但大宁河栈道的双排孔比较奇怪，前已叙述，大宁河上排栈孔也是安装栈道梁木之孔，就是说，是为修建一层栈道而开凿。如不是同期，为何在下层栈孔完好的情况下，不利用下层栈孔，而另行开凿一排？如是同期，同期栈道为何构筑两层？

我们本来考虑，这是为了调整栈道高程，以防洪水的举措。但上层栈道并不连贯，常常突然中断，而下层栈道却一直连续分布。

这就给我们带来一些新的问题，即上层栈道如果晚于下层，是什么时代开凿？为什么不利用下层栈道？如果嫌下层栈道低，上层开凿的栈道又为什么时断时续？中断处是否利用了下层栈道[94]？

---

〔94〕上层栈道有时中断在绝壁之上。

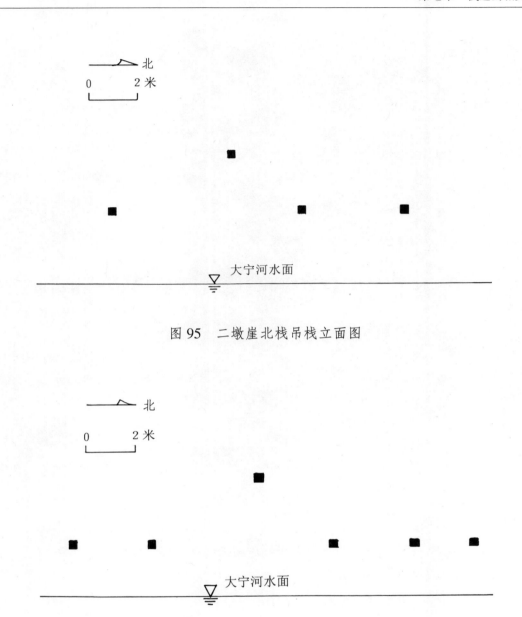

图 95　二墩崖北栈吊栈立面图

图 96　咋嘴岩栈道吊栈立面图

这些疑问，目前尚难以回答。

另外，还有一种情况也令我们不解。开辟栈道的石壁，并非都是平面，也有向外凸出的棱角。按照我们的设想，两侧的栈孔开凿在两侧石面上，中间的栈孔应当开凿于棱角处，然后便于在两侧路面交接处搭上中梁，这样转弯比较合理。但大宁河栈道有许多转角处，栈孔并不开凿于棱角上，而是偏于一侧。这就使得相邻的栈孔连线间出现了凸出的石壁，加大了架设梁板的难度。

对于碰头栈与上述栈道中所遇的棱角，我们曾有一种推测，即大宁河栈道某些部分是一种尚未完工的栈道。为了保持栈道的平直，在遇到复杂地形时，依然按一定高度开凿栈孔，待一部分道路架设好之后，再对道路上方的凸出石块进行清除，这样，碰头栈即不成为问题。采取

图 97　牛肝马肺峡栈道吊栈

此种工程措施，一是有了脚手架便于施工，二是保持栈道不出现大的坡度。同理，栈道两孔中所遇的凸出石棱，也可以在两侧道路架设好后凿去，这样能保持道路不产生大的转折。我们今日所见栈道，未曾完工，所以对此会产生种种疑惑。据清代资料，古人运用传统火烧醋沃法开凿硬石，凿去十立方尺（古尺）顽石，仅用工一天，用柴三十斤，醋五斤，成本不高，速度却很快。这种技术在东汉时代已经运用在道路开凿上，估计秦代就已掌握了此种技术[95]。因此，解决栈道上这些凸出的石块，应并非难事。

当然，以上看法只是一种推测。

除此而外，大宁河栈道还有一些令人疑惑不解之处，对其认识尚在浅层阶段。

二　大宁河栈道可能是具有纤道性质的古道路

大宁河栈道最主要的作用，与瞿塘峡栈道一样，是具有纤道性质的行人道路。

自古至今，大宁河中下游间最主要的交通孔道，并非陆路，而是此条水道。现巫溪人出行

────────────

〔95〕　见《西狭颂》碑铭。

至巫山或大昌，还是以船只作为主要的交通工具。

大宁河谷沿线古代遗址众多，自新石器时代起即有人类活动，虽然有诸多峡谷绝壁隔断陆路通道，但其中的水路却可能很早便已经开辟，人们通过水路以维系相互之间的往来。大宁河栈道原主要分布地段是自上游的宁厂至巫山，这一段河谷也是可以常年行船的河段，是大宁河的主要航道。自此而上，船只通行不便。宁河水流速度甚急，在没有机械动力的时代，自巫溪县城顺流而下，一日可达大昌，两日即达巫山，非常便捷。而逆水行舟，则需人工拉纤。自巫山上水至巫溪，拉纤行船，一般是七日。自巫山至大昌，则要三日或四日。在调查中得知，当地近现代逆水行船，是沿河谷边缘或河中滩地拉纤而行，一路乱石嶙峋，异常艰辛。大宁河栈道可能就是为此而开凿。

非常重要的一点是琵琶洲的一段栈道，透露了一个重要信息。琵琶洲在大宁河下游，位于无名峡与巴雾峡间的盆地中，行政区划隶属于巫山县巫山镇龙井乡白水村。大宁河在此回绕，右岸形成一琵琶形半岛，名曰琵琶洲。琵琶洲的颈部称刘家槽。

琵琶洲南北皆有栈道。一般来说，连接南北栈道最便捷的道路，应当是琵琶洲的颈部刘家槽。但是，我们在琵琶洲南侧一河边石岸上，发现一段琵琶洲栈道。此处石壁向河心凸出，高出水面约 12 米。栈孔开凿在其中上部，呈水平分布，高出水面约 7 米，存四五孔。这段栈道的发现说明，栈道是沿河岸延展的，未经过捷径刘家槽。

这就向我们提出一个问题，栈道为什么要舍近求远？

当然用栈道具有纤道功能来解释是最好的答案，因为船行河中，纤道必须沿河行走，方能拉纤。

第五节　其　他

大宁河河谷险峻的原因之一是地形地貌中多绝壁结构，特别是峡谷地段，绝壁随处可见。这里山高水低，切割剧烈，是国内著名的峡谷密集区域。

绝壁是人类无法攀爬或难于攀爬的陡峭山崖。绝壁的形成是由多种原因造成，如地质断层、河谷下切、溶洞沉陷、人工采石等。石壁一般称崖或石崖，按地貌区分，可以分为三类，即悬崖、直崖和陡崖。直立的和接近直立的石面为石壁，即直崖，也就是崖面垂直的石壁。倾斜度接近而未达到垂直的为陡壁或陡崖。坡度更小的为石坡，不称崖，也不算绝壁类型。如果石崖向外倾斜，上部向外凸出，悬出根部，则称为悬崖。

一　大宁河栈孔开凿区域的小地貌与地质环境

大宁河栈道，其开凿处基本处于悬崖绝壁区域，也有开凿于陡壁之上的。因为栈道正是为通过此类难于修筑道路的地理环境而出现的特殊道路工程。反之，对于古代栈道的搜寻，也要注意沿途的坡度变化，要关注那些最有可能分布栈孔的石壁类型。

大宁河谷的绝壁从色彩上一般可以分为三类，即红崖、白崖、黑崖，三类崖壁的时代及特点不同。一种是黄崖，也有叫红崖的。新崩的岩面是黄色的，或者发一些红，呈淡红色，这是山体的石缝侵入的红黄色土，也许是生成的红土或黄土，大宁河当地称黄泥巴。石壁崩落都是从这些缝隙处开裂，崩后暴露于崖面上，即呈现黄色或土红色，这种崖壁的地名也往往称为红崖。长期暴露的红崖，经过风化，色调慢慢可以转化为白色。此类石壁一般称为白崖，当地地名中也有白崖之名。崖面上有泉流水湿如雨水侵淋之类，则渐渐会变为黑色，称为黑崖，叫黑崖的地名则更多。这种以颜色命名石崖的习俗在秦汉时代已经流行，汉代石刻《郙阁颂》中析里，其处后代就有白崖之名，褒斜道中也有赤崖之称。

除了上面所说的三种较纯色泽崖面外，也有混合型的。雨水顺崖面流下，则会形成黑白相间的侵蚀条纹，有白底黑纹、黄底黑纹等多种。

通过崖面的色泽，可以大致认识当地大部分区域崖壁形成年代的早晚，即黄崖最新，白崖、黑崖时代较早。有些连续的栈道突然中断，但中断处石壁却依然陡峭，那就要怀疑是否由于崩岩原因造成了栈孔缺失。此次在西溪河谷调查中梁栈道时，就发现西部缺失一段，缺失处石壁色泽较新、较黄，其下河中尚存少许棱角锐利的乱石，说明此处曾发生过崩岩，栈孔原先可能相连。

观察崖面的色泽，也可大致了解其陡峭程度，黄色崖面可以分为色泽新鲜的崖面和色泽陈旧的崖面，色泽陈旧的黄色崖面，一般都是悬崖，雨水难以侵蚀，如此区域的锅底石崖面[96]。保存下来的古代悬棺一般都选择黄崖放置，如荆竹坝悬棺群。这说明，棺木放置处难以遭到风雨侵淋，对此古人已有一定认识。所以，我们调查时搜索悬棺，多在黄崖区域找寻，往往行之有效。同时也说明，即便是黄岩，其暴露的时代也可以长达数千年。由此推测，白岩暴露的历史至少以万年计。

大宁河谷沿岸开凿栈道的绝壁，石质大致可以分为下列几类：

一种是灰岩，质地细腻，光洁，坚硬，但易受水溶蚀。灰岩是大宁河沿线河谷中最为常见者，栈孔大约百分之八十都开凿于这种石质之上，如剪刀峡北栈所在石壁。此类石质中也有溶蚀严重，表面呈蜂窝状者，如剪刀峡中栈道所在石壁。另外，也有岩层很薄，形成数厘米厚的层理，开凿时也不易施工，特别是非水平或垂直分布的岩层。更有一种受到地质运动的挤压，岩层扭曲，石质破碎者（图98）。其上栈孔也难以开凿，如老鹰岩栈道[97]部分栈孔即处于这种地质环境。

一种是软沉积岩，多呈现为红、黄、绿等淡色，有层理，细腻但质软，易于开凿，也易于风化。在二墩崖[98]一带，灰岩中夹有此种彩色条带，一些栈道孔就开凿于其上。这种地方的石孔，孔形规范、方正，如二墩崖南栈有数孔即开凿于此类石壁上。

---

〔96〕 其地在巫溪县城北侧，大宁河右岸。
〔97〕 其地在宁厂后溪河口南侧，大宁河右岸。
〔98〕 其地在巫溪县城北侧，大宁河右岸。

图 98 岩石破碎带的栈孔

　　一种是溶蚀岩，为大量的钙质溶蚀物夹裹灰岩石块结构，多为黄色。其中一种是溶洞形成的洞穴堆积物，另一种是山麓坡积物或沟壑形成的冲积锥等与溶蚀物胶结一起。这种石质表面粗糙不平，石质软硬相间，开凿栈道时最难处理。栈孔至此地段，如纯为溶蚀物，则易于开凿而难于保存；如溶蚀胶结物中有石块卵石，最难对付，不但难以开凿，也不易保存，易于崩垮

图 99 栈孔废弃后孔内形成的泉华中包裹有卵石（洪水带入栈孔）

图 100 古道上的二层石阶表明砭道曾经改造

（图 99）。

也有个别河岸为卵石结构，如后溪河口南侧，大宁河右岸接官亭一带陡岸、白龙过江北 50 米范围内的沿河陡岸，均为卵石结构。这两段河岸旁皆有栈孔分布，至此地段则不见栈孔。这种卵石陡岸中，夹有一些不太坚固的胶结物，栈孔至此不见踪迹，也许已经崩落，或者工程采用了其他技术。

总之，大宁河栈道所经区域的地质地貌，比较丰富，研究不同地质、不同地貌环境下古栈道所采用的技术，也是今后栈道研究工作中应当注意的地方。

二　古道形式的丰富与变化

古道的历史长久与复杂的变动，往往很难看出，因为一般道路在最初选择线路时，就选择了最佳通行环境。同时道路形成后，其相伴的人文建筑，如城镇、关卡等，也与之形成相互关联的一体。一般来说，维修旧道比重新开辟新道要合算得多，这样道路就形成一种不易改变的稳定性。后代对道路修理扩展，也常常在原道的基础上进行。

道路的改建，一般有下面三个原因：一是由于经济发达，物流、人流增加，要求道路提高质量，如拓宽、取平、取直与加固等。二是因交通工具的变化，如出现马车、汽车，原线路不能适应新交通工具的通行而进行改建。三是因原线路不佳进行改线，如常常发生崩石断路，过于危险易出事故，坡度过陡，道路过低易为洪水冲毁等。在这些情况中，改线最有可能留下旧道的遗址。

经后代改造的古道路，大多会破坏以前的道路痕迹，后人所能看到的只是最后的道路形态，不太容易知道原有的道路形态和有多少次大的改造工程。

但改建也有可能留下一些旧迹。如北门村古道，在石砭道结构段，我们发现道路的横断面上存有两重或三重石阶。这种断面石阶一般都分布在山嘴上道路的高点。其路内侧之阶，并非建筑等遗址，大约是改筑的痕迹，即对原道取平削低，原来可能是半砭半垒石结构的道路，取平后成为宽平坚固的砭道。为了减少工程，道路外移，留下了故道的一部分。道路内侧形成三阶，则显示出了两次改道的经历（图 100）。

我们可以通过两河口北的风大罅峡古道来看古道的变化。风大罅是一峡口，两岸山崖高峻，向北的道路只有经此方能穿越。经考古调查，其西岸有上、中、下三层栈道，东岸上有垒石结构的古道，中有砭栈结构的古道，最下为现代公路。可以说，共有六条不同时期的道路通过此处关隘。对于这些道路，我们并不能全部确定时代。其中可以明确者首先是 20 世纪 80 年代开辟的公路。除此以外，我们还知道公路上方带有关卡的古道，是公路通车前的大道。其形式在古道中最新，保存状态也最好。这条古道至少是清代的道路。古道与公路间的栈道与砭道结构的道路，则可能是唐宋时期的道路。西岸最下的栈孔当是秦汉时期的道路，其余两道时代不详。河中还有一条古航道，从长江入宁河，小船可以上溯至神机坪，也通过风大罅峡。可以说，此处峡谷中有过七条通道。

图 101　与栈孔相连的窝罗坪砭道

风大窿保存的七条水陆通道，足以展现大宁河古道的丰富和复杂，而且说明这条河谷确实是一条古今要道。面对这些遗迹，我们也能深切感受到一代又一代的先民是如何克服险阻，不断对道路进行改造，或左或右，或高或低，或砭或栈，使古道保持长期畅通。

像风大窿这类多道并行的古迹尚多，如牛肝马肺峡西岸的上、中、下三条古道，西溪河屏风峡的上下两条古道。因调查时间紧张，还有一些此类的道路遗迹可能没有注意到。

栈道与槽道、砭道相比，有其优势，即开凿工程规模远小于后者，架设速度也快。但其承重稍逊于槽道与砭道。

更重要的是，木构栈道处于露天之下，长期风吹雨打，易朽坏，且时时践踏承重，有摇落溃散之虞，需不时维护修理。而石槽道与石砭道则无此弊，使用时间要长久得多。所以，古人在有条件处，往往将栈道改易为砭道和其他形式道路（图 101）。汉代在褒斜道所开石门隧道，即改栈为隧。

大宁河古道险处今多为石砭道，也许其原本亦为栈道结构。

其实，至少自东汉始，就开始了改栈为砭的工程，如《西狭颂》中就记有对栈道的改易。其曰："敕衡官有秩李瑾，掾□审因，常繇道徒，镬烧破析，刻陷摧嵬，减高就卑，平夷正曲，柙致土石，坚固广大，可以夜涉。"[99] 其中的"镵烧"是一种传统的破石技术，镵是凿刻，烧是火焚。即先用火烧坚硬的岩石，然后用冷水或醋泼于其上激之，石即松酥，随后凿之。所以，一些砭道或以"火烧砭"为名[100]。古人常用烧石法，其用料与作程也有记载，如《重修昭化县志》中记："凡自然碥坡滑跌者，即石凿梯正之。片段石渣出梗路者划平之。石壁包有子母石，俗谓之麻渣石，形如千万金卵[101]。有龙骨、牛心、油光诸石，非斧凿所能凿，以火烧锻令热，沃以醋水，俟其炸酥划之。每锻一次，划出一寸或八九分。每宽厚一尺，一丈折见一方，用柴三十斤，醋五斤，石匠一工。"[102] 凿去十立方尺（古尺）顽石，仅用工一天。成本不高，速度却很快。

明清时期是我国历史上改栈为砭的重要时期。经过这次大规模的改造，许多古栈道都消失了。大宁河谷的古道大约也经历了这种大改道，只有现存的 80 公里大宁河栈道，因其早已废弃不用，才得以幸存。

三　从古道看河谷变化

沿大宁河河谷分布的古道，可能已有 2000 多年的历史。历史上，除了人文因素外，古道所在环境如果发生了变化，也可能影响道路。反之，通过一些道路的变化，也可能窥视到某些河谷地貌环境的古今差异。通过沿河古道的高度，我们还可以间接认识古代河谷的水文与地貌，以及古水文地貌和今日的差异变化，如河谷古代洪水涨落幅度及河床加深、淤塞、侧蚀等。

例如，清咸丰年间（1851～1861 年），猫儿滩发生大滑坡，巨石阻断了大宁河航道，宁厂的食盐无法船运至上游。原先上游通航的白鹿镇有白鹿溪道通湖北，是宁厂食盐销往湖北的一大中转站。受滑坡影响，大量食盐改由猫儿滩下游的谭家墩中转，行大官山道销往湖北。这一河谷变化，不仅使这两处古镇一衰一盛，也使白鹿溪道变得逐渐冷清，而大官山道则变得异常热闹起来。

大宁河谷峡谷相连，地质运动剧烈，谷中多滩。如当地航道中所谓的滩，有两种情况，一种是因山体滑坡，或山崩，造成乱石入河，影响航行，猫儿滩就属这种。另一种是河谷陡然下降，水流甚急，造成行船危险，如巫溪县城旁的南门湾滩，这种滩下可能有地质横断层，断层如果剧烈，甚至会在河谷中形成瀑布。大宁河航道自巫溪县檀木坪至巫山县河口，河床落差在 300 米以上，有大小滩口二百六十三处，其中险滩二十多处，可见其地质情况非常复杂。

为了防止洪水的侵袭，沿河古道设计时往往高于洪水位置，形成与河谷水面大致平行的道路，特别是大宁河栈道，这种特征非常明显。而缓慢的地质抬升，能造成峡谷深切和峡谷上游河床淤积抬升。假设开辟道路时道路与河面大致平行，河谷如果在其后发生了这种地质变化，就会

〔99〕　清王昶《金石萃编》，陕西美术出版社，据扫叶山房本影印。

〔100〕　陕西褒斜道上即有火烧砭，其地在褒城北百里。

〔101〕　此文中所说金卵，大约与今日所说"铁蛋"义近，指石中夹有圆形硬石。

〔102〕　转引自《陕西古代道路交通史》，人民交通出版社，1989 年，428 页。

图 102　栈孔在涨水期距离大宁河水面很近

破坏这种平行。河谷下切区可能造成道路高悬，河谷淤积区则道路与水面接近甚至沉入水下。

　　在调查大宁河古栈道时，即发现有此类情况。大宁河栈道的北端，宁厂南五溪口一带，大宁河栈道的栈孔仅高于平水位1米，以致河谷稍微涨水，便会将栈孔淹没。可以断定，古人不可能将栈道的高度设计得这么低。一定是河谷的地理环境发生了变化，即河谷发生了淤塞，河床升高了。如果再追索下去，可以发现此段河谷下游即为牛肝马肺峡，该处正是断层区。峡谷的抬升，造成上游河谷展宽，河谷段淤塞。这些现象反映的就是栈道修筑以来的河谷地貌变化。确定道路的时代及道路与水面间高度的变幅，可大致推测出一些相对的地形变动数据（图102）。

　　与此处相距不远，由后溪河口向北一小湾，有水湾建筑遗址。该处发现有人工开凿的方整石阶等长期淹没于大宁河水面下，这一区域也应当是河床抬升区。再由此向北至双溪峡，一处清道光二年（1822年）修路摩崖石刻也位于近宁河平水位水面之上。据当地老百姓传说，这一带有三条古道，最早的就在水下；再上一条在水面上，即双溪峡栈道；最后一道是最上层的双溪峡槽道。今槽道和栈道的栈孔仍存，只是水下道路无法证实。另外，大宁河谷还可见许多此类现象，如巫溪县城北门村崖墓南下方，有一方形摩崖石刻，其上无字，开凿高度很低，与大宁河边河滩齐平。两河口之北，风大窿峡西岸有三层栈孔，最下层栈孔与砭道高度几乎与平水位齐。荆竹坝北也有几处近水面古道发现，都很短。这些都似乎暗示，有一条古道已经沉入河谷。

图 103　被河水漫滩掩埋的栈孔

　　从一些其他遗迹也可判断河谷发生了变化。巫溪城北大湾一带栈道，距离下部沙滩仅
0.2～1米，与此相类的还有其北的大湾北栈与二墩崖南栈南部数孔，二墩崖南栈最南两孔一半
已掩埋入沙石之中。令人感到不解的是，这样的高度，一般可以不修栈道，却发现这样多的
栈孔。由此推测，这处沙滩可能历史上不在此地。因河谷中的滩地是移动的，虽然这种移动
速度很慢，几十年、数百年都有可能。在北方的土岸河谷，滩的变化很快，有三十年河东、
三十年河西之说，滩的发育与河道的变迁有密切关系。而在这里的山区，石质河谷除了崩岩
等特殊地貌变化外，河谷的侵蚀变化要比北方土质河谷缓慢得多。这处位于河漫滩顶部的古
栈道，也许可以借此说明其年代已经非常古老了。另一种可能就是河谷变迁，沙滩升高了
（图 103）。

　　了解这些变化，不仅加深了对河谷古环境认识，而且对于古代的道路设计选线也有了更加
准确的了解。故此，河谷栈道和古道路的高度是一项很有意义的研究题目。

四　沿线集镇与古道

　　大宁河流域的集镇是山区经济文化的汇集点，更是当地道路网的交汇点。研究集镇的分
布，对于理解古道路的产生与发展，也颇为重要。

　　在三峡地区，山大谷深，一般很少有大的村落。山区的房舍都是因地制宜，随地形分布，

比较分散，一个小居民点只有一家或数家是非常普通的事。其农资土产的交易、文化教育、社会活动的场所，主要就是集镇。集镇旧时或称之为场，如大宁场。有的则称之为街，如大河街道。去这些地方活动，做买卖，看热闹，也叫赶场或上街[103]。集镇大部都分布在交通便利处，或山间河谷处的平坝，位于平坝区的集镇，常常有某某"坪"、某某"坝"之类的名称。通常小者为坪，大者为坝，且坝多处于河谷，这些都反映了当地的地形地貌与集镇分布的特点。因古道多行于沟谷，所以河流交汇处的路口也易于形成集镇，如果有水路通船的话，该处的地理位置则更为重要，很多此类河流交汇处往往叫两河口或某某口。沿水路的集镇必有码头，如大昌、龙溪等。

集镇的密度，也就是吸引周边居民的活动半径，以当日能步行往返并具有充足的交易时间为准。以巫溪县为例，县境总面积为 4022 平方公里，全县总人口五十余万，全县居民点具有集镇性质者约有六十处，平均每 67 平方公里有一处集镇，平均八九千人便拥有一处集镇。

山区的集镇还有日中为市的习惯，这样便于远道之人交易。集镇是一个地区物资汇流与分散的中心，不但有小路连接周围各居民点，而且集镇与集镇间往往有大道联系。古道沿线一般都分布有较多的集镇，所以研究一条道路上集镇的密集与否，可以认识该道路在当地的重要程度。而这些集镇的兴衰，也多与道路的兴衰息息相关。如改道后，旧道集镇衰落，新道集镇兴起。20 世纪 80 年代巫溪沿大河的公路修通后，旧道废弃，许多小镇开始衰落。与此同时，在公路边渐渐形成新的商业街道。这些现象，在历史上可能会不断发生。

大宁河流域的上游，集镇分布在河谷的左岸或右岸，也多与古道所处有关，这些问题都很值得深入探讨。

镇的地名中有时也包含古道路的信息，如西溪河古道上的宁桥，还有叫某某铺的，如草鞋铺，都与道路有关，不可忽视。

五　古道沿线的老建筑

宁河流域的一般民居，原是木构梁架，以土或石片筑砌墙壁。穷者上盖茅草，稍好的上部用瓦，檐下一般都留有廊。宁河沿线地处古盐道上，山区的精美建筑和一些庙宇多集中在沿线村镇，并有许多当地颇为上乘的木构楼房与仿西洋近代建筑。但因种种原因，与昔时相比，现在所剩无几。现存古建筑中多数为清代后期和民国遗构，以木构楼房最具代表性。此种建筑几乎全用木材，墙壁亦为木板结构，以宁厂、谭家墩、猫儿沟、得禄坝、下风坝和龙溪存留为多。其结构一般为二层楼，亦有三层或四层者。许多楼于正面二层上左右各出一挑台，设木栏花窗。这些建筑年深日久，多呈褐红，与青山绿水相映，形成当地独有的建筑风貌。

木楼上也有一些木雕花饰，多设于门窗等部位。

另外，还有一种老建筑特别讲究石门，如巫溪县城、西溪河谷、龙溪镇一些建筑都保存有

---

〔103〕 有些地方，居住在山上或高处的居民也称上街为"下街道"。

雕饰精美的石门。石门的两柱及上楣、下槛全用石雕，非常考究。

另有少数晚清与民国的一些仿西式建筑，多为砖石结构，门窗上部常设计为尖拱或圆拱形式，并于其上装饰西洋纹式或民族纹式。巫山龙溪镇长溪河街中就有数座仿西洋建筑。巫溪县虽地处深山，也受到此风影响。其中以宁厂最多，今大部分已毁，仅存残垣断壁。

据调查，万州开埠对于此地区采用新式建筑影响最早。抗日战争时期，大批沿海商人与企业转入后方，又一次在当地兴起构筑西洋建筑的风潮。这也反映出长江沿线因水上交通便利，便于社会新思潮和新技术迅速传入。

由此可以想像，借助于水陆交通的便利，历史上这一地区的文化，也会受到周边文化，如蜀、楚、秦文化的影响。比如，巴蜀之民变俗易服，在战国、秦汉时期就已经完成。

六 墓 葬

此次考古调查主要是调查古道路，同时对与道路相近的古墓葬也予以注意。该地区所发现的古墓葬主要有三种形式，即土葬、崖墓与悬棺。以土葬数量最大，但因调查时间紧张，早期的土葬墓又不易发现，故记录不多。崖墓数量占其次。悬棺最少，但异常引人注目，影响最大。

土葬仅选择记录前河明代墓地、宁厂明清墓地、庙峡墓地等不多几处，其他地方常见的汉墓此处未曾发现。当地清代的一般土葬墓多位于山坡上，墓前以石块砌垒，石后为带纵脊的封土。而崖墓在沿河一线发现不少，典型者如得禄坝崖墓群。悬棺葬今存最大规模者为荆竹坝悬棺群，其次为南门湾、凤山两处。另外，还有玉皇山、锅底石等。陕西境内古道沿线也有不少古代墓葬。

宁河一线的悬棺与其他墓葬比较，虽然数量较少，但从悬棺的分布与数量上讲，则是三峡地区最密集的地域。即使从全国范围看，此地也是一重要分布区，在大宁河流域沿线皆有分布。悬棺从数量上讲，以南门湾悬棺群数量最多。南门湾悬棺群以在悬崖开凿棺槽置棺的形式为主，但保存状况很差。这主要是由于此处临河崖壁石质破碎，易于崩塌。1949年后曾发生一次大的崩崖，大约许多悬棺与悬棺遗迹都在此次崩崖中消失了。目前南门湾悬棺群可以看到的带棺墓仅有两处，一处仅存一具残破棺木，另有一具仅存几块残棺板，其余皆是人工开凿的置棺石槽，即便这些石槽也多数崩塌。严格地说，该处所存主要是一些棺槽遗迹。棺槽遗迹约有四五十处，如果加上崩塌部分，可谓是一处少见的巨型悬棺群。

保存最好且规模较大者为荆竹坝悬棺群。其与南门湾不同处是利用了水平岩缝安放棺木，一具具褐色木棺首尾相连排列在高高悬崖的石缝里。水平岩缝由于岩层软硬不同，其中的软岩易受风化，形成了壁上硬岩凸出、软岩内凹的岩槽。古人利用其这种天然地形，省去了开凿棺槽之功，但对于天然地形，也有改造的地方。我们曾发现其上有支棺的石块，说明其内部过窄，地面又不平整，故采取这种措施。

除了这种在水平岩缝置棺者外，还有利用垂直岩缝置棺的，这在瞿塘峡、风箱峡一带曾发现过。这种垂直山岩裂隙宽窄不同，古人选择合适的宽度，里边要加上木梁，支木为架，上置棺木。这种支木两侧应当凿有如同栈道一般的孔，大宁河九层楼就非常类似于这种结构，只是其上未见到棺木，构筑时代也不清楚。

还有一种是将棺木安放在绝壁上的天然溶洞中，如玉皇山悬棺。其中一小洞口并不大，从望远镜中可以看到口内置有一棺。这些洞非常高，极难上去，不知对于洞口与洞体是否进行过开凿加工。

再有一种则是安置棺木于悬岩中向外凸出的石台之上。此类悬棺有锅底岩悬棺、庙峡中部悬棺。另外，还有人们熟知的小三峡悬棺、庙峡悬棺等。

值得注意的是，所有的悬棺都是安放在防雨之地，无论是岩缝、石阶，还是溶洞，都处在上部有凸出的悬崖处，下部为黄色岩面。古人的这种选择是有道理的，否则，这些棺木经风吹雨打，早已朽坏，难以保存至今。

宁河沿岸悬棺存留数量不少，有一些是这次新发现的，如玉皇山悬棺等。这些悬棺或安置极高，或与周围景物色调相近，不易发现。相信经过更深入的考古调查，在一些悬岩绝壁与溶洞石隙中还可能再发现一些悬棺。

崖墓大都是人工在石壁上开凿的墓穴。与悬棺相比，悬棺多安置于人迹罕至的绝壁上，而崖墓固然也在山崖上凿洞，却大多与居民地相近，而且多处于不太险处，有些也开凿在较高的山上。如东溪河支道上的七姊妹崖墓，即近在古道路旁。而宁厂崖墓，与房屋道路高度几乎平行，如同居住窑洞，行人可入。

崖墓一般分为横穴式与纵穴式。大宁河沿线地区发现的崖墓多为纵穴，即直接向内打一直洞置棺，洞口形式有方方与马蹄形两种。横穴式不多，仅于得禄坝崖墓群发现过。崖墓有单独开凿者，也有成群开凿者。

崖墓精致者如北门村崖墓，口部内凹为前室，形成一进空间，并在其上雕刻出立柱、斗栱等装饰。

土葬墓地在该地发现最多，尤其明清墓葬。但本次调查记录较少，宁厂接官亭明清墓地即为一处。从所发现的碑刻内容看，墓主多为盐场的苦工。他们来自天南地北，没有家小，相互帮助，形成一种特殊的社会群体。

大宁河流域所存不同形式古墓葬，对于认识此区域历史情况有一定参考价值。崖墓的分布大致与古巴人分布区域相当，也许，开凿崖墓是古代巴人的遗风。更为重要的是，此次没有条件调查古代聚落遗址，而古墓葬恰恰是古聚落存在的标识。古墓群的规模，也间接反映着聚落的规模。当我们认识到古道与古聚落间的关系后，这些资料对于深入认识大宁河古道是有一定帮助的。

结　语

　　说到我国最有名的栈道，必称秦蜀之间的褒斜、子午、故道、剑阁等古道，如《石门颂》说子午道之险云："上则悬峻，屈曲沛颠。下则入溟，倾泻输渊。"[104]可谓山峻水深。但通过对这些古道的考察，其自然环境均没有大宁河谷险恶，更没有一处像大宁河谷那样动辄即出现长达数公里的窄峡与绝壁。大宁河谷的古道路以栈道结构为主，沿途栈孔连绵不绝，长者一段便可达数公里，比著名的秦蜀间栈道的规模和险峻更胜一筹。大宁河栈道号称三百里，是国内目前保存规模最大及最险峻的古代栈道和道路工程。如果考虑到我国是世界古代栈道最发达地区这一特点，则此条道路也可称为世界道路工程史上的奇观。这条道路目前可以大致断定为秦汉时所开凿，从秦汉时起，即为沟通秦巴和巴楚地区的一条重要水陆通道，已经有 2000 年以上的历史。

　　但这条道路的起源可能更早，我们从沿大宁河谷分布的先秦遗址上即可看到这一点。当然，早期的交通工具与道路条件可能比较简陋，如同现在还保存的山间普通道路。随着社会的发展，道路的重要性越来越突出，那么道路的通行条件可能也会得到改善。

　　由于古代政权的更迭与改朝换代，政治经济重心会发生相应变化，随之首都也会转移。夏商时期全国的政治中心在中原地区，从西周开始，政治中心西移入陕西关中，这种情况基本维持至唐末，五代再度转向中原。国家政治中心的变化，也会影响大的道路格局的改变，以首都为中心的道路网络也将随之进行调整。一方面中央要加强对周边的控制，另一方面地方政权也极力加强与中央的联系。大宁河流域先秦时期长期属于巴国的地域，巴国与中原、楚秦都有较密切的关系。夏商时期，巴地沟通中原的主要通道可能向东偏移。当政治中心移向关中时，则可以向西偏移。

　　自大宁河谷上游向东北入黄洋河谷或岚河河谷可达汉水流域的镇坪、平利，沿汉水谷道进入中原，也可以沿东溪或西溪河向西北越巴山进入陕南重镇安康，再北与我国古代著名的子午道相连，通至关中。

　　我们推测，大宁河谷向北的这两条道路都非常重要。它大约是随着我国政治中心的转移而左右移动，北侧两条道路在不同的历史时期，曾交替作为主道使用。

---

〔104〕　清王昶《金石萃编》，陕西美术出版社，据扫叶山房本影印。

战国时期，秦楚都加强了争夺巴蜀黔滇地区的军事力量，楚有庄蹻将兵循江上，略巴、黔中以西[105]。秦则有司马错伐蜀，这一时期也略通五尺道[106]，并开"栈道千里，通于蜀汉，使天下皆畏秦"。秦汉时期是中国古代道路发展史上的重要阶段，这一时期，以关中为中心，向四周开辟了多条重要道路，特别是加强了对于西南地区道路的开辟，这些道路在军事上也有重要作用。王莽时西南夷钩町王弟反，三边蛮夷尽起，王莽大发骑士吏民十万人，加上"转输者合二十万人，击之，……其后军粮前后不相及，士卒饥疫，三岁余死者数万"[107]。十万人在前线，十万人运输粮食尚供不应求。由此可知，当时的朝廷为何要不惜一切代价开通西南夷道了。

大宁河流域的古道路可能在秦末汉初时得以扩展。由此推测，大宁河栈道也是此时开辟。大宁河栈道规模宏大，结构规范。栈道直抵长江，且一直是沿右岸行走，显然不是地方政权为连接本地区各小邑、小聚落所开凿，应当是一种具有更大指向、更大目标的"国道"。秦常頵与汉唐蒙所开的道路大约就是此道[108]。

大宁河栈道应当是北接子午道，抵达秦汉时代的首都咸阳或长安，南渡长江，入南陵道，经今湖北建始、咸丰及重庆黔江、酉阳进入贵州古牂柯郡的古道，古称之为南夷道。但这条道路很有可能开辟之后不久就废弃了，另一条道路取代了它。

大宁河南流经宁厂、巫溪、大昌至巫山，汇入东西水上大动脉长江，经过水道，更可西连大西南的巴蜀、云、贵，东达湖北、湖南、华东等地，过江南下则达于湘西和云贵，其在古代交通中的重要地位于此可见一斑。如果从更宏观的方面说，大宁河谷道则是介于秦楚蜀三大古文化之间的巴文化与外界沟通的主干道之一，扼于其间的大宁河栈道则是这条道路上的咽喉地段，工程艰巨，道路险峻。数千年来，这条道路对于川东与陕西、湖北间的文化、经济、政治、军事等都产生过重要作用和巨大影响。

为了加强对各地的统治，大力开辟交通道路是当时的一项重要国策。秦汉之际，为开发边境，曾大举修筑道路，并设置了许多名为"道"的行政单位。为了控制滇越，大力修筑南夷道与西南夷道。为了漕运，秦开灵渠，汉修渭漕。在漕运线上，开辟纤道。作为水路运输的纤道，大宁河栈道也符合条件。

我国古代栈道发达之时，栈阁动辄成千上万，如自凤州至利州剑门关，宋时号称有桥阁九万余间[109]。但自汉以来，许多栈道都渐渐被改造为砭道。以蜀道为例，明清即大修砭道。改造之余，使古来视为畏途的栈道数量大为减少。大宁河栈道却因早期废弃，地处人烟稀少之处而有幸逃过此劫。

大宁河古道道路构成形式众多，历代不同的工程遗址，反映了先民利用先进的工程技术冲

〔105〕《汉书·西南夷两粤朝鲜传》，中华书局，1987 年，3838 页。
〔106〕《汉书·西南夷两粤朝鲜传》，中华书局，1987 年，3838 页。
〔107〕《汉书·西南夷两粤朝鲜传》，中华书局，1987 年，3846 页。
〔108〕《史记·西南夷列传》及《史记·司马相如列传》，中华书局，1985 年。
〔109〕《宋会要辑稿·方域·道路》。

破自然险阻，开拓人类新的通行地区的努力，反映着先民在不同地形环境下开拓交通的各种技术手段，有着重要的古文化研究意义。对其进行深入考古调查研究，不仅是抢救古代珍贵的文化遗产，而且对探讨我国古代交通及古代巴文化与秦、楚、蜀文化这四大文化区域的关系，甚至新旧石器时代文化关系及古环境等都有着极为重要的学术意义。

与古道相伴，沿途还分布有一定数量的古代文化遗存，如古村镇、码头、矿业、建筑、墓葬、古遗址等，反映着数千年间当地历史的发展兴衰变化，是当地历史文化的重要见证，也具有很高的价值。这些遗存又与古道路息息相关，如藤之串瓜，互相依存，兴衰相伴。更重要的是，由于长期闭塞，风气古朴，险仄的山区古道与艰辛的步行者，老式的木船与拉纤者，以及古村镇和古码头，于山色水光中随处可见。老人的回忆，神秘的传说，都能使我们亲切真实地感受到古道路的历史环境和氛围，加深对于古代道路与交通的理解。

大宁河栈道群虽然发现得很早，但长时期未能得到重视，只有民间一些个人在力所能及的情况下开展了统计栈孔数量等简单的工作，真正的科学研究与考察不多。幸而这次在三峡库区蓄水前进行了抢救性的考古调查，为以后的研究保存了重要的资料。

不得不提的是，一些盲目的旅游开发对于栈道环境的破坏令人担忧。大宁河栈道南段已经为库区淹没，所余北段，规模与数量已经不能与南段相比。而将来计划中的南水北调，也有淹没剪刀峡以北的计划。届时，栈道所余仅剪刀峡南至庙峡一段，故在现阶段便存在一个合理规划和注意保护的问题，如巫溪的南门湾栈道、北门村栈道等，都受到不同程度的破坏。长此以往，大宁河古代文化遗存及环境风貌将受到影响和破坏。

在三峡库区蓄水后，小三峡水位上升，已无昔时之险。大昌盆地一带变为万顷平湖，成为新的旅游区，大批的游客将会深入庙峡与宁河上游，体验峡谷风光，访古探幽，故此应当及早关注现存这一珍贵文化遗产的保护。

[附 录]

一 相关史料

（一）《史记·范雎蔡泽列传》关于栈道的记载

"栈道千里，通于蜀汉，使天下皆畏秦。"[1]

（二）《后汉书·南蛮西南夷列传》所记之盐水巴蛮

"巴郡南郡蛮，本有五姓，巴氏、樊氏、曋氏、相氏、郑氏。皆出武落钟离山。其山有赤黑二穴，巴氏之子生于赤穴，四姓之子皆生黑穴。未有君长，俱事鬼神，乃共掷剑于石穴，约能中者，奉以为君。巴氏子务相乃独中之，众皆叹。又令各乘土船，约能浮者，当以为君。余姓悉沈，唯务相独浮。因共立之，是为廪君。乃乘土船，从夷水至盐阳。盐水有神女，谓廪君曰：'此地广大，鱼盐所出，愿留共居。'廪君不许，……积十余日，廪君伺其便，因射杀之。……廪君于是君乎夷城，四姓皆臣之。廪君死，魂魄世为白虎。巴氏以虎饮人血，遂以人祠焉。"[2]

（三）《晋书》关于巴人历史的记述

"李特，字玄休，巴西宕渠人，其先廪君之苗裔也。昔武落钟离山崩，有石穴二所，其一赤如丹，一黑如漆。有人出于赤穴者，名曰务相，姓巴氏。有出于黑穴者，凡四姓：曰曋氏、樊氏、柏氏、郑氏。五姓俱出，皆争为神，于是相与以剑刺穴屋，能著者以为廪君。四姓莫著，而务相之剑悬焉。又以土为船，雕画之而浮水中，曰：'若其船浮存者，以为廪君。'务相船又独浮。于是遂称廪君，乘其土船，将其徒卒，当夷水而下，至于盐阳。盐阳水神女子止廪君曰：'此鱼盐所有，地又广大，与君俱生，可止无行。'廪君曰：'我当为君求廪地，不能止也。'盐神夜从廪君宿，旦辄去为飞虫，诸神皆从其飞，蔽日昼昏。廪君欲杀之不可，别又不知天地东西。如此者十日，廪君乃以青缕遗盐神曰：'婴此，即宜之，与汝俱生。弗宜，将去汝。'盐神受而婴之。廪君立砀石之上，望膺有青缕者，跪而射之，中盐神。盐神死，群神与俱飞者皆去，天乃开朗。廪君

---

〔1〕《史记·范雎蔡泽列传》，中华书局，1985年。

〔2〕《后汉书·南蛮西南夷列传》，中华书局，1982年，2840页。史家一般都以今湖北的长江支流清江为古夷水，而此处所记廪君乘船，"从夷水至盐阳。盐水有神女"，则已出清江到了另一河流盐水。盐水，据《水经注·江水》也是古大宁河之名。盐阳疑为今巫山县，其地亦自秦汉之前即有神女传说。所以，《后汉书》这段记载很有可能是映射清江流域的一支古巴人迁移至盐水的历程。这支巴人占据了原为神女所属的大宁河流域。

复乘土船，下及夷城。夷城石岸曲，泉水亦曲。廪君望如穴状，叹曰：'我新从穴中出，今又入此，奈何！'岸即为崩，广三丈余，而阶陛相乘，廪君登之。岸上有平石方一丈，长五尺，廪君休其上，投策计算，皆著石焉，因立城其旁而居之。其后种类遂繁。

秦并天下，以为黔中郡。薄赋敛之，口岁出钱四十。巴人呼赋为賨，因谓之賨人焉。及汉高祖为汉王，募賨人平定三秦，既而求还乡里。高祖以其功，复同丰沛，不供赋税，更名其地为巴郡。土有盐铁丹漆之饶，俗性剽勇，又善歌舞。高祖爱其舞，诏乐府习之，今巴渝舞是也。"〔3〕

（四）《旧唐书·僖宗本纪》关于人工破坏栈道之例

《旧唐书·僖宗本纪》云："癸巳，朱玫引步骑五千至凤翔，令孜闻邠州军至，奉帝入关。令禁军守灵璧。玫至，禁军溃。遂长驱追驾。至尊途驿，嗣王煴疾为玫所得。时兴元节度使石君涉，闻车驾入关，乃毁彻栈道，栅绝险要。车驾由他道仅达，为邠州军踵后，崎岖危殆者数四。"

（五）《宋史·五行志》关于自然破坏栈道之例

《宋史·五行志·水上》卷六十一云："太平兴国二年六月，兴州江涨，毁栈道四百余间。"

（六）宋黄庭坚《汉盐铁盆记》和陆游《入蜀记》关于铁盆的记载

宋黄庭坚《汉盐铁盆记》曰："巴官，三百五十斤，永平七年，第廿七，圉。"〔4〕陆游《入蜀记》云："县廨有故铁盆，底锐，似半瓮状，极坚厚，铭在其中，盖汉永平中物也。"〔5〕

（七）《大宁图经》关于自宁厂引盐泉至巫山的记载

明曹学全《蜀中广记》卷八十"神仙志"下附录鬼怪曰："《大宁图经》云，汉永平七年，尝引此县咸泉至巫山，以铁牢盆盛之，水化为血。"〔6〕

（八）明毛寿登《大宁场龙君庙碑记》

"龙君庙，创自汉代，相传猎者见一白鹿而逐之，遂得盐泉，始庙祀焉。所谓龙君者凡五，位号褒懿，不可得而稽考。大概国家财赋之所出，民生食用之所利，自有为之主宰者在。昔井灶殷繁，商贾辐辏，春秋粢盛，丰洁倍恒。盖木猴之会，渊滨邱夷，泉源虚掷，祀典废弛。自岐侯贺公建节兹土，招徕抚集，百堵皆作。籍什一之赋而民租减，革盐法之弊而税课蠲。诸如虑民之病涉也，则造梁以济之；怯神之匮祀也，则捐赀以享之。出则以勤王灭虏为事，入则以课农练兵为本。犹谓盐泉为储备所基，庙祀不丰而傍多秽杂，乃远其居民，焕建牌坊。越辛丑岁，复增其旧制，创阁于前，俾湮祀馨香，为宁场游览之盛。宜神之降福遐远，开异时恢廓之地也。盖公之心，

---

〔3〕《晋书·载记第二十》，中华书局，1974年。
〔4〕《中国地方志集成·光绪巫山县志》卷三十一"古迹"，巴蜀书社、江苏古籍出版社、上海书店，1992年据光绪十二年（1886年）刻本影印。
〔5〕宋陆游《入蜀记》卷三，《四库全书》。
〔6〕明曹学全《蜀中广记》卷八十，《四库全书》。

视天下如一家，视朝廷如一身，故保黔首如赤子，奉神明如父母，所谓成民而致力于神者，公之谓也。昔管子治齐，谨盐策之数而致富强，攘夷尊周，桓公用霸，公效而则之，扩而充之，旦暮遇之矣。予嘉公之行事，遂镌石以传不朽。"

（九）明谭谦吉《大宁场宝源寺碑记》

"宝源寺，不知创自何代，大抵盐泉既出，寺即兴焉。父老传云，建自先朝正德间，无碑记可考，要亦不过重修耳。然而栋宇宏廓，佛像森严，规模壮丽，固足为川东古刹之冠。而宝山后峙，碧水前流，万壑千崖，□岚可掬，盐泉不竭，居民辐辏，所谓地灵人杰，又唯此为足睹者。历来父母，仅念民依，罔不憩息此间，有逸人韵士，亦喜登此而流连焉。历年既久，木植渐摧，场民以兵燹之遗，元气未复，虽欲增修而未能。辛巳岁，北直胡公来宰奉邑，缘大宁归并，按视兹土，见庙貌倾颓，即慨然有更新之念。越明年，随任汤子国龙捐金输力，与二三耆老，仰体贤侯德意。手胼足胝，重修前殿，工未竟而后殿复圮其半。邑侯胡公复给多金，而汤子国龙更倾私囊，拣募众姓，共襄厥事。昼夕弗息，七十日而工成，虽丹腹未增，而高敞严密，依然旧观矣。场中父老欢忭舞蹈感斯盛遇。属余为记，余唯废兴之事，因乎时而系乎人，后之人能慷慨挥金，有如今日，稍摧残即嗣而葺之，何忧此寺之不悠久哉？爰悉书之，以勒诸石。"

（一〇）清道光《夔州府志》关于栈道的记载

道光《夔州府志》卷三十三"古迹"中说："石孔，沿江山峡俱有，唐刘晏所凿，以引盐泉。"[7]

（一一）清光绪《巫山县志》关于宁河栈道的记载

光绪《巫山县志》卷三十一"古迹"云："石孔，沿宁河山峡俱有，唐刘晏所凿，以引盐泉。"[8]

（一二）清光绪《镇坪回龙寺义渡碑》碑文

"回龙寺南五里许龙潭子，属秦楚之要津。向设渡人舟，无恒产，舟子仰食于附河居人，每岁终负囊入乡村收取升斗以给。舟或朽，历数年不能造，欲济者势难飞渡，常望洋而叹为天堑。光绪丁酉年春，有僧隆学者，即境之童氏启德翁也，翁性好善，布施无恡色，欣然捐钱壹佰壹拾串。其弟启才，童君行三者助捐钱二十串，昆玉合捐钱壹佰叁拾串。买王禄焕五池沟上截山地壹分，计课陆石，年付艄工课五石作工食费，年存课壹石作整修资。契券书公义渡名号，免后人中废。其税契银课王徐工免送，交首士顾世文执掌，以其居近渡处，便经理也。渡之东岸有石碥绝险，门津者所必由。乙亥秋，翁倡首捐钱四串，浪河萧君心怡助捐钱四串，合八串，竞永固津渡，化

〔7〕《中国地方志集成·道光夔州府志》，巴蜀书社、江苏古籍出版社、上海书店，1992年据道光七年（1827年）刻本影印。
〔8〕《中国地方志集成·光绪巫山县志》卷三十一"古迹"，巴蜀书社、江苏古籍出版社、上海书店，1992年据光绪十二年（1886年）刻本影印。

险为夷。白珠峡刘君楚白捐船户基址壹所。赖诸子共襄盛举，斯渡不朽矣。特勒石以志之。

经理首事　崔世文　傅高科

保　　长　刘永杰

乡　　约　王寿堂

光绪庚子年吉月谷旦"

二　民间传说

关于大宁河栈道的史料甚少，造成今天对此条古道路研究的诸多困难。但民间关于这处遗址的传说却有不少，今择录之于下。另外，关于宁厂的盐泉也有一些传说，亦选录一则。

传说是历代民间口耳相传的故事，虽然不可为据，但许多传说与古老的现实，往往如影之随形，有时也能给研究者带来一些考古的线索。关于大宁河栈道的传说，从收集到的几则文本风格看，其中已经明显有文人加工渲染之处。但传说故事在民间流传过程中，也正是不同叙事者站在各自的立场上对故事进行的不同阐释，或者说是对来源不清的大宁河栈道进行自己认为的合情合理的一种解释，因此同一个故事也就有了不同的版本。文人介入传说，并对传说进行加工美化，也是一种正常的现象。

清道光《夔州府志》卷三十三"古迹"中说："石孔，沿江山峡俱有，唐刘晏所凿，以引盐泉。"[9] 这段记载，似乎比较正统，但出处不详，对待此类材料，须处处慎重。

明曹学全《蜀中广记·神仙志下》附录鬼怪曰："《大宁图经》云，汉永平七年，尝引此县咸泉至巫山，以铁牢盆盛之，水化为血。"[10] 这一条记录附于神仙志下，也可以视作文人记录下来的传说。不过，牢盆倒是古代煮盐之具。

传说之源，非常复杂，有本历史实事者，有本于史料者，也有猜测创编之作，司马迁写史即收有传说，但他往往点明出处，让读者自己思考。从这一点说，确实有胜于无。如上条《大宁图经》所记，就可能是本于宋人黄庭坚所写的一篇关于巫山发现铁牢盆的文章。《大宁图经》已佚，著作时代不详，疑是宋元间的方志书籍。

从这则传说中，可以感觉到，宋元时代的人们对于栈道的建筑本末已经不清，似乎他们也推测栈道是引盐水的工程。如果是这样，那么栈道的建筑时代就应当在宋元之前。传说的研究作用便在此处得到表现。

我们知道，宋人曾在宁厂创用竹笕引盐水过河的工程，当然也有了架设竹笕的栈孔。当后人看到宁厂的栈孔，再联想到大宁河的栈孔，很有可能会推测这也是用来引盐水的。

陆游也到过巫山，见过黄庭坚所说的铁牢盆。他在《入蜀记》曾描写这个牢盆："底锐，似半瓮状，极坚厚。"铁盆极厚重，有三百五十斤，又为锐底，是否适合煮盐，是不是牢盆，不敢断定。一般来说，两汉时期，宫殿、宗庙、官署大器，上多有铭铸文字，其格式通常先列器物所属

〔9〕《中国地方志集成·道光夔州府志》，巴蜀书社、江苏古籍出版社、上海书店，1992 年据道光七年（1827 年）刻本影印。

〔10〕 明曹学全《蜀中广记》卷八十，《四库全书》。

宫、官等名，次列器容重，制器年月与工师，后列编号[11]。黄庭坚所记铁盆铭文曰："巴官，三百五十斤，永平七年，第廿七，□。"这件铁盆之铭，就属于这种性质。其前的巴官，也许是巴地的工官，但也有可能是巴宫。赵明诚则将此器定为量器。总之，这一铁盆本身是否属于盐官和是否为煮盐工具，尚有疑问。

据巫溪县朱守贵《大宁河栈道之谜》[12]所述，关于大宁河栈道的传说主要有三个。一是由于东汉永平年间要引取卤水与便于交通而修栈道，后成为运盐的盐道。二是观音菩萨与鲁班打赌而修栈道，鲁班一夜开凿出数千石孔，故当地人又称栈道孔为鲁班眼。三是占山为王者修栈道便于进攻与退却，从山中出来架板而行，退却时就抽去栈道上的板，使敌人无法追赶。

关于巧匠鲁班与观音菩萨相赌争胜的故事流传最广，但细节说法不同。如有说鲁班要菩萨一夜做一百双绣花鞋，而菩萨要鲁班一夜修好二百里路。比赛开始后，鲁班一夜间用其木匠尺在石崖上捅出无数栈孔。菩萨见状不好，心想自己的一百双绣花鞋还未做成怕鲁班就干完了，于是天未明就装鸡叫。鲁班听到鸡叫，以为天亮了，没能完工，只好停手不干。所以在大宁河上只留下石眼而未装木栈，是一项没有完工的工程。

（一）传说一

鲁班是古时有名的能工巧匠，常常外出做工。因为随身要带上许多的大小斧凿锛锯，还有石工工具，再加上随身行李，不便出门，就灵机一动，动手造了一个有头有脸、有脚有手的木人，让它挑上行李和工具，跟随自己出门。

鲁班带着木人走遍天下。有一天他从巫山过来，来到巫溪，一路见成百上千的人都背着东西，沿着河谷，跋山涉水，十分辛苦。鲁班就问一个背东西的人，背的什么东西，那人说是盐巴。鲁班说，这样干活太累了，为什么不想想办法？那人说，多少年都是这么背的，没有办法。鲁班把自己造木人的事告诉了背盐人，但对方听了哈哈大笑，怎么也不相信。这时，那个木人慢吞吞地走过来了。背盐人摸了摸，真是个木人，吃了一惊，说，你是活神仙吧，仔细一看鲁班的打扮装束，突然醒悟，你一定是天下有名的鲁班爷，除了你谁也没这本事。当下跪下给鲁班磕头，向他诉说一辈一辈的人年年都要沿着大宁河到巫溪宁厂背盐，苦不堪言，求鲁班也造一个给他背盐的木人。鲁班笑了，说："做一个木人，你不累了，可别人还累，做木人太多也不方便，干脆，我给大家架条竹筒，引巫溪宁厂盐水流到巫山，你们在巫山熬盐，就不用再背了。"鲁班看了看路，叫木人帮忙，从巫溪盐厂起，开始凿孔，沿河隔五尺凿一个一直凿到巫山，那孔方方的、平平的，就是为了架设竹管。干到天亮，还没来得及架管。突然鲁国国君派人飞马来信，说有十万火急的事情，召他立即回国，不得停留片刻，鲁班只得依依不舍地与背盐人告别。但人们不会架这长长的竹筒，只留下了这一排排方形石孔。

鲁班虽然走了，却与山崖上的方形石孔一样，永远刻在三峡人民的心上，后来人们便把这方形石孔称为"鲁班眼"。巫山人见龙门峡中孔多，就叫"龙门石孔"。其实，那孔一直打到巫溪大

〔11〕 宋吕大临、赵九成《考古图》卷九，中华书局，1987年，162～167页。
〔12〕 朱守贵《大宁河栈道之谜》，内部资料，1998年。

宁厂。

（二）传说二

很久很久以前，观音菩萨邀请鲁班同去西天，听如来佛讲经说法，要到宁厂镇二仙山仙人洞邀八仙同往，路过大宁河上空，见背运食盐的人蜗牛般地爬行在千山万壑的山谷溪水之间，顿时动了慈悲之心。

他俩按下云头计议，决定打一赌：看谁的法力大，能一夜之间把盐卤引出巫山。

观音说："你是天下最有名的建筑大师，一夜之间能把盐卤引出巫山吗？"鲁班说："你做什么？"观音说："我一夜之间做一百双绣花鞋。"鲁班又问："何时开工，何时完工？"观音说："二更开始，鸡叫完成。"鲁班说："可以，一言为定。"接受观音的挑战后，鲁班就精心设计方案，等候二更时开工。

观音自恃神通广大，没有把鲁班放在眼里，满以为此次稳操胜券。到了二更时候，观音和鲁班各自施展法术，同时开工。鲁班驾起云头，按一定的水平坡度，从大宁盐场至巫山县龙门峡口西岸峭壁上打一墨戈，然后用"五尺"在岩壁上顺着墨线，量一下凿一下，凿一下就是一个方孔。孔口大小、深浅、远近距离一样，很快就到了龙门峡口，只差很少一点没完成。此时，观音见鲁班已到龙门峡口，快完工了，鸡叫又还有一会儿，自己的一百双绣花鞋还差九十多双，便躲在龙门峡口后山装鸡叫。

鲁班听到鸡叫声，便把工程停了下来，去向观音认输。观音的一百双绣花鞋也没完成。见到鲁班，哈哈大笑说："都没完成，打个平手，剩下的工程就留给他们自己干吧。走，赴会去。"鲁班这时才发现上了观音的当，心想上当又算什么，总给百姓做了件好事，就与观音驾云走了。

后来，人们结束了扫尾工程，架起了竹笕。从此，大宁盐卤被引到巫山煎制食盐[13]。

（三）传说三

大宁河栈道是东汉时修筑的，用以架管输送卤水至巫山熬盐，所以巫山县存有大盐锅。很久以前，为引巫溪的盐水到巫山，众人请鲁班在峭壁上架一条栈道，铺设竹管。观音菩萨同鲁班比艺打赌，相约一夜之间，以鸡叫为号，她做好一百双鞋子，鲁班铺好栈道。当夜，鲁班披星戴月，挥舞五尺，奋力作战。眼看石孔已经凿好，只差铺设竹管。观音的鞋子还没做完一半，打赌注定要输。于是，她施用法力让雄鸡在天亮之前先叫三声。鲁班信以为真，遵约匆匆收工，剩下竹管未架，空留石孔。

（四）传说四

宁河上的栈道，是明代李自成部下修的，李自成兵败后，部下将军当时占住宁厂，也占据了盐泉，在里面什么都不愁，就是盐不卖变不成别的，就出外打仗，带上盐，换东西。官兵如果追来，就沿栈道跑，过去就抽掉木板，官兵过不去，只好眼看着这些人跑了。

〔13〕 冉瑞铨《大宁河风情》，内部资料，1999年，42～43页。

（五）栈道传说五

栈道也有人说是明李自成进兵时八大王（张献忠）所修。

还有说，山中有女儿寨、凤凰寨，寨里住的是山大王。山大王常常出山至巫溪、巫山抢掠，土匪掠城，北逃时由栈道而还，抽板去梯，后人追之不及，所以一般没板。也有说，当时宁厂住了三个大王，都是女子，一个住女王寨，一个住桃花寨，还有一个住凤凰寨。女大王偶尔下山抢亲，铺了栈道木板过去，抢到之后原路返回，怕人追赶，就一路走一路拆掉木板。现在的宁厂还真能看到女王寨和桃花寨的遗址，高高立在山腰上，城墙厚得很。

还有人说，唐代的薛刚反唐，逃到巫溪，和兰英寨的女寨主纪兰英结为夫妻，以巫溪为基地，修了几条盐道，其中一条就是大宁河栈道。

但这些传说全支离破碎，唯朱守贵《大宁河栈道之谜》中所记较为完整，今转录如下：

在宁厂镇后面半山峭壁上，有个山寨叫"女王寨"。传说，在很早以前，寨上有亲生俩姐妹，人生得很漂亮，又有一身好武艺，手下有几千人马。在此占山为王，常出没巫山、奉节等地劫富济贫。

与女王寨相距五华里的半山上，有一个三面悬岩峭壁，只有一条路可走的山寨叫"桃花寨"，寨上有亲生俩兄弟，在此占山为王，手下也有几千人马。

女王寨门口河下是桃花寨外出的必经之路。传说，桃花寨兄弟俩曾找过女王寨姐妹俩的麻烦，论武艺，桃花寨俩兄弟打不过女王寨俩姐妹。这样，女王寨俩姐妹就经常与桃花寨俩兄弟发生纠纷。

距女王寨三十华里远的大宁河东岸，有个山寨叫凤凰寨，寨上有老两口，手下也有几千人马，在此占山为王。听说女王寨俩姐妹与桃花寨俩兄弟经常发生纠纷，于是老两口商量后，亲临两寨撮合。最后，桃花寨俩兄弟与女王寨俩姐妹结为夫妻，并认凤凰寨老两口为义父、义母，从此和睦相处。

从女王寨至巫山，如走水路，沿大宁河直下，不到三百华里，如绕巴山路，则要远好几倍。他们为了把山寨建设好，防止敌人追击，就从溪口至巫山罗门口，沿宁河西岸的峭壁上，凿孔裁桩做栈道拖桥。第一块木板搭在两个桩上，人站上第一块木板，就把第二块木板向前拖一步。人站上第二块木板，就把第一块木板向前拖一步。以此类推，这样，后面如有追兵，因无事先做好的木板做桥，就断了道路，只好望着他们扬长而去。"进则架，退则撤"，以利退守。据说，后来李自成的部下，就这样扎寨深山，沿栈道出入巫山，神出鬼没坚持抗清斗争。

（六）逐鹿得泉的传说

相传，在那遥远的古代，宝源山森林茂密，绿树掩映，繁花似锦，花香鸟语，虎啸鹿鸣，青山悠悠，流水潺潺，有如蓬莱仙境。

一日，一袁氏猎人，肩负猎枪，手挽火绳，穿插于宝源山麓与后溪河边。日近正午，远远瞧见一只健壮的白鹿，正在河边饮水。猎人不小心踩断干柴，"啪"的一声，惊动了白鹿。于是白鹿在前面跑，猎人在后面追。白鹿时隐时现，猎人时追时停。追至岩瀑溪畔，白鹿突然消失。猎人气喘吁吁，满头大汗，口渴生烟，见有岩瀑，躬身伏下，两手捧起泉水一喝，其味既苦又涩，始知是盐卤，这便是巫盐的最初发现，故史称"逐鹿得泉"，或称"白鹿引泉"[14]。

据说，宁厂本叫袁溪镇，就是纪念这位姓袁的猎人。

---

〔14〕　冉瑞铨《大宁河风情》，内部资料，1999 年，39～40 页。

主要参考书目

1.《水经注》，岳麓书社，1995 年。

2.《陕西文物地图集》，西安地图出版社，1999 年。

3.《天一阁藏明代方志选刊·正德夔州府志》，上海古籍书店，1961 年影印。

4.《中国地方志集成·道光夔州府志》，巴蜀书社、江苏古籍出版社、上海书店，1992 年据道光七年（1827 年）刻本影印。

5.《中国地方志集成·光绪大宁县志》，巴蜀书社、江苏古籍出版社、上海书店，1992 年据光绪十二年（1886 年）刻本影印。

6.《中国地方志集成·光绪巫山县志》，巴蜀书社、江苏古籍出版社、上海书店，1992 年据光绪十九年（1893 年）刻本影印。

7.《中国地方志集成·光绪奉节县志》，巴蜀书社、江苏古籍出版社、上海书店，1992 年据光绪十九年（1893 年）刻本影印。

8. 巫溪县志编纂委员会编辑《巫溪县志》，1998 年，四川辞书出版社。

9. 朱守贵《大宁河栈道之谜》，内部资料，1998 年。

10. 冉瑞铨《大宁河风情》，内部资料，1999 年。

11. 冉瑞铨《上古盐都》，内部资料，2002 年。

图 版

二　三峡远景

三　大宁河远景

九　大宁河峡谷处的公路

一〇　清光绪《大宁县志》中的龙泉引水图

一一　琵琶洲栈道

一八　石坪包栈道南段

一九　石坪包栈道北段

二〇　犀牛望月北栈北段

二一　油坊滩栈道中段

二二　阴阳石南栈之一

二三　阴阳石南栈之二

252

二四　阴阳石栈道

二五　阴阳石北栈

二六 庙峡北口栈道南端与相连的石阶

二七 南门湾栈道

二八　南门湾栈道中段

二九　北门村栈道周围的环境

三〇　北门村栈道中段

256

三一　北门村栈道北段之一

三五　大湾栈道

三六　大湾北栈之一

三七　大湾北栈之二

三八　二墩崖南栈之一

四五　二墩崖南栈之八

四六　二墩崖南栈之九

四七　二墩崖南栈之十

四八　二墩崖南栈之十一

269

五二　二墩崖栈道

五三　二墩崖北栈南段

五四　二墩崖北栈北段

五五　锅底石南栈之一

五九　锅底石南栈之五

六〇　锅底石南栈之六

六一　锅底石南栈之七

六二　锅底石南栈之八

六三　锅底石南栈之九

六四　鸡冠石南栈之一

276

六五　鸡冠石南栈之二

六六　鸡冠石南栈之三

六七　鸡冠石北栈周围的环境

六八　鸡冠石北栈南段

278

六九　咋嘴岩栈道周围的环境

七〇　咋嘴岩栈道之一

282

七七　剪刀峡南栈中段北部

七八　剪刀峡南栈北段

284

七九　剪刀峡中栈南段

八〇　剪刀峡中栈中段南部

八一　剪刀峡中栈中段北部

八二　剪刀峡中栈北段

八三　剪刀峡北栈周围的环境

287

八四　剪刀峡北栈南段

八五　剪刀峡北栈中段

八七　吊楼坪栈道周围的环境

八八　窝罗坪栈道

八九　窝罗坪栈道与相连的矼道

九〇　牛肝马肺峡栈道周围的环境

292

九四　牛肝马肺峡南栈北段

九五　牛肝马肺峡中栈周围的环境

294

九六　牛肝马肺峡中栈

九七　牛肝马肺峡中栈中段

九八　牛肝马肺峡中栈北段

九九　牛肝马肺峡中栈吊孔

一〇五　木滩栈道

一〇六　老鹰岩南栈

一〇七　老鹰岩南栈南段

一〇八　老鹰岩南栈栈孔

一一二　黄水沟北砭道

一一三　五溪口南栈周围的环境

一一四　五溪口南栈

一一五　五溪口北栈北段

一一六　五溪口索桥栈南段

一一七　五溪口索桥栈北段

一一八　城厢古道（巫溪县城）的一处石阶

一一九　北门村古道中段

一二〇　北门村金银洞前的古道

310

一二一　二墩崖古道之一

一二三　二墩崖古道之三（洞前即为道路）

一二四　剪刀峰北的一段垒石道

一二五　剪刀峰顶山垭凿出的石道

一二六　剪刀峰古道上的石阶

一三〇　五溪口古道
一三一　五溪口北古砭道

一三四　后溪河渡口南侧狮子口古道周围的环境

一三五　后溪河渡口

一三六　观音阁古道（左侧为古道所设北盐卡处）
一三七　观音阁古道中的砭道

一三八　观音阁古道上的铺石路面与栏柱孔

一三九　水湾处古垒石道旁的石栈桩

一四二　潭家墩北古道
一四三　潭家墩北的土道（远处为令牌石）

一四六　里路三道桥的北桥

一四七　大河镇南古道两侧的夹道民居

一四八　大河镇南古道从胡同中穿过处

一四九　大河镇南古道上的石阶

一五二　得禄坝街道五连房（檐下为古道，路面铺石，并有排水沟）

一五三　大河镇（下风坝）

一五四　古道从大河镇街道穿过

一五五　宝源山与大河镇古渡

一五六　大河镇至两河口西道南段（今半山处）

一五七　大河镇至两河口东道（今公路所经处）

一五八　大河镇至两河口东古道（今公路所经处）

一五九　两河口

一六〇　由至石道与砭道构成的凤大窟东古道

343

一六一　风大窟西栈中层北延栈孔
一六二　两河口北的一段古道

一六三　风大窿至荆竹坝古道（今公路右侧上方）

一六四　荆竹坝至檀木坪古道周围的环境

一六五　荆竹坝至檀木坪古道（今公路左侧上方）

一六六　荆竹坝至檀木坪古道高处高出河谷近 200 米

一六七　檀木坪百步梯

一六八　檀木坪旧渡

一六九　檀木坪至神机坪古道（今公路右侧上方）

一七〇　檀木坪古道上的石阶

一七一　神机坪一带的东溪河谷
一七二　神机坪至白鹿溪古道蛇口崖段（今公路右侧上方）

354

一七八　铜罐沟古道

一七九　铜罐沟古道上的独木桥

一八〇　鸡心岭南垭三省交界牌楼

一八一　鸡心岭北垭湘鄂川三省交界碑（旧时川峡古道由此经过）

一八二　母子洞栈道

一八三　被水淹没的古道

一八四　晒米溪栈道

一八五　带扶链孔的栈道

一八六　丁当沟古道

一八七　崖砭子栈道

一八八　崖砭子栈道下方的柱孔与上方的砭道

363

一九一　下红旗村北栈

一九三　七姊妹峡西口的砭道与石孔

一九四　西溪河口的一段古道

一九七　西宁桥镇

一九八　西宁桥镇上的老街

二〇三　风雨桥桥廊

二〇四　鱼洞溪口（古道沿北岸入谷）

二〇五　鱼洞溪古道

二〇九　谭家墩至湖北支道（今右侧山坡处）

二一〇　白鹿溪通往湖北支道口（原沿河，后改设于此）

二一三　大昌南门

二一四　大昌码头

二一五　水口崖墓

二一八　龙溪镇北码头上的街道

二一九　龙溪镇街道与仿西洋建筑

二三〇　鱼洞溪口栈道
二三一　城厢镇南门渡旧址

二三七　城厢镇中的一座老式石宅门

二三八　凤山悬棺群周围的环境

二四五　北门村崖墓后室内壁

二四六　北门村摩崖石刻（位于崖墓上方）

二四七　北门村崖墓中渗流侵入其下方栈孔的状况

二四八　九层楼石缝中的横梁

二四九　九层楼下部的石洞

二五〇　玉皇山

二五一　玉皇山悬棺周围的环境

二五二　玉皇山悬棺
二五三　玉皇山北组悬棺

二五八　五溪口古盐卡的临水石阶

二五九　后溪河口北古道设门处

二六○　后溪河口北古道上的栏柱石孔

二六一　观音阁遗址

二六二　古道汇水槽

二六三 小佛龕

二六四　万寿宫石壁与古道路面

二六五　双溪峡修路摩崖碑刻

二六六　双溪峡栈道及上部的槽道

二六七　谭家墩

二六八　得禄坝南崖墓群中的一处横室墓（墓口遭到破坏）

二六九　得禄坝北崖墓群

二七〇　大河镇北黄宅

二七五　风大窿西侧下层栈孔与砭道

二七六　风大窿东栈与砭道

二七七　凤大窟西关卡（山前右侧）

二八五　铜罐沟古道旁的一处川心店

二八六　铜罐沟栈道的栈孔

二九三　宁厂桃花寨

二九四　宁厂女儿寨
（女王寨）

一　长江三峡远景

二 大宁河巴雾峡

三　大宁河航道

454

二〇　两河口北的一段古道

封面设计　张希广
责任印制　陈　杰
责任编辑　王　戈

图书在版编目（CIP）数据

三峡古栈道/重庆市文物局，重庆市移民局，西安文物保护修复中心
编著 . - 北京：文物出版社，2006.5
　　ISBN 7-5010-1743-3

　　Ⅰ . 三… 　Ⅱ .①重…②重… 　Ⅲ . 三峡 - 古道 - 文化遗址 - 发掘报告
Ⅳ .K878.05

　　中国版本图书馆 CIP 数据核字（2005）第 040472 号

三峡古栈道（上、下册）

瞿塘峡栈道
大宁河栈道

＊

重庆市文物局　重庆市移民局
西安文物保护修复中心

＊

文物出版社出版发行
（北京五四大街 29 号）
http://www.wenwu.com
E-mail: web@wenwu.com
北京美通印刷有限公司制版印刷
新 华 书 店 经 销
880×1230　1/16　印张：61.25　插页：2
2006 年 5 月第一版　2006 年 5 月第一次印刷
ISBN 7-5010-1743-3/K·915　定价：580 元